SCM·경영

공급망 관리로 경영의 숫자를 바꿔라

SCM과 경영은 본질적으로 동일하다

SCM·경영

이영수 지음

MAKE

SOURCE

DELIVER

SCM

PLAN

RETURN

"공급망 관리로 경영의 숫자를 바꿔라"

좋은땅

머리말

제조업체의 경영진과 만날 때마다 비슷한 고민을 듣게 된다. "공급망 관리가 중요하다는 건 알겠는데, 어디서부터 손을 대야 할지 모르겠다" 거나 "시스템은 구축했는데 왜 기대했던 효과가 안 나오는지 모르겠다" 는 이야기들이다.

이런 상황에서 많은 기업들이 외부 컨설팅을 받는다. 하지만 외부 전문가의 도움을 제대로 활용하려면 경영진이 먼저 자사의 공급당 현황과 나아갈 방향에 대한 명확한 생각을 갖고 있어야 한다. 그래야 전문가와 효과적으로 협업하여 우리 회사에 맞는 해답을 찾을 수 있다.

글로벌 전자업계와 컨설팅 업체에서 공급망관리 업무를 수행하면서 관찰한 바에 따르면, 많은 기업들이 공급망관리에 대해 단기적인 관점에서 접근하는 경향이 있었다. 현업에서는 프로세스 개선이나 시스템 도입과 같은 가시적인 과제에 우선순위를 두는 경우가 많았고, 경영진역시 공급망관리를 통한 즉각적인 성과 창출에 주된 관심을 기울이는 모습을 보였다.

이런 괴리현상이 생기는 근본적인 이유는 공급망관리의 본질을 제대로 이해하지 못하기 때문이다. 공급망관리는 단순히 물동이나 물류를 효율적으로 처리하는 운영 업무가 아니다. 기업의 경쟁력을 결정하는 전략적 사고체계이자, 경영 전반에 걸쳐 가치를 만들어 내는 핵심 역량이어야 한다.

인공지능 시대가 도래하면서 이런 경영 철학의 중요성은 더욱 커지고 있다. 기업들이 공급망관리에 인공지능을 도입하고 있지만, 결국 인공지능도 사람의 지식과 경험을 바탕으로 작동한다. 기술이 발전할수록 그 기반이 되는 경영 철학과 운영 원칙이 최종 성과를 좌우하는 것이다.

공급망관리로 성공한 기업들을 보면 이런 차이가 명확하다. 월마트, 자라(Zara), 아마존 같은 회사들은 공급망을 단순한 비용 절감 수단이 아닌 경쟁우위를 만드는 도구로 활용했다. 부서별로 따로 움직이는 기능이 아니라 회사 전체를 하나로 연결하는 통합 체계로 접근한 것이다. 애플의 팀 쿡이 공급망 전문가에서 CEO까지 성장할 수 있었던 것도 공급망관리를 통해 회사 전체를 보는 시각을 기른 덕분이다.

이러한 문제의식을 바탕으로 본서는 'SCM·경영'이라는 개념을 통해 통합적 접근법을 제시한다. 여기서 점(·)은 단순한 구분 기호가 아니다. 이는 수학적 곱하기의 의미로, SCM과 경영의 시너지 효과를 상징한다. 공급망 관리 역량과 경영 철학이 유기적으로 결합될 때, 단순한 기능의 합이 아닌 조직 전체의 경쟁력 향상이 배가 된다는 의미다.

이 통합적 접근법을 체계화하기 위해 본서에서는 27가지 주제를 8개 장에 걸쳐 정리했다. SCM의 본질과 물동, 물류관리부터 조직설계와 리더십까지, 공급망관리에 필요한 이론적 토대와 실행 방법을 포괄한다. 각 주제별로 글로벌 선도 기업들의 혁신사례와 실패사례, 그리고 실행 가능한 가이드를 맥락에 맞게 배치하여 실무에 활용할 수 있는 인사이트를 제공하고자 하였다.

사실 이 책에서 다루는 내용들 중 상당수는 경영진들이 이미 알고 있는 것들이다. 수요예측이 중요하다거나, 재고 관리를 체계적으로 해야 한다거나, 부서 간 협업이 필요하다는 등등의 말이다. 다이어트의 기본 원칙인 "적게 먹고 많이 움직여라"를 모든 사람이 알면서도 실천하지 못하는 것과 비슷하다.

문제는 아는 것과 실행하는 것 사이의 간격이다. 경영진들은 SCM 각 영역에 대한 이해는 갖고 있지만 이를 통합적으로 연결하여 사고하는 부분에 있어 생각이 다를 수 있고, 각 부서는 자기 영역에서만 최선을 다한다. 그 결과 복잡한 공급망 시스템을 하나로 묶어서 운영하지 못하고, 현장에서는 일관성 없는 결정들이 반복된다.

이런 실행력이 중요해진 이유는 경쟁 환경이 바뀌었기 때문이다. 이제는 기업과 기업이 경쟁하는 게 아니라 공급망과 공급망이 경쟁하는 시대가 되었다. 최근 글로벌 공급망 위기에서 보듯이, 공급망의 탄력성을 확보한 기업은 위기를 기회로 바꿨지만, 그렇지 못한 기업은 큰 어려움을 겪었다.

본서는 경영진, 중간관리자, MBA 학생들이 각자의 필요에 맞게 활용할 수 있다. 순차적으로 읽어도 되고, 필요에 따라 특정 주제만 골라 읽을 수 있는 실용적 가이드북이다. 경영진에게는 전략적 사고의 틀을, 중간관리자에게는 실행력 위한 아이디어를, MBA 학생들에게는 현재 환경에서도 적용 가능한 공급망 관리의 핵심 가치에 대한 지식을 제공하고자 하였다.

다만 이 책에 수록된 기업 사례들을 읽을 때 한 가지 염두에 둘 점이 있다. 각 장의 사례들은 해당 주제의 핵심 개념을 전달하기 위해 선별된 것들이지만, 공급망관리의 진정한 가치는 개별 요소들이 유기적으로 결합되어 만드는 시너지 효과에서 나온다는 점이다. 예를 들어, 수요예측 정확도를 높이는 것만으로는 충분하지 않다. 예측된 수요가 합의하에 생산계획과 조달계획에 반영되고, 이것이 다시 재고관리와 물류운영에 연계되어야 전사적 성과로 이어진다. 따라서 사례 학습에서는 표면적 성과 혹은 실패의 결과에 머물지 말고, 그 이면의 조직 역량과 인프라를 생각하며 자사 적용을 위한 로드맵을 그려 보는 시각으로 읽어 나가길 제안한다.

공급망관리를 비용을 줄이는 수단이 아닌 가치를 창출하는 전략 자산으로 인식하고, 조직 전체가 하나의 관점으로 접근하는 기업이 경쟁에서 이길 것이다. 이 책이 그런 변화의 출발점이 되었으면 한다.

마지막으로, 본서는 저자의 오랜 현장 경험과 성찰을 토대로 작성되었으며, 글로벌 기업 사례 분석과 개념 정리 과정에서 Anthropic의 Claude를 보조적으로 활용하였음을 밝힌다.

이 과정에서 인공지능이 단순한 정보 제공을 넘어 사고의 동반자 역할을 할 수 있음을 체험하게 되었다. 이는 앞으로 경영 현장에서 인공지능과의 협업이 새로운 가치 창출의 동력이 될 수 있음을 의미하기도 한다. 기술과 경영, 그리고 인간의 통찰력이 조화롭게 결합될 때 진정한 혁신이 가능하다. 이러한 관점은 본서가 강조하는 SCM과 경영의 통합적 접근과도 맥을 같이 한다.

25년 8월
저자 이영수

- 차례 -

4. 수요에 대응하는 공급망의 유연성을 길러야 한다

5. 전사 공급망 조율이 성장을 가속화한다

6. 고객 중심 물류가 새로운 성장동력이다

1

공급망관리가
기업의 경쟁력을
결정하는 시대이다

  복잡한 경영환경에서 위기 상황은 공급망의 취약점을 노출시키는 경우가 많다. 코로나19 팬데믹은 글로벌 공급망에 지속적인 충격을 가했고, 기업들의 대응 역량에 따라 기업별로 상반된 결과를 보였다. 자동차 업계는 핵심 부품 공급 중단으로 생산라인을 일시 중단했고, 애플은 2022년 중국의 강화된 제한조치로 아이폰 생산량이 30% 감소하는 등 준비가 부족했던 기업들이 연속적인 영향을 받았다. 반면 월가트, 타겟과 같은 대형 유통업체들은 자체 선박 확보, 운영시간 연장 등 신속한 공급망 투자로 오히려 경쟁 우위를 확보했다. 이런 상반된 결과는 공급망관리(Supply Chain Management, SCM)[1] 역량이 위기 상황에서 기업의 생존과 성장을 좌우하는 핵심 요인임을 보여 준다.

  많은 경영진들이 "공급망관리는 물류팀이나 구매팀에서 담당하는 기능"이라고 생각한다. 이는 잘못된 인식이다. 어떤 산업에서든 기업 활동의 핵심은 결국 생산-판매-재고관리(P-S-I) 사이클로 귀결된다. 바로 이 P-S-I가 공급망관리의 기본 구조(Backbone)를 형성한다. 만약 이 기본 흐름에 문제가 생긴다면, 혁신적인 제품 개발이나 창의적인 마케팅 캠페인도 그 효과를 발휘하기 어렵다.

---

1) 책 제목이 'SCM·경영'이나, 용어의 일관성을 감안하여 시스템부분을 제외하고, SCM을 공급망관리로 통일 기술함.

공급망관리의 핵심은 통합이다. 부서별 개별 최적화가 아닌 전체 최적화를 추구해야 한다. 구매팀이 단가 인하에만 집중하여 품질이 떨어지는 부품을 조달한다면, 생산팀은 불량률 증가로 고전하고, 영업팀은 납기 지연으로 고객을 잃게 된다. 진정한 공급망관리는 이런 연쇄 반응을 사전에 차단하는 전체최적화를 추구한다.

오늘날 비즈니스에서 공급망은 고도로 상호연결된 생태계다. 한 영역의 문제가 전체 네트워크로 순식간에 확산되며, 개별 기업의 우수한 성과도 전체 공급망의 조율 없이는 의미를 잃는다. 이런 상호의존성이야말로 공급망관리가 단순한 물류 관리를 넘어 전략적 경영 활동으로 진화한 이유다.

공급망은 단순한 프로세스의 연결이 아닌 복잡한 시스템이다. 작은 변화가 시스템 전체에 미치는 파급 효과는 종종 직관과 다르게 나타나며, 이는 공급망 고유의 복잡성에서 기인한다. 따라서 개별 요소의 최적화보다는 시스템 전체의 균형과 조화가 더욱 중요하다.

1980년대 초반 등장한 공급망관리 개념은 이제 경영의 중심축이 되었다. 과거에는 제조나 물류의 효율성이 기업 경쟁력의 핵심이었지만, 이제는 "공급망 대 공급망"의 경쟁 시대가 도래했다. 아마존이 전통적인 유통업체들보다 우위를 점하는 이유는 상품력이 아니라 효과적인 공급망 설계와 운영에 있다.

최고경영자라면 다음과 같은 질문들을 점검해 볼 필요가 있다. "우리 회사는 수요의 변동성에 얼마나 민첩하게 대응하는가?" "각 부서 간 정보는 실시간으로 공유되는가?" "공급업체와 고객사와의 관계는 단순한 거래 관계인가, 아니면 파트너십인가?" 이 질문들에 명확한 답을 가진 기업이 급변하는 시장 환경에서 지속적인 성장을 이룰 가능성이 높다.

이 장에서는 다음과 같은 내용을 다룬다:

- **P-S-I 활동이 어떻게 모든 경영활동의 기본이 되는지:** 생산, 판매, 재고라는 기본 사이클이 공급망관리의 백본이며, 경영과 공급망관리가 본질적으로 동일함을 도요타 사례를 통해 살펴본다.
- **공급망관리 성공의 80%를 차지하는 기본 운영역량:** 용어 표준화, 운영 매뉴얼, 데이터 정합성, 계획 품질, 물동 관리 등 기본 운영 역량이 어떻게 공급망관리 성공의 핵심 요소가 되며, 이를 바탕으로 한 협업 역량 20%가 차별화가 된다는 것을 설명한다.
- **부분최적화의 함정과 전체최적화의 경영적 가치:** 각 부서의 개별 최적화가 전체 기업 가치를 저해하는 원리와 삼성전자의 전사 공급망관리 통합 사례를 통한 전체최적화의 의미를 알아본다.
- **내부 공급망관리 구축부터 글로벌 공급망관리로의 확장 전략:** 기업 내부 프로세스 통합에서 시작하여 외부 파트너십과 글로벌 네트워크로 확장하는 단계적 접근법을 ZARA 사례를 통해 분석한다.

1-1

생산(P)-판매(S)-재고(I) 활동이
경영의 기본이다

제조기업의 조직도를 펼쳐보면 개발부터 경영지원까지 수십 개의 기능 부서가 복잡한 네트워크를 이루고 있다. 하지만 이런 외형적 복잡성 뒤에는 단순하면서도 핵심적인 원리가 숨어 있다. 바로 **생산(Production)-판매(Sales)-재고(Inventory), 즉 P-S-I 활동**이라는 기본 축이다. 마치 거대한 교향악단이 기본 음계에서 출발하듯, 기업 활동의 출발점이자 종착점은 결국 이 P-S-I 사이클로 수렴된다.

P-S-I는 모든 경영활동의 백본이다

생산(P)은 원자재나 부품을 고객이 원하는 형태로 변환하는 과정에서 진정한 부가가치를 창출하는 활동이다. 생산 활동은 변환 과정을 통해 투입물을 산출물로 변환하며, 원자재 비용보다 높은 가치의 제품을 생산하여 이익 마진을 확보한다.

판매(S)는 생산을 통해 창출된 가치를 시장에서 인정받고 현금으로

전환하는 과정이다. 판매는 단순한 거래 행위가 아니라 잠재 고객을 실제 구매 고객으로 전환하고, 생산된 가치를 적정한 가격으로 시장에서 인정받는 과정이다. 동시에 고객 요구사항과 시장 동향을 기업 내부로 전달하는 정보 채널 역할을 수행하며, 다음 사이클을 위한 시장 정보 수집의 출발점이 된다.

재고(I)는 생산과 판매 사이에 발생하는 시간적, 공간적 간격을 조정하는 완충 장치다. 재고는 예측 불가능한 수요 변화에 대한 안전장치 역할을 하며, 연속적이고 안정적인 생산을 가능하게 하는 완충 역할을 수행한다.

P-S-I 각 요소는 서로 긴밀하게 연결되어 있으면서도 근본적인 이익 상충 구조를 내재하고 있다. 생산 부문은 규모의 경제를 통한 단위 비용 절감을 추구하며 대량 생산을 선호한다. 반면 재고 관리 관점에서는 높은 재고 회전율과 창고 효율성이 우선시된다. 영업 조직은 고객 서비스 수준 향상을 위해 충분한 안전재고를 확보하려 하지만, 재무 관점에서는 운전자본 최적화와 현금흐름 개선이 핵심 목표가 된다. 이처럼 각 기능별 최적화 로직은 개별적으로는 합리적이지만, 전사적 관점에서는 상호 대립하는 목적함수를 형성한다. 기업 현실에서는 이런 목표 갈등이 의사결정 과정에서 지속적으로 나타나며, 조직 내 권력 구조나 단기적 성과 압박에 따라 특정 기능의 논리가 우선시되는 부분 최적화 함정에 빠지기 쉽다.

P-S-I에서 공급망관리로의 확장

P-S-I 활동은 기업 내부의 마이크로 공급망(Micro Supply Chain)
을 구성한다. 이런 기본적인 경영활동은 [그림 1-1]에서 보는 바와 같
이 더욱 세분화되고 체계화된 공급망 기능으로 발전한다. 생산(P) 기능
은 구매와 생산계획으로, 판매(S) 기능은 고객관리와 주문처리로, 재고
(I) 기능은 창고관리와 운송관리로 확장되면서 총 다섯 가지 핵심 기능
으로 수렴하면서 하나의 통합된 내부 공급망을 형성하게 된다.

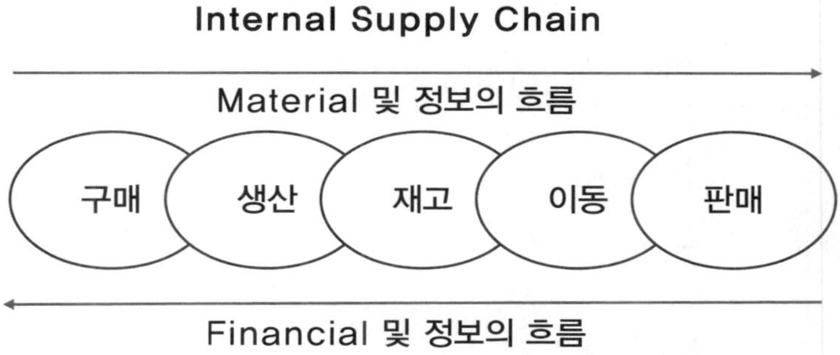

Internal Supply Chain

Material 및 정보의 흐름

구매 생산 재고 이동 판매

Financial 및 정보의 흐름

[그림 1-1] 기업내부 Micro Supply Chain

앞서 살펴본 P-S-I 간 이익 상충 구조임에도, 공급망관리는 이렇
게 확정된 경계를 넘어 사고하고 기능 간의 연계를 강화하며 이들이 하
나가 될 수 있는 방법을 찾는 것을 의미하기도 하며, 이것은 **전체가 부
분의 합보다 크다는 인식에 출발을 하게 된다.** 이는 구매와 조달(구매),
생산계획 및 생산, 창고 관리(매장), 운송 관리(이동) 및 고객 관계 관

리(판매) 간의 보다 효과적인 통합을 요구하게 되는 것이다.

공급망에 대한 또 다른 사고방식은 가치의 개념에 기초하고 있다는 것이다. 가치는 사슬을 따라 각 지점에서 부가되는 것이고, 가치는 고객이 지불할 준비가 되어 있는 것을 의미한다. 따라서 **가치를 추가하는 활동은 제품이나 서비스에 가치를 추가하고 최종 고객이 지불할 의사가 있는 체인을 따라 이루어지는 활동이다.** 이는 경영활동의 본질적인 행위에 해당하는 것이다. 반대로 가치가 수반되지 않은 활동은 고객의 관점에서 보면 비용은 추가되지만 가치는 추가되지 않는 것이다. 따라서 비부가가치를 제거하는 것도 공급망 활동의 중요한 요인이다.

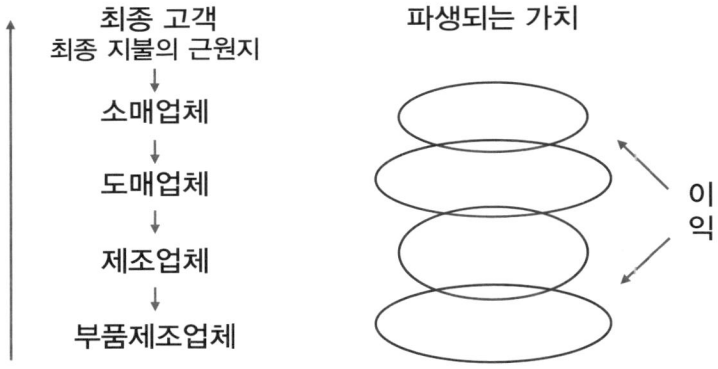

[그림 1-2] 외부 파트너와의 Macro Supply Chain

그래서 경영 환경에서는 이런 내부 활동이 **외부 파트너들과의 네트워크**로 확장되어야 한다. [그림 1-2]에서 보는 바와 같이 원자료부터 시작하여 체인을 통해 제품이 흘러가며, 부품제조업체, 제조업체, 도매

---

2) Edward Sweeney, 'The Four Fundamentals of Supply Chain Management', 2002

업체, 소매업체를 통해 제품이 최종 고객에게 도달하는 **매크로 공급망 (Macro Supply Chain)** 관점이 필요하다.

핵심은 체인의 모든 연결고리가 중요하다는 것이다. 체인의 어느 한 곳에서 약점이 발생하면 체인 전체가 경쟁력을 달성하지 못하는 결과를 초래할 수 있다. **사슬은 가장 약한 고리만큼만 강한 것이다.**

이런 현상의 대표적 사례가 '채찍효과(Bullwhip Effect)' 이다. [그림 1-3]에서 보는 바와 같이, 최종 소비자의 작은 수요 변동이 공급망을 거슬러 올라가면서 점점 증폭되어 공급업체에게는 큰 변동으로 나타나는 현상이 바로 채찍효과이다.

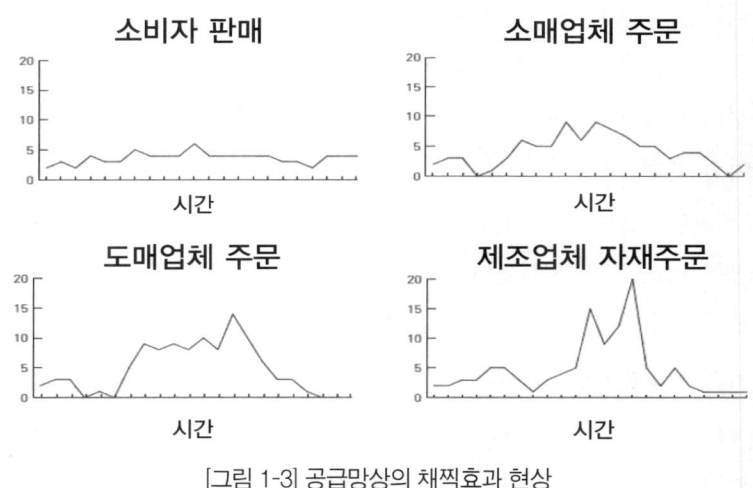

[그림 1-3] 공급망상의 채찍효과 현상

이는 각 단계에서의 P-S-I 의사결정이 독립적으로 이루어질 때 발생하는 전형적인 문제로, 수요 정보의 왜곡과 지연, 각 단계별 독립적 재고 정책 등이 근본 원인이다. 비즈니스 성공은 이런 기본 활동들의 정교한 조율에 달려있다. 최근 연구에 따르면 대기업의 90% 이상이 공급망 중단을 경험하고 있으며[3], 이는 공급망관리가 기업 생존과 직결된 핵심 전략 영역임을 보여 준다.

공급망관리와 경영의 본질적 동일성

21세기 들어 경쟁의 본질이 근본적으로 변화했다. 과거 '기업 대 기업'의 대결에서 이제는 '공급망 대 공급망'의 총력전으로 무게중심이 이동했다. 이는 단순한 경쟁 방식의 변화가 아니라 기업 생존 자체에 대한 패러다임 전환을 의미한다. 기업의 운명은 더 이상 자체적 역량만으로 결정되지 않으며, 공급망 내에서의 협업과 조율 능력이 성패를 가르는 결정적 요인이 되었다.

이런 변화 속에서 경영과 공급망관리의 관계에 대한 근본적 성찰이 필요하다. 우리가 지금까지 살펴본 바와 같이, 경영활동의 본질은 P-S-I라는 기본 사이클에 있다. 동시에 이 P-S-I 활동이야말로 공급망관리의 핵심 구조, 즉 백본을 형성한다는 사실도 명확해졌다.

여기서 도출되는 결론은 간결하면서도 명확하다. 경영과 공급망관리는 서로 다른 분야가 아니라 동일한 본질을 바라보는 두 개의 렌즈에 불과하다는 것이다. 경영이 P-S-I를 통한 가치 창출의 과정이라면, 공급망관리는 바로 그 과정을 체계화하고 최적화하는 방법론이다. 이는 마치 같은 산을 서쪽에서 보느냐 동쪽에서 보느냐의 차이일 뿐, 결국 같

---

3) Fortune, 'Coronavirus impact: 94% of the Fortune 1000 are seeing supply chain disruptions,', 2020

은 산을 바라보고 있는 것과 같다.

이런 논리적 귀결은 Dr. Dawei Lu의 정의에서도 확인된다: **"공급망관리는 단순히 그리고 궁극적으로 비즈니스 관리로서, 어떤 특정한 맥락에 있든 관계없이 비즈니스는 관련 공급망 관점에서 인식되고, 규정이 되어야 된다"[4]**.

다시 말해, 공급망관리는 특정 부서의 업무나 별도의 관리 기법이 아니라 경영 그 자체다. 모든 비즈니스 활동이 공급망의 맥락에서 이해되고 관리되어야 한다는 것이다. P-S-I 활동이 기업 내부의 기본 구조라면, 공급망관리는 이를 외부 파트너들과 연결하여 전체 가치 창출 네트워크를 관리하는 경영 철학이자 실행 방법론이다.

그렇다면 이런 이론적 통찰이 실제 기업 현장에서는 어떻게 구현되고 있을까? 경영과 공급망관리의 본질적 동일성을 성공적으로 실증한 사례를 통해 이를 확인해 볼 수 있다.

도요타: P-S-I 통합관리를 통한 경영혁신[5]

도요타 생산시스템(TPS)는 P-S-I 활동의 통합 관리를 통해 "경영=공급망관리"라는 명제를 실증한 대표적인 사례다. MIT의 Womack 등이 저술한 『The Machine That Changed the World』를 통해 전 세계에 알려진 이 시스템은 현재까지도 경영 혁신의 표준으로 인정받고 있다.

---

4) Dawei Lu, 'Fundamentals of supply chain management', 2011.
5) Womack, J.P. et el, 'The Machine That Changed the World: The Story of Lean Production', MIT Press, 1990

1950년대 전후 일본의 도요타가 직면한 현실은 어려운 상황이었다. 미국의 포드나 GM이 거대한 내수 시장을 바탕으로 한 차종을 수백만 대씩 생산하며 규모의 경제를 실현하는 동안, 도요타는 연간 수만 대 수준의 소량 다품종 생산에 머물러야 했다. 제한된 자본과 작은 내수 시장, 그리고 무엇보다 일본 특유의 노동 관행으로 인해 경기 변동에 따른 대량 해고가 불가능한 상황에서 미국식 대량생산 방식으로는 승산이 없었다.

　　이런 위기 상황에서 도요타는 제약 조건을 오히려 혁신의 동력으로 전환하는 접근법을 만들어 냈다. 기존의 "생산 → 재고 → 판매" 방식을 근본적으로 전환하여 "판매 → 생산 → 재고"라는 역순 구조를 만들어 낸 것이다. 고객 주문이 들어오면 그 신호가 즉시 생산라인으로 전달되어 필요한 만큼만 생산하는 JIT(Just-In-Time) 시스템과 간반(Kanban) 카드를 통한 정보 전달 체계가 핵심이었다.

　　이는 단순한 생산 방식의 변화가 아니라 P-S-I 전체를 하나의 유기적 시스템으로 통합하는 경영 철학의 전환이었다. 판매 부서는 더 이상 단순한 거래 창구가 아니라 전체 시스템의 출발점이자 조율자가 되었고, 생산 부서는 예측에 의존하지 않고 실제 판매 신호에 반응하는 유연한 대응 체계를 갖추게 되었다. 재고는 단순한 보관 개념에서 벗어나 시스템 전체의 흐름을 조절하는 신호 장치로 변모했다.

　　중요한 것은 이 모든 요소들이 각각 독립적으로 최적화되는 것이 아니라 하나의 연결된 시스템으로 동기화된다는 점이었다. 판매 정보가 즉시 생산으로 전달되고, 생산 상황이 재고 정책을 결정하며, 재고 수준이 다시 생산 계획에 영향을 미치는 효과적인 순환 구조를 만들어 낸 것이다.

그 결과, 도요타는 생산준비 시간을 단축하고 제품 개발 기간을 크게 단축하는 등 생산성을 개선했다. 전후 폐허에서 시작해 현재 세계 최대 자동차 제조업체 중 하나로 성장할 수 있었던 것은 바로 이런 P-S-I 통합 시스템의 힘이었다. 더욱 의미 있는 것은 도요타 생산 시스템(TPS)의 원리가 제조업의 경계를 넘어 서비스업, 비영리단체까지 확산되어 범용적 경영 혁신 도구로 자리 잡았다는 사실이다.

도요타 사례가 우리에게 주는 가장 큰 교훈은 경영활동의 기본인 P-S-I가 공급망관리의 백본이며, 이를 체계적으로 관리하는 것이 곧 경영의 핵심이라는 점이다. 경영과 공급망관리는 별개의 영역이 아니라 동일한 실체를 바라보는 서로 다른 관점에 불과하다는 것을 도요타는 실증적으로 보여 주었다.

요약

경영활동의 기본은 P-S-I 사이클이고, 이 P-S-I는 공급망관리의 백본이다. 따라서 경영과 공급망관리는 본질적으로 동일하다. 생산을 통한 가치 창출, 판매를 통한 가치 실현, 재고를 통한 균형 조정이라는 삼각 관계의 조화가 기업 성공을 결정하며, 이런 통합적 관리야말로 경영의 핵심이다. 디지털 시대에도 이 기본 원리는 변하지 않는다.

1-2

기본기가 공급망관리 성공의
80%를 결정한다

공급망관리에서 중요한 성공 요인은 고도화된 기술이나 복잡한 시스템이 아니다. 전 세계 제조업체의 공급망관리 혁신 사례를 조사해 보면, 지속적으로 우수한 성과를 창출하는 기업들의 공통점은 바로 탄탄한 기본기에 있었다. 이는 마치 일류 운동선수가 화려한 기술보다는 끊임없는 기본기 연마를 통해 최고의 경기력을 발휘하는 것과 같은 원리이다.

왜 하필 80%일까? 수많은 공급망관리 구축 프로젝트와 기업 공급망운영을 경험해 본 결과, 성공과 실패를 가르는 핵심 요인들을 발견할 수있었다. 공급망관리 실패 사례의 대부분은 고도화된 기술이나 시스템의문제가 아닌 기본적인 프로세스 부재, 정보 부정확성, 소통 문제 등 기초 운영 체계의 결함에서 기인한다는 것을 경험하였다. 반대로 지속적으로 우수한 성과를 내는 기업들은 화려한 솔루션보다는 용어 통일, 데이터 정합성, 계획 실행력 같은 기본기에 전체 역량의 80% 이상을 투자하고 있었다.

마치 고층 건물에서 지상에 보이는 화려한 외관보다 지하 깊숙이 자리한 견고한 기초가 건물 전체의 안정성을 좌우하듯이, 공급망관리 역시 겉으로 드러나는 화려한 기술보다는 보이지 않는 기본 운영 체계가 전체 성과를 결정한다. 건물에서 기초가 부실하면 아무리 멋진 외관도 무너질 수 있듯이, 공급망관리에서도 기본기라는 토대가 견고해야 그 위에 고도화된 협업과 혁신 기술이 제대로 작동할 수 있다.

실제로 성과가 우수한 기업들을 관찰해 보면, 화려한 기술이나 복잡한 시스템보다는 '당연히 해야 할 일을 제대로 하는' 기본기에서 차이가 났다. 많은 기업이 공급망관리 문제 해결을 위해 고급 기법이나 첨단 솔루션을 찾지만, 정작 문제의 근본 원인은 기초 실행력 부족에 있는 경우가 대부분이다. 수십억 원을 투자해 최신 공급망관리 시스템을 도입하고도 기대한 성과를 얻지 못하는 기업들이 많은 이유도 바로 여기에 있다. 아무리 좋은 시스템이라도 기본 운영 체계가 부실하면 제대로 작동할 수 없기 때문이다.

경쟁력을 결정하는 5가지 기본기 요소

공급망관리는 회사 내부 조직 간 및 외부 협력사와의 물자, 정보, 자금 흐름을 통합적으로 조율하는 복합적 경영 분야다. 이런 복잡한 네트워크를 효과적으로 운영하기 위해서는 고도화된 공급망관리 운영 역량이 필수적이며, 이는 조직의 견고한 기본 운영 체계를 기반으로 구축된다. **기본 운영 역량이란 조직이 일상적 비즈니스 활동을 체계적으로 수행하고 지속 가능한 경영 성과를 창출하기 위해 요구되는 핵심 능력과 자원의 총체를 의미한다.**

공급망 역량을 내부 기본기와 협업으로 나누어 보면, 대략 80% 대 20% 정도의 비중으로 접근하는 것이 효과적이다. 기본기는 '회사 혼자서도 할 수 있는 것'이고, 협업은 '파트너와 함께해야 하는 것'이다. 아무리 좋은 협업 시스템이 있어도 내부 기본기가 부실하면 파트너에게 혼란만 전달하게 된다.

이런 기초 역량은 공급망관리 체계의 본격적 구축 이전에도 기업의 건전한 경영 기반으로 작용한다. 공급망관리의 본질적 과제는 조직 간 기능적 단절(functional silos)의 해소에 있다. 이런 단절 현상은 최종 소비자의 수요 충족 과정에서 다양한 비효율을 야기한다. 분절된 공급망 환경에서는 각 기능 조직이 독립적 계획 수립과 실행에 집중하나, 이는 전체 가치사슬에 미치는 파급효과를 간과하는 근시안적 접근이다.

많은 리더들이 기본기 구축을 소홀히 하는 이유는 여러 가지가 있다. **첫째, 기본기는 '당연한 것'으로 여겨져 관심이 적다.** 경영진은 대개 새롭고 차별화된 전략에 더 많은 관심을 갖는 경향이 있다. **둘째, 화려한 신기술에 비해 성과가 눈에 잘 띄지 않는다.** 기본기 개선은 점진적이고 지속적인 효과를 나타내기 때문에 단기간에 즉각적인 변화를 보여 주기 어렵다. **셋째, 기본기 구축은 시간이 오래 걸려 단기 성과 압박에 밀린다.** 분기별 실적에 쫓기는 경영 환경에서는 즉각적인 효과를 보여 주는 프로젝트가 우선시되기 마련이다. **넷째, CEO나 임원들이 직접 체감하기 어려운 현장 중심 활동이다.** 기본기는 현장에서 일어나는 세밀한 개선 활동들의 집합이기 때문에 경영진이 그 중요성을 인식하기 어려울 수 있다.

공급망관리의 기본기는 주요 핵심 영역으로 정리를 할 수 있으며, 이들은 상호 연관성을 가지며 전체적인 운영 역량을 결정짓는다.

조직 내 효과적인 의사소통은 공급망관리 성공의 필수 전제조건이다. 부서 간 용어 혼재와 해석 차이는 운영 오류의 주요 원인으로, 특히 급성장하는 기업에서 신규 인력 유입과 함께 기하급수적으로 증가하는 양상을 보인다. **용어 표준화는 단순한 어휘 정리를 넘어 조직 전체의 인지적 정렬(Cognitive Alignment)을 달성하는 전략적 과제로 인식되어야 한다.**

실무에서 빈번히 관찰되는 현상을 살펴보면, 유사한 개념을 지칭하는 복수의 용어가 혼재할 때 운영상 혼란이 발생한다. 예를 들어 계획 관련 용어의 경우 '판매계획', '영업계획', '수요예측', '매출계획' 등이 부서별로 상이하게 사용되면서, 동일한 데이터를 바탕으로 한 의사결정임에도 불구하고 서로 다른 해석과 실행으로 이어지는 경우이다. 이런 용어 혼용은 발주 오류, 재고 과부족, 생산 계획 불일치 등 직접적인 운영 손실을 야기하며, 궁극적으로 고객 서비스 품질 저하와 비용 증가라는 이중고를 초래한다. 따라서 조직은 핵심 업무 용어에 대한 명확한 정의와 사용 지침을 체계화해야 하며, 이를 통해 의사결정 과정에서의 혼선을 방지하고 실행 정확도를 제고할 수 있다. 효과적인 용어 표준화는 포괄적인 용어집(Glossary) 구축, 맥락별 사용 가이드라인 개발, 그리고 지속적인 갱신 메커니즘을 포함하는 통합적 접근을 요구한다.

지속 가능한 공급망 운영은 개인의 경험과 직감에 의존하지 않는 체계적인 프로세스 관리를 요구한다. **운영 매뉴얼, 즉 'Playbook'은 조직의 집합 지혜를 구조화하고 전수하는 핵심 도구로서, 업무 프로세스, 도구 활용법, 그리고 역할 및 책임(R&R) 체계를 명확히 규정하는 종합적 가이드라인이다.** 효과적인 Playbook은 일상적 업무 수행을 위한 표준 절차뿐만 아니라 예외 상황에 대한 대응 프로토콜을 포함해야 한다. 판매, 생산, 조달 영역에서 발생 가능한 다양한 시나리오에 대한 사전 정의된 대응 방안은 조직의 위기 대응 능력을 향상시킨다. 더 나아가 이런 문서는 정적인 참고 자료가 아닌 동적인 학습 도구로 기능해야 하며, 실무 경험을 통해 지속적으로 개선되고 업데이트되는 '살아 있는' 조직 자산으로 관리되어야 한다. Playbook의 전략적 가치는 신규 인력의 온보딩 가속화, 업무 일관성 확보, 그리고 조직 내 모범 사례의 확산에 있다.

오늘날 제조업의 핵심 경쟁력은 물리적 자산과 디지털 정보 간의 동기화에서 나온다. ERP를 비롯한 통합 시스템이 기업 운영의 중추 역할을 하는 상황에서, 데이터 정합성 확보는 선택이 아닌 필수 요건이 되었다. 특히 BOM(Bill of Material) 정확성은 발주, 조달, 생산 지시 등 핵심 운영 프로세스의 신뢰성을 직접적으로 좌우하는 중요한 요소다. 데이터 거버넌스(Data Governance) 관점에서 볼 때, 정보의 정확성은 단순한 입력 오류 방지를 넘어 조직의 의사결정 품질과 직결된다. 부정확한 기준 정보는 연쇄적인 오류를 발생시켜 공급망 전반의 효율성을 저해한다. 이런 문제를 해결하기 위해 선진 기업들은 기준 정보 관리 전담 조직을 운영하여 데이터의 생성, 변경, 검증 과정을 중앙집중적으로 통제하고 있다. 효과적인 정보 관리 체계는 실시간 모니터링, 예외 상황 탐지, 그리고 자동 교정 메커니즘을 포함하는 포괄적 접근을 요구한다.

공급망관리에서 계획의 품질은 조직의 전략 실행 역량을 좌우하는 요인이다. 실행 가능한 계획이란 조직의 내부 역량과 외부 환경을 종합적으로 고려하여 수립된 현실적이고 달성 가능한 목표 체계를 의미한다. 무리한 목표 설정은 과잉재고라는 심각한 후유증을 남기며, 가진 압박과 현금흐름 악화로 이어지는 악순환을 초래한다. 효과적인 계획 수립은 SMART(Specific, Measurable, Achievable, Relevant, Time-bound) 원칙에 기반한 목표 설정과 SWOT 분석을 통한 환경 평가를 포함해야 한다. 더 중요한 것은 계획 수립 이후의 체계적인 실행 관리다. 계획 대비 실적의 지속적 추적, 편차 분석, 그리고 상황 변화에 따른 적응적 조정 메커니즘이 구축되어야 한다. 실행력이 뛰어난 조직들은 주간 단위의 정기적 점검 체계를 운영하여 목표 달성을 정한 목표를 지속적으로 유지한다.

마지막으로, 물동 관리는 공급망의 물리적 흐름을 최적화하여 전체 시스템의 효율성을 높이는 핵심 역량이다. 조달, 생산, 출하로 이어지는 **물자의 흐름은 정량성과 정시성이라는 두 가지 품질 기준을 동시에 충족**해야 한다. 이를 위해서는 통합된 계획 시스템과 실시간 모니터링 체계가 필요하다. 조달 영역에서는 자재 재고의 적정성을 유지하면서도 생산 중단을 방지하는 정교한 균형이 요구된다. 이는 납입 지시의 시스템화와 자동화를 통해 달성 가능하며, 협력업체와의 계획 공유를 통해 공급망 전체의 동기화를 실현할 수 있다. 생산 영역에서는 평준화 생산 원칙에 따른 일정 관리를 통해 자원 활용률을 최적화하고 변동성을 최소화해야 한다. 계획 변경으로 인한 긴급 대응은 추가 비용을 발생시킨다. 이는 물동 관리에서 예측 가능성과 안정성이 얼마나 중요한지를 보여 주는 명확한 증거다.

기본기의 주요 요소는 독립적이지 않으며 상호 연관성을 갖고 있다. 효과적인 구축을 위해서는 다음과 같은 단계적 접근이 필요하다. 첫번째 단계에서는 용어표준화와 운영매뉴얼을 통해 기반 인프라를 구축한다. 이는 조직 내 커뮤니케이션의 기초를 마련하고 업무 수행의 일관성을 확보하는 단계이다. 두번째 단계에서는 정보일치화를 통해 데이터 정합성을 확보한다. 표준화된 용어와 절차를 바탕으로 시스템 내 데이터의 신뢰성을 높이는 것이다. 세번째 단계에서는 계획수립과 물동관리를 통해 실행력을 강화한다. 정확한 정보를 기반으로 현실적인 계획을 수립하고 이를 체계적으로 실행하는 역량을 배양하는 것이다. 이런 순서로 구축해야 상승효과를 얻을 수 있으며, 각 단계의 성과가 다음 단계의 기반이 되어 전체적인 공급망관리 역량 향상을 이끌어 낸다

차별화를 만드는 20%의 협업 역량

앞서 언급한 기본기 80%를 바탕으로 구현되는 협업 역량(Collaborative Capability)이 공급망관리의 차별화 요소가 된다. 이는 견고한 내부 운영체계를 기반으로 가치 창출을 위한 전략적 파트너십을 구축하고 운영하는 능력을 의미한다. 최근의 공급망은 복잡한 이해관계자 네트워크로 구성되어 있으며, 이들은 최종 소비자의 기대와 요구를 충족시키기 위해 유기적으로 연계되어야 한다. 이런 연계의 품질과 깊이가 공급망 경쟁력의 핵심 차별화 요소로 작용한다.

효과적인 협업은 기업 내부와 외부를 아우르는 다차원적 접근을 요구한다. 이를 위해 앞서 구축한 기본 운영체계를 바탕으로 부서 간 경계를 넘어선 통합된 프로세스와 목표 설정이 필요하다. 이때 각 부서는 개별 성과보다는 전사적 가치흐름 최적화에 기여하는 방향으로 운영되어야 한다. 외부적으로는 협력업체, 물류 파트너, 유통 채널, 고객에 이르기까지 공급망 전체를 아우르는 전략적 파트너십을 구축해야 한다.

이를 실현하려면, 공급망 전반을 조망할 수 있는 가시성을 확보하고, 영역 간 정보의 투명한 연결이 이루어져야 한다. 또한, 공급망 전체 최적화 관점에서의 통찰력이 필요하며, 공급망에서 발생하는 다양한 문제를 해결할 수 있는 회의체 및 의사결정 구조가 마련되어야 한다.

공급망 가시성(Visibility)은 제품, 자원 및 정보를 포함한 공급망 내 모든 움직임을 실시간으로 모니터링하고 파악하는 능력을 의미한다. 가시성을 확보함으로써 기업은 공급망의 다양한 단계에서 발생하는 이벤트 및 활동에 대한 투명성을 얻을 수 있으며, 이는 전반적인 운영 효율성을 증가시키고 민첩성을 강화하는 데 중요한 역할을 한다.

기본기를 바탕으로 한 **상호정보공유**는 고도화된 협업의 핵심 요소다. 정확한 기준정보와 표준화된 용어체계가 구축된 상태에서의 정보 공유는 공급망 내외 모든 참여자에게 신뢰할 수 있는 투명성을 제공한다. 이를 가능하게 하는 것은 정보 기술이다. 따라서 실시간으로 데이터를 수집 및 분석하는 ERP(Enterprise Resource Planning) 시스템, 클라우드 컴퓨팅, IoT(사물인터넷), 빅데이터 기술 등과 같은 기반 인프라를 구축해야 한다.

협업의 최종 단계는 기본기가 뒷받침된 **신속한 의사결정 구조** 구축이다. 정확한 정보와 표준화된 프로세스를 기반으로 한 S&OP 회의는 내부 의사결정의 품질을 높이며, 이런 체계가 외부 파트너와의 합동 의사결정으로 확장된다. 합동 의사결정의 필요성 중 하나는 예측 분야이다. 현재 대부분의 기업이나 조직은 "고립"된 상태에서 예측을 수행하며, 이는 고객으로부터 받은 주문과 과거 데이터를 기반으로 한다[6].

---

6)   McCarthy and Golocic, 'Implementing collaborative forecasting to improve supply chain performance', 2002.

S&OP(Sales & Operations Planning)는 이런 단절된 예측을 통합하고 조율하는 핵심 프로세스로, 수요와 공급의 균형을 맞추는 것을 넘어 전사적 의사결정의 중심축 역할을 한다.

공급망관리의 협업은 단계적으로 발전시켜야 그 효과를 극대화할 수 있다. 이를 '협업의 사다리'라고 명명할 수 있다. 각 수준의 공급망 협업에는 특정 도달 목표가 연계되어 있으며, 모든 관련된 협업 구성원이 이를 달성해야 다음 단계로 진행할 수 있다.

[그림 1-4]는 협업의 4단계 발전 과정을 보여 주며, 각 단계는 고유한 특성과 요구사항을 갖고 있다.

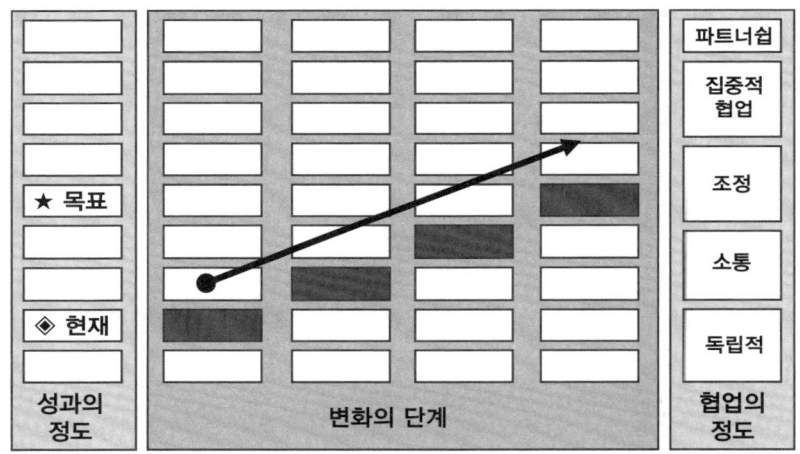

[그림 1-4] 협업의 발전단계[7]

- **최초 협업 수준:** "소통"이다. 이는 아직 협업을 시작하지 않은 단계에서 간단한 IT 시스템을 활용하여 생산성을 향상시키고, 정보

---

7)   Kampstra et el, 'Realities of Supply Chain Collaboration', 2006.

공유 및 예측을 가능하게 하는 것을 목표로 한다.

- **두 번째 협업 수준:** "조정"이다. 이는 회사 간 및 내부 프로세스의 조정에 중점을 둔다.
- **세 번째 협업 수준:** "집중적인 협업"이다. 이는 협업 구성원들의 적극적인 참여를 전제로 하여 전략적 관리 의사 결정을 개선하고 공급망에서 혁신을 촉진하는 것을 의미한다.
- **네 번째 협업 수준:** "파트너십"이다. 이는 투자 및 이익 공유와 같은 확장된 재정적 연결을 포함한다.

공급망관리의 추가적인 20%의 역량을 협업으로 정의했으나, 협업은 내부와 외부 차원에서 복합적인 장애요소들로 인해 쉽게 달성하기 어려운 영역이다.

먼저 조직 내부에서는 '사일로(silo)' 현상이 가장 큰 걸림돌로 작용한다. 이는 기본기 부족으로 인한 조직 내 반협력적 행동을 말하는데, 용어 혼재, 정보 부정확성, 프로세스 미정립 등 기본기 결함이 부서간 불신을 증폭시켜 협업을 저해하는 주요 원인이 된다. 관련 부서들은 종종 가치 공동창출을 희생시키면서까지 지엽적이고 즉각적인 목표와 계획을 보호하는 데 지나치게 집중하게 된다.

외부 파트너와의 협업에서는 또 다른 차원의 복잡성이 나타난다. 이해관계의 근본적 상충이 대표적인데, 공급업체는 가격 상승을 원하지만 구매기업은 비용 절감을 추구하는 식이다. 정보 비대칭성도 큰 장벽이 된다. 핵심 정보를 공유하면 협업 효과는 높아지지만, 동시에 협상력 약화나 기밀 유출 위험을 감수해야 한다. 여기에 시스템 호환성 문제, 표준화 부재로 인한 기술적 장벽, 계약 구조의 복잡성으로 인한 유연성 제약, 파워 불균형에 따른 일방적 요구 등이 더해진다. 특히 글로벌 공급망에서는 문화적 차이와 시차, 법적 체계의 상이함까지 협업의 복잡성을 기하급수적으로 증가시킨다.

이런 내외부 장애요소들은 결국 공급망 전체의 전략적 목표 달성을 어렵게 만든다. 각 조직과 파트너가 본연의 목표에만 몰두하다 보면 전체 최적화는 후순위로 밀려나게 된다. 이를 극복하기 위해서는 즈직 내 인센티브 구조와 성과 측정 방식의 근본적 변화는 물론, 파트너십 차원에서의 새로운 협력 모델과 거버넌스 체계 구축이 필요하며, 이는 경영진의 강력한 리더십과 지원 없이는 불가능하다.

요약

공급망관리의 역량은 단기간에 구축되지 않는다. '공급망관리에는 왕도가 없다'는 말도 있지만, 이를 위한 역량은 복잡한 공급망관리만큼 복잡하지 않을 수 있다. 오히려 기본적인 운영 역량을 제대로 갖추고 실행하는 기업이 공급망관리를 잘할 가능성이 높다. 즉, 협업을 원활하게 하기 위해서는 회사 내부의 업무 방식, 실행력, 의사결정 구조가 현재 시스템에서 건강하고 탄탄하게 이루어져야 한다. 이는 전체 역량의 80%를 차지한다. 모래 위에 집을 지을 수 없듯이, 공급망관리의 토대는 튼튼한 기초에 달려 있다. 핵심 역량은 이런 고객 요구에 대응하기 위해 회사의 체질을 건강하게 유지하는 일상의 루틴이며, 시장의 요구에 신속하고 유연하게 대응할 수 있는 기본 역량은 공급망관리에 추가로 필요한 나머지 20% 역량의 필요조건이다.

1-3

부분최적화는
전체 성과를 저해한다

공급망관리에서 빠지지 않고 등장하는 '최적화'란 마치 퍼즐을 맞추듯 모든 조각을 효율적으로 배치하여 최상의 결과를 얻는 과정이다. 공급망에서는 재고, 물류, 고객 대응에 드는 비용을 어떻게 하면 가장 효과적으로 관리할 수 있을지 끊임없이 고민한다. 하지만 여기서 주목할 점은 회사 내 각 부서가 자신만의 목표를 가지고 있다는 것이다. 구매팀은 원가를 낮추려 하고, 생산팀은 가동률을 높이려 하며, 영업팀은 매출 확대에 집중한다. 이처럼 각 부서가 자신의 성과 지표에만 집중하는 현상이 바로 '부분최적화'다. 얼핏 보면 합리적인 것 같지만, 이는 전체 공급망의 성과를 저해하는 주요 원인이 된다.

부서별 최적화가 만드는 전사적 딜레마

부분최적화가 가져오는 가장 큰 문제는 부서 간 목표 충돌이다. 이해하기 쉬운 예를 들어 보자. 생산부서 책임자가 말한다. "생산라인 가동률을 높이기 위해 대량생산이 필요합니다." 반면 물류부서 책임자는 고개를 젓는다. "그렇게 하면 저희는 추가 창고를 임대해야 하고, 운송비도 증가합니다." 영업부서도 한숨을 쉰다. "그 많은 제품을 팔려면 할인행사를 해야 하고, 마케팅 비용도 추가로 필요합니다." 각 부서가 자기 관점에서는 합리적인 주장을 하지만, 결과적으로 회사 전체 차원에서는 불필요한 비용이 증가하게 된다.

공급망은 마치 연결된 도미노처럼 한 부분의 변화가 전체에 영향을 미친다. 그런데 부분최적화는 이런 상호연결성을 간과한다. 생산부서가 효율성만 생각해 특정 제품을 대량으로 찍어 내면 어떻게 될까? 고객이 원하는 다양한 제품을 적시에 공급하지 못하는 상황이 발생한다. 물류팀이 단순히 운송비 절감에만 집중한다면? 배송 시간이 길어져 고객 만족도가 떨어진다. 이처럼 각 부서의 부분최적화가 모이면 오히려 고객 서비스는 저하되고 만다.

구매조달은 공급망의 시작점이다. 이들은 제품을 만드는 데 필요한 모든 원재료와 부품을 '적시에, 적정 품질로, 적정 가격에' 확보하는 중요한 임무를 맡고 있다. 생산라인이 멈추지 않도록 안정적인 공급망을 구축하고, 예상치 못한 위기에 대비한 '플랜 B'도 준비해야 한다. 동시에 공급업체와 끊임없이 협상하며 "어떻게 하면 더 저렴하게 구매할 수 있을까?"라는 질문에 답을 찾는다. 그러나 구매팀이 비용 절감에만 집중할 때 위험이 도사리고 있다. 단가를 낮추기 위해 품질이 의심스러운 공급업체를 선택했다고 상상해 보자. 결과는 어떻게 될까? 처음에는 원가 절감의 성과로 칭찬받을 수 있지만, 불량 부품이 생산라인에 투입되면서 제품 품질은 하락하고, 결국 고객 불만으로 이어진다.

생산부서는 '어떻게 하면 더 많이, 더 빠르게, 더 적은 비용으로, 더 좋은 품질의 제품을 만들어 낼 수 있을까'라는 근본적인 질문에 답하는 것을 핵심 임무로 한다. 생산부서는 마치 오케스트라 지휘자처럼 설비, 인력, 원자재가 효과적인 조화를 이루도록 지휘하며, 고객이 원하는 품질의 제품을 약속된 시간에 제공하기 위해 매일 분투한다. 그러나 효율성만을 추구하다 보면 함정에 빠질 수 있다. 어느 대형 자동차 제조사의 생산책임자가 이런 말을 했다고 상상해 보자. "설비 가동률을 높이기 위해 모델 A만 집중적으로 생산합시다." 단기적으로는 생산 효율성이 높아질 수 있다. 하지만 갑자기 시장에서 모델 B의 수요가 급증하면? 해당 기업은 유연하게 대응하지 못하고 시장 기회를 놓치게 된다.

모든 비즈니스에서 제품은 끊임없이 움직인다. 원자재가 공장으로, 완제품이 물류센터로, 그리고 고객의 손으로. 이 흐름의 지휘자가 바로 **물류부서**다. 이들은 마치 교통 통제사처럼 "무엇을, 언제, 어디로, 어떻게" 움직일지 결정하는 전략가들이다. 트럭, 선박, 기차, 비행기 등 다양한 운송 수단 중 최적의 조합을 찾아내고, 재고가 창고에서 먼지만 쌓이지 않도록 균형 잡힌 흐름을 유지한다. 또한 고객이 주문한 제품이 약속된 시간에 정확히 도착하도록 감독하며, 반품이나 회수와 같은 '역물류' 과정까지 관리한다. 그러나 물류부서도 부분최적화의 유혹에서 자유롭지 않다. "비용을 줄이자"는 구호 아래 가장 저렴한 해상 운송만 고집하다가, 결국 고객에게 제품이 2주 늦게 도착한다면? 고객은 다음 주문을 경쟁사에 맡길 것이다.

비즈니스의 마지막 관문이자 첫 출발점은 바로 **판매부서**다. 이들은 기업과 고객을 연결하는 다리 역할을 하며, 시장의 목소리를 가장 먼저 듣는다. "다음 시즌에는 어떤 제품이 인기를 끌까?", "경쟁사는 어떤 전략을 구사하고 있을까?", "고객이 원하는 적정 가격은 얼마일까?" 판매

부서는 이런 질문에 대한 답을 찾아 회사의 나침반 역할을 한다. 이들이 수집한 시장 정보와 수요 예측은 공급망 전체의 움직임에 영향을 미치는 첫 단추인 셈이다. 그러나 월말에 다가오는 매출 목표에 쫓기다 보면, 종종 장기적 관점을 놓치는 함정에 빠지기 쉽다. "이번 달 목표를 달성하기 위해 30% 할인 프로모션을 진행합시다!"라는 판매 책임자의 긴급 제안이 있다고 상상해 보자. 단기적으로는 매출이 증가할 수 있다. 하지만 그 이면에는 어떤 부작용이 숨어 있을까? 갑작스러운 수요 증가로 생산과 물류 부서는 초과근무에 시달리게 되고, 품질 관리가 소홀해질 수 있다.

기능조직	목표	영향			
		고객서비스	재고비용	생산원가	물류비용
영업/마케팅	– 소규모 물량 – 짧은 리드타임 – 다양성/유연성	⬆	⬆	⬆	⬆
생산	– 제품변경 지양 – 긴 리드타임 – 안정된 계획	⬇	⬆	⬇	⬆
물류	– 대규모 주문 – 고정된 계획	⬇	⬆	⬆	⬇
재무	– 재고 최소화 – 자본투자 최소화	⬇	⬇	⬆	⬆

[그림 1-5] 부분최적화의 영향도

[그림 1-5]는 각 부서가 추구하는 개별 목표와 이로 인한 부분최적화의 영향을 종합적으로 정리한 것으로, 그 파급력이 얼마나 광범위한지 보여 준다. 구매부서는 저가 원자재 확보에 집중하지만 이것이 품질 문제와 생산 지연을 야기할 수 있고, 생산부서는 높은 가동률을 추구하지만 이것이 재고 증가와 유연성 저하를 가져올 수 있으며, 물류부서는 운

송비 절감을 우선시하지만 이것이 고객 서비스 저하로 이어질 수 있고, 판매부서는 단기 매출 극대화에 매진하지만 이것이 전체 공급망에 혼란을 가져올 수 있다는 점이다.

공급망은 마치 정교한 시계처럼 수많은 톱니바퀴가 맞물려 돌아가는 유기체다. 하나의 부품이 아무리 완벽하게 작동해도 다른 부품과의 조화가 깨지면 시계는 멈추고 만다. 부분최적화는 바로 이런 위험을 내포한다. 각 부서가 자신의 영역에서는 최고의 성과를 내더라도, 그것이 전체 공급망의 리듬을 깨뜨린다면 무슨 의미가 있을까? 오늘날의 시장은 끊임없이 변화한다. 소비자의 취향은 하루가 다르게 변하고, 새로운 경쟁자는 언제든 등장한다. 이런 환경에서 각 부서가 자신의 성과에만 집중하는 기업은 마치 안개 속을 항해하는 배와 같다. **빠르게 방향을 전환해야 할 때** 무거운 몸체가 이를 따라 주지 못하는 것이다.

전체최적화로 가는 체계적 접근법

부분최적화의 사일로 사고방식에서 벗어나, 이제 우리는 전체 그림을 바라보는 법을 배워야 한다. 전체최적화란 무엇인가? 그것은 마치 오케스트라 지휘자가 각기 다른 악기들의 소리를 하나의 아름다운 하모니로 조율하는 것과 같다. 모든 부서와 프로세스가 동일한 목표를 향해 조화롭게 움직일 때, 비즈니스는 진정한 성과를 창출할 수 있다. **전체최적화의 목표는 분명하다. 비용은 줄이고, 수익은 높이며, 고객에게는 뛰어난 가치를 제공하는 것이다.** 그러나 이는 단순히 각 부서별 활동을 모아 놓는 것이 아니다. 예측, 생산, 재고, 물류 이 모든 요소들이 마치 하나의 유기체처럼 움직여야 한다.

전체최적화의 핵심은 '상충관계'를 현명하게 다루는 지혜에 있다. 비즈니스에서는 언제나 선택의 순간이 온다. 재고를 줄여 비용을 절감할 것인가, 아니면 고객 서비스를 위해 충분한 재고를 유지할 것인가? 저렴한 원자재를 선택할 것인가, 아니면 품질이 보장된 고가의 원자재를 사용할 것인가? 전체최적화는 이런 딜레마에 단편적으로 접근하지 않는다. 대신 **'이 결정이 공급망 전체에 어떤 영향을 미칠까?'**라는 질문을 던진다. 각 부서가 자기 성과만 좇다 보면 눈앞의 이익에 현혹되어 더 큰 그림을 놓치게 된다. 전체최적화는 이런 '근시안적 사고의 함정'에서 벗어나, 진정한 가치 창출이 어디에서 오는지 볼 수 있게 해 준다.

전체최적화를 달성하기 위해서는 현재의 공급망 프로세스 및 활동을 정밀하게 평가하여 문제점을 식별하고, 각 단계에서의 비용 구조, 효율성, 서비스 수준, 재고 수준 등을 분석할 필요가 있다. 이런 평가 작업은 비용 절감, 서비스 수준 향상, 유연성 강화 등의 목표를 명확히 설정하는 데 기여한다. 또한, 필요한 기술 및 시스템 업그레이드를 실시하고, 조직을 재정비하여 공급망관리 전문가를 채용하거나 내부 직원을 교육함으로써 전문 기술과 지식을 강화해야 한다.

전체최적화로 나아가기 위한 **첫걸음은 현재 공급망의 DNA를 철저히 이해하는 것에서 시작된다.** 마치 의사가 환자를 진단하듯, 공급망의 곳곳을 세밀하게 들여다보아야 한다. 어디에서 병목현상이 발생하는가? 어느 과정에서 불필요한 대기 시간이 소요되는가? 어떤 작업이 중복되어 자원이 낭비되고 있는가? 이런 질문들에 답하기 위해서는 데이터에 기반한 냉정한 분석이 필요하다. **성과 측정을 위한 핵심성과지표(KPI)를 설정하는 것도 필수다.** 품질경영의 아버지로 불리는 W. 에드워즈 데

밍(W. Edwards Deming)이 강조했듯이 "측정할 수 없으면 관리할 수 없다(You can't manage what you can't measure)"[8]. 재고 회전율, 주문 충족률, 생산 효율성 같은 지표들은 공급망의 건강 상태를 알려주는 바이탈 사인과 같다. 더 중요한 것은 이러한 KPI들이 각 부서의 개별 성과가 아닌 전사적 목표와 연계되어야 한다는 점이다. 개별 부서가 최고 성과를 내더라도 전체적으로는 비효율이 발생하는 부분 최적화의 함정을 피하려면, 부서 간 연계성과 시너지를 고려한 통합적 KPI 설계를 통해 조직 전체가 하나의 목표를 향해 움직이도록 해야 한다.

정보가 어떻게 흐르는지 추적하는 것도 중요하다. 공급망에서는 물리적 제품뿐 아니라 정보도 중요한 자산이기 때문이다. 네트워크 구조를 전체적으로 파악하는 작업도 필수적이다. 생산 시설은 최적의 위치에 있는가? 유통센터는 효율적으로 배치되었는가? 운송 경로는 최적화되었는가? 이런 질문들을 통해 공급망의 뼈대가 견고한지 점검해야 한다. **무엇보다 중요한 것은 고객 관점에서의 평가다.** 주문부터 배송까지 얼마나 시간이 걸리는가? 제품은 언제든 가용한가? 배송은 정확하게 이루어지는가? 공급망의 최종 목표는 결국 고객 만족이기 때문이다.

공급망을 분석할 때 가장 유용한 도구가 '가치 흐름 매핑'이다. 이는 제품이 공급자로부터 고객에게 전달되는 전체 여정을 그림으로 그려 보는 방식이다. 마치 지도를 그리듯 제품의 흐름, 대기 시간, 처리 시간을 한눈에 볼 수 있게 해 주어 어디서 시간이 낭비되고, 어디를 개선할 수 있는지 쉽게 파악할 수 있다. 이런 시각적 접근법은 복잡한 공급망을 단순화해 실질적인 개선점을 찾는 데 큰 도움이 된다.

공급망을 진정으로 강화하려면 지금 상태만 들여다보는 것이 아니라,

---

8) W. Edwards Deming, 품질경영 및 통계적 프로세스 관리 이론

'만약에'라는 질문을 던져 봐야 한다. '시나리오 계획'이란 바로 이런 접근법이다. 원자재 가격이 갑자기 오르면 어떻게 할까? 주요 시장의 수요가 급증하거나 급감하면? 정치적 갈등으로 특정 지역 공급이 끊기면? 이런 다양한 상황에 대비한 계획을 미리 세워 두는 것이다. P&G 같은 기업은 이런 사전 대비 덕분에 2008년 금융위기와 2020년 코로나 상황에서도 별다른 혼란 없이 공급망을 운영할 수 있었다.

데이터는 공급망의 혈액이다. 혈액이 몸 구석구석에 산소와 영양분을 전달하듯, 데이터는 공급망 전체에 중요한 정보와 통찰력을 공급한다. 이런 정보의 흐름을 원활하게 하기 위해서는 탄탄한 정보 인프라가 필수적이다. 오늘날의 공급망은 끊임없이 데이터를 생성한다. 생산 라인의 센서, 물류 트럭의 GPS, 창고의 RFID 태그, 매장의 POS 시스템까지, 이 모든 접점에서 매 순간 귀중한 데이터가 쏟아져 나온다. 이 데이터의 홍수 속에서 가치 있는 정보를 추출하려면 ETL(추출, 변환, 적재) 프로세스가 체계적으로 설계되어야 한다. 마치 원유를 정제하여 가솔린으로 변환하는 것처럼, 원시 데이터를 의미 있는 비즈니스 통찰력으로 전환하는 과정이 필요하다.

특히 주목할 점은 **실시간성**이다. 과거의 공급망관리가 월간, 주간 보고서에 의존했다면, 오늘날의 경쟁 환경에서는 실시간 모니터링과 즉각적인 대응이 필수적이다. 이는 마치 자동차의 대시보드가 엔진 온도, 연료 수준, 속도를 실시간으로 보여 주는 것과 같다. 공급망 관리자는 이런 실시간 데이터를 통해 문제가 대형 위기로 발전하기 전에 조기에 감지하고 대응할 수 있다. 공급망 정보 시스템 구축에 있어 실시간 데이터 처리는 더 이상 선택이 아닌 필수 요소가 되었다[9]. 특히 '에지 컴

---

9)   MIT Sloan Management Review, 'Digital Supply Networks: Transform Your Supply Chain and

퓨팅' 기술은 데이터가 발생하는 지점에서 즉시 처리하여 중앙 서버로의 전송 지연을 최소화하고, 보다 신속한 의사결정을 가능하게 한다.

데이터는 그 자체로는 단순한 숫자의 나열에 불과하다. 진정한 가치는 이 데이터를 의사결정자가 직관적으로 이해하고 활용할 수 있는 형태로 변환할 때 비로소 창출된다. 이것이 바로 **공급망 시각화**의 핵심이다. 최고의 전략가도 수천 개의 데이터 포인트가 담긴 스프레드시트를 보며 순간적인 판단을 내리기는 어렵다. 그러나 잘 설계된 대시보드는 마치 조종석의 계기판처럼 핵심 지표를 한눈에 파악할 수 있게 해 준다. 재고 회전율, 주문 이행률, 리드타임 같은 주요 KPI가 트렌드 차트, 히트맵, 지오맵 등으로 표현될 때, 복잡한 공급망의 건강 상태를 순식간에 진단할 수 있다.

특히 주목할 점은 '**예외 기반 관리**' 시스템이다. 모든 것을 감시하는 것은 비효율적이다. 최신의 공급망 모니터링은 "정상에서 벗어난 것만 내게 알려 달라"는 원칙에 기반한다. 실시간 알림 체계는 재고 부족 위험, 배송 지연, 품질 이상 등이 발생했을 때만 관리자에게 신호를 보내, 제한된 주의력을 가장 중요한 문제에 집중할 수 있게 한다. 이런 가시성 시스템의 밑바탕에는 견고한 데이터 품질 관리가 있어야 한다. "쓰레기를 넣으면 쓰레기가 나온다"는 컴퓨터 과학의 오랜 격언처럼, 부정확한 데이터에 기반한 화려한 차트는 오히려 잘못된 의사결정을 유도할 뿐이다.

계획은 실행의 서막일 뿐이다. 전체최적화의 청사진을 그린 후에는 이를 현실로 구현하는 단계로 나아가야 한다. 최신 테크놀로지는 이런 여정에 강력한 동력을 제공한다. 미래를 내다보는 정확한 시선은 공급망 최적화의 시작점이다. 선진 예측 시스템은 과거의 단순 통계 모델을

Gain Competitive Advantage with Disruptive Technology and Reimagined Processes', 2019.

넘어, 빅데이터와 AI 알고리즘을 활용하여 시장 트렌드, 기상 변화, 소셜 미디어 감성까지 분석함으로써 수요 예측의 정확도를 향상시킨다. 이런 예측 기반 위에서 생산 일정, 재고 수준, 자원 배분에 관한 최적의 의사결정이 도출된다.

디지털 자동화는 전체최적화의 핵심 동력이다. 로보틱스, 자율주행 차량, 자동화된 창고 시스템은 인간의 개입 없이도 고도의 정확성과 일관성을 유지하며 24시간 가동될 수 있다. IoT 센서는 마치 공급망의 신경망처럼 실시간으로 상태 정보를 수집하며, 블록체인 기술은 분산화된 참여자들 간의 신뢰성과 무결성을 보장한다. 네트워크 최적화 또한 필수적이다. 지난 수십 년간 누적된 물류 데이터와 최신 알고리즘을 결합하여 어디에 창고를 배치하고, 어떤 경로로 화물을 운송하며, 어떤 재고 관리 정책을 적용할지 최적의 결정을 내릴 수 있다.

이 모든 구성요소들을 유기적으로 연결하는 것이 통합 시스템의 역할이다. ERP와 공급망관리 시스템은 마치 기업의 중추신경계처럼 작동하여 모든 부서와 기능들이 동일한 데이터를 바탕으로 일관된 의사결정을 내릴 수 있게 한다.

삼성전자의 글로벌 공급망관리 통합[10]

삼성전자는 2000년대 들어 글로벌 시장에서 급성장하면서 복잡해진 공급망 구조를 정보기술 통합으로 해결한 대표적 사례다. 특히 2018년

---

10) CLO 매거진, '삼성전자 1일 SCM의 비밀, 결국 기본기', 2018; 한국경제신문, '삼성전자 1일 SCM 혁명… 제조업체 중 세계 유일', 2018

무선사업부에서 달성한 '1일 공급망관리'는 현장 수요 대응 속도에서 새로운 기준을 제시했다.

글로벌 시장 확장과 함께 삼성전자는 공급망관리 개선 과제에 직면했다. 주문에서 출하까지의 긴 리드타임은 재고와 채권을 증가시켰고, 판매법인-본사-생산법인 간의 정보 공유 지연은 의사결정의 속도를 느리게 했으며, 해외 법인 증가와 분산된 ERP 시스템으로는 전사적 통합이 힘든 상황이었다.

삼성전자는 이 문제를 세 가지 전략으로 해결했다. 첫째, 전사 차원의 G-ERP 시스템 구축을 통해 실시간 자원관리와 의사결정을 가능하게 했다. 둘째, 협력업체의 ERP 구축 지원을 해주고 자사의 생산계획과 연계되도록 만들어 공급망 전체를 하나의 통합 시스템으로 운영했다. 셋째, 글로벌 Hub 창고 운영을 통해 물류 효율화와 적시 공급 체계를 구축했다.

이런 전사 노력의 결과로 삼성전자 무선사업부의 경우, 2018년 현장 수요 대응 기간을 기존 3일에서 1일로 단축하는 '1일 공급망관리'를 달성했다. 또한 생산계획 수립 주기를 월 단위에서 주 단위, 나아가 일 단위까지 단축할 수 있게 되어 시장 변화에 대한 대응 속도를 크게 향상시켰다.

삼성전자 사례는 디지털 기술을 활용한 공급망 통합이 단순한 효율성 향상을 넘어 기업의 전략적 민첩성을 강화하는 핵심 역량임을 보여 준다. 특히 협력업체까지 포함한 전체 생태계의 디지털 연결이 진정한 공급망 혁신의 핵심이라는 교훈을 제공한다.

요약

공급망관리에서 부분최적화와 전체최적화의 차이를 이해하는 것은 기업의 생존과 번영에 필수적이다. 급변하는 글로벌 시장 환경에서 각 부서나 기능이 자체 목표만을 추구하는 것은 전체 기업 가치 창출을 저해할 수 있다. 진정한 경쟁 우위는 공급망 전체를 하나의 통합된 시스템으로 보고, 모든 요소가 조화롭게 작동하도록 설계할 때 달성된다. 전체최적화는 단순한 운영 효율성 향상을 넘어, 기업의 전략적 민첩성과 회복력을 강화하는 핵심 역량으로 자리 잡았다.

1-4

단계적 확장이
공급망관리 성공의 핵심이다

비즈니스 환경에서 공급망관리는 그 적용 범위와 통합 수준에 따라 체계적으로 분류되며, 기업의 성장 단계와 전략적 목표에 따라 단계적 확장이 이루어진다. 이런 확장 과정은 기업의 경영 범위와 가치사슬 관점에서 내부 공급망관리, 외부 공급망관리, 그리고 글로벌 공급망관리의 순차적 발전 단계로 구현된다.

내부 공급망관리는 자사 내 프로세스에 집중하는 접근법으로, 원자재 구매에서부터 생산계획, 생산실행, 품질관리, 완제품 재고관리, 출하 및 판매에 이르는 전체 가치창출 활동을 통합적으로 관리하는 체계를 의미한다. 이는 조직 내 기능적 사일로를 타파하고 부서 간 정보 흐름을 최적화하는 과정으로, 기업 내부의 운영 효율성을 높이는 것이 핵심 목표가 된다.

외부 공급망관리는 기업 경계를 초월하여 가치창출 네트워크 전반을 아우르는 확장된 개념이다. 상류 방향으로는 협력업체와의 조달 협업 체계를 구축하고, 하류 방향으로는 유통업체, 도매상, 소매상, 그리고 최종 소비자에 이르는 다층적 가치전달 구조를 포괄한다. 이런 외부 공급망관리는 기업 간 경계를 허물고 전체 가치사슬의 통합적 최적화를 추구하는 확장된 관리 패러다임으로 발전한다.

글로벌 공급망관리는 이런 통합과 최적화의 범위를 국가와 지역의 경계를 넘어 확장시킨 개념으로, 지정학적 요소, 문화적 다양성, 법률 및 규제의 차이, 국제 물류의 복잡성까지 고려한 총체적 관리 체계이다. 글로벌 공급망관리는 세계 각지에 분산된 공급원, 생산설비, 물류센터 및 시장을 하나의 유기적 시스템으로 연결하여 글로벌 차원의 자원 최적화와 시장 대응력을 실현하는 전략적 프레임워크로 기능한다.

내부 공급망관리의 필요성과 한계

공급망관리를 처음 도입하는 기업에게 내부 공급망관리는 필수적인 출발점이 된다. 기업 내부의 각 기능 간 연결을 최적화함으로써 비효율적인 업무를 효율적으로 개편할 수 있으며, 이때 각 기능의 개별적 최적화보다는 기업 전체의 효율성과 생산성을 고려한 통합적 접근이 요구된다.

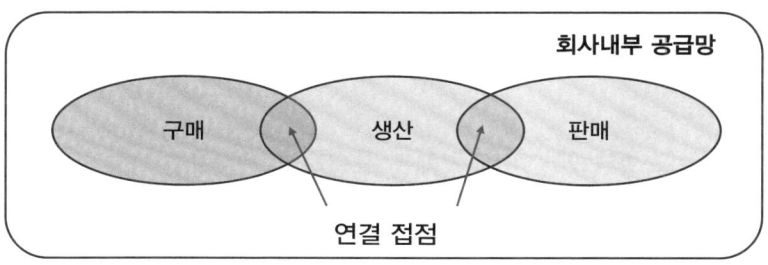

[그림 1-6] 내부 공급망관리 구조

그림 [1-6]은 내부 공급망관리의 구조를 보여 주며, 기업 내에서 제품이나 서비스를 고객에게 제공하는 데 필요한 가치 창출 활동이나 기능의 연결 관계를 나타낸다. 이런 기능을 체계적으로 연결함으로써 부서 간 경계를 넘어 통합된 가치흐름을 구현할 수 있으며, 효과적으로 설계된 내부 공급망은 고객 서비스 수준 향상과 운영 효율성 개선을 동시에 달성한다.

내부 공급망관리의 핵심은 부서 간 프로세스를 연결하는 것이다. 분산된 기능들을 하나로 통합해 전사적 성과를 높이는 것이 목표다. 이는 조직 내 다양한 부서 및 기능 간의 원활한 협력과 정보 공유를 통해 효율성을 높이고 전체 성과를 향상시키기 위한 전략적 접근이다.

그러나 통합을 위한 여러 가지 장애물이 현실적으로 존재한다. 각 조직은 조직 내 목표를 위해 기업 전체의 목표와 다른 의사결정을 내릴 수 있으며, 각 부서나 기능이 독립적으로 의사결정을 하고 정보를 공유하지 않으면 전체적인 시각을 갖기 어렵다. 또한 각각의 부서가 별도로 정보 시스템을 구축해 사용하면, 각 시스템 간 호환성이 없거나 데이터 형식이 상이할 경우 내부 통합이 어려워진다. 부서 간 소통 부족 역시 통합을 저해하는 요소로, 부서 간 느슨한 의사소통은 내부 통합을 방해하며, 정보의 부재 또는 부적절한 전달은 효과적인 공급망관리를 어렵게 만든다.

내부 프로세스의 최적화를 통한 내부 통합은 시장 환경이 변화하지 않거나 안정적일 때 가시적인 성과를 내면서 경쟁 우위를 점할 수 있다. 그러나 시장은 글로벌화, 외주화 증대, 공급망관리의 전략적 가치 변화 등으로 빠르게 변하고 있어, 내부 통합만으로는 지속적인 경쟁력을 확보하기 어려운 상황이 되었다.

시장 환경 변화가 요구하는 확장 전략

글로벌화는 각국 간에 상품, 서비스, 자본, 기술 및 정보가 자유롭게 이동하고 국가 경계를 넘어 상호 연결되는 현상을 의미한다. 이는 국가 간 경제, 문화 및 정치적 상호의존성이 증가함을 나타내며, 국제무역의 증가는 다양한 규제, 세관 절차, 언어 및 문화 차이 등의 요인으로 인해 글로벌 공급망의 복잡성을 가중시킨다. 또한 자원의 효율화를 통해 저비용 구조의 국가로 물동량이 집중됨으로써 경쟁력을 강화하는 방향으로 발전하게 되었다.

글로벌화는 각 기업이 전략적인 판단을 통해 사내 기능을 외부의 경쟁력 있고 비용 구조가 낮은 업체에 위탁하여 가치를 창출하도록 하는 촉진제가 되었다. 외주화는 기업이 자체적으로 처리하기 어려운 특정 기능이나 프로세스를 전문화된 업체에 위탁함으로써 전반적인 효율성을 향상시킬 수 있는 전략이다. 특정 분야에 특화된 외부 공급업체는 해당 분야에서 높은 전문 지식과 기술을 보유하고 있을 가능성이 크며, 종종 생산 및 운영 비용을 절감하는 데 기여한다.

전략 관리 분야에서 전통적으로 활용되는 비용 리더십, 차별화 및 집중의 접근 방식이 공급망관리에도 적용되고 있다. 기업의 총 비용 구조 중 상당 부분이 공급망에 속하며, 자동차 산업의 경우 원재료, 제조 및 조립, 유통 비용이 일반적으로 매출가격의 상당 부분을 차지한다[11]. 따라서 비용 리더십의 가치 있는 전략은 총 공급망 비용의 최적화와 가치를 추가하지 않는 비가치 활동의 제거에 중점을 두어야 한다.

고객 서비스는 여러 산업에서 차별화의 핵심 원천으로, 즈문 요청의

---

11)   BusinessPlan-Templates, 'Operating Costs in Car Manufacturing', 2025.

기준으로 보아도 그 중요성이 높아지고 있다. 많은 산업에서 제품 품질보다 가격 및 고객 서비스의 중요성이 증가하고 있으며, 공급망에서도 납기준수와 같은 고객 서비스를 제공하므로, 공급망 자체가 차별화 전략 개발에서 중요한 요소가 되었다. 집중 전략으로 공급망관리는 좁은 세그먼트에 중점을 두고 해당 세그먼트 내에서 비용 리더십이나 차별화를 통해 이점을 얻으려고 시도하는 것을 말한다. 따라서 전략 수립 및 실행과 관련하여 공급망관리의 역할은 집중 전략의 맥락에서도 동등하게 중요하다.

시장 변화와 전략의 수정으로 내부 공급망관리의 한계가 드러나면서 단순한 통합만으로는 경쟁력을 확보하기 어려워졌다. 하지만 내부 공급망관리의 통합은 외부 공급망관리 및 글로벌 공급망관리로 확장하는 데 중요한 기초가 된다. 이런 통합 과정을 거친 내부 프로세스와 시스템이 뒷받침되어야만 확장을 위한 발판을 마련할 수 있다.

외부 파트너와의 네트워크 확장

모든 제품 또는 서비스는 최종 소비자에게 전달되며, 이는 종종 기업 간의 복잡한 이동을 통해서 연속으로 이루어진다. 공급망의 어느 단계에서 생기는 비효율성은 전체 공급망이 실제 경쟁력을 달성하지 못하게 할 수 있다. 따라서 개별 기업의 경쟁력은 소속된 공급망 네트워크 전체의 성능에 의해 결정된다. 공급망이라는 표현은 사슬이 가장 약한 링크만큼 강력하다는 것을 나타내며, 공급망이 통합되지 않거나 적절하게 최적화되고 관리되지 않을 때 많은 마찰과 가치 있는 자원의 낭비가 발생한다.

[그림 1-7]은 외부 또는 기업 간 공급망을 표현한 것으로, 원자재 업체에서 최종 소비자에 이르기까지 물동이 흐르는 다양한 단계를 보여준다. 자금은 이런 구조에서 다운 스트림으로 다시 흐르며, 모든 링크는 중요하고 각 링크에서 가치가 증가하고 이익이 창출된다. 공급망은 단일 프로세스로 보인다는 관점이 매우 중요하며, 사슬의 다양한 링크는 가능한 한 원활하게 작동해야 되는데, 다중 기능 및 다중 공급자 계층을 거쳐 전체 시스템으로 구성된다.

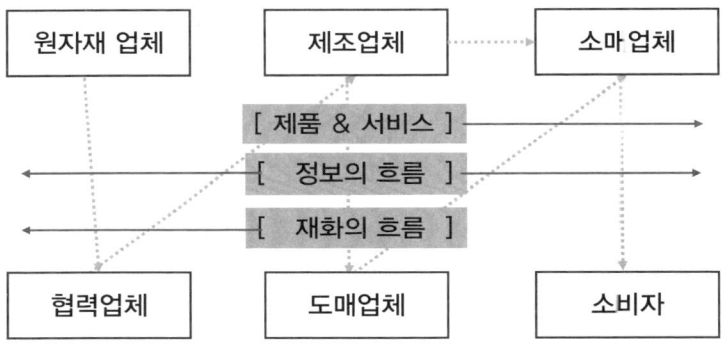

[그림 1-7] 외부 또는 기업 간 공급망

다중 기능은 내부 통합을 시사하며, 이를 다중 공급자 계층으로 확장하면 공급자와의 역방향 통합 개념이 된다. 이론적으로 이상적인 것은 완전한 역방향 및 전방향 통합으로, 이는 공급자의 공급자에서 고객의 고객까지 확장되는 것을 의미한다. 현실에서는 대부분의 사슬이 다양한 기업들을 포함하는 네트워크 수준과 유사하다.

공급망은 기업 간 다층적 네트워크로 구성된 가치창출 생태계다. 기업의 지속적 성공은 이런 복잡한 비즈니스 관계망을 효과적으로 조율하는 경영 역량에 달려 있다. 이론적으로는 공급망의 완전 통합이 이상적으로 보일 수 있으나, 실무적 관점에서는 차별화된 통합 전략이 요구된다.

통합의 방향성과 통합의 강도는 전략적 맥락과 산업 특성에 따라 최적화되어야 한다[12]. 공급망관리의 핵심은 무조건적인 완전 통합이 아니라, 기업의 전략적 포지셔닝과 산업 생태계에 최적화된 차별적 통합 모델을 설계하는 것이다. 이는 가치 창출의 효율성과 유연성 사이의 균형점을 찾는 과정으로, 조직 간 관계의 복잡성을 고려한 맞춤형 접근이 요구된다.

글로벌 공급망관리로의 최종 진화

외부 공급망관리의 국제적 확장은 필연적으로 글로벌 공급망관리로의 전환을 촉진한다. 이는 단순한 지리적 확장을 넘어 전 세계적 가치창출 네트워크의 구축을 의미한다. 기업의 경쟁 지형은 이미 국가 경계를 초월하여 글로벌 차원으로 재편되었으며, 이에 따라 전략적 사고의 기본 단위도 지역이나 국가가 아닌 글로벌 시장 전체로 확장되었다.

디지털 혁명과 소비자 기대수준의 글로벌화는 시장 대응 속도와 운영 효율성에 대한 새로운 기준을 제시하고 있다. 이런 맥락에서 기업들은 자체 역량만으로는 글로벌 경쟁에서 우위를 점하기 어렵다는 현실을 직시하고, 전략적 파트너십을 통한 가치 네트워크 구축에 주력하고 있다. 이런 글로벌 경쟁 환경에서 선도 기업들은 단순한 시장점유율 확대를

---

12) Frohlich, M. T., & Westbrook, R., 'Arcs of integration: an international study of supply chain strategies', Journal of Operations Management, Vol. 19, 2001.

넘어 가치창출의 새로운 패러다임을 모색하고 있다.

글로벌 환경의 변화요인들은 기업의 공급망관리 전략에 근본적인 변화를 요구하고 있다. 공급망의 광범위한 스펙트럼에서 권력은 고객이나 최종 사용자 쪽으로 이동하였으며, 그 결과 고객만족이 기업의 궁극적인 목표가 되었다. 시장에서 고객의 중요성이 커짐에 따라, 기업 간의 협력은 고객을 만족시키기 위해 필요하다. 제조업자와 중간 유통업체들은 민첩하고 신속해야 하며, 그렇지 않으면 시장점유율을 잃을 위험에 직면하게 된다.

글로벌 시장환경에서 대량 맞춤화는 효율성, 효과성 또는 저비용을 희생하지 않고 다양성을 증가시키는 것을 전제로 한다. 고객은 높은 서비스 수준과 가용성을 유지하면서도 저렴한 비용을 원한다는 것이며, 이런 대량 맞춤화는 종업원, 공급 업체, 유통업체, 소매업체 및 최종 고객의 협업을 통해서만 가능해지고 있다.

기업간의 시간 및 품질 중심의 경쟁은 제조-유통 시스템에서 시간, 노력, 결함 단위 및 재고의 낭비를 제거하는 데 주안점을 두었다. 더불어 제품 또는 서비스의 기업 전체 영역에서 품질을 강조하는 경향이 나타나고 있다. 글로벌 공급망 체계에서는 정보기술과 통신의 발전이 기업에 지대한 변화를 가져왔다. 컴퓨터와 통신 기술의 도입으로 인해 기업들은 더 이상 여러 계층의 인적 자원을 정보 채널 및 통제 메커니즘으로 활용할 필요가 없어졌다.

오늘날의 비즈니스 환경은 고객 관계 및 제공되는 서비스에 대해 더 나은 방향으로 전환을 요구한 압박을 주고 있다. 기업들은 고객을 확보하고 유지하기 위한 계획이 필요하며, 국내외 시장에서 고객을 확보하기 위한 경쟁 수준은 기업이 효과적으로 경쟁하기 위해 신속하고 민첩하며 유연해야 하는 수준이다. 이런 유연성은 글로벌 공급망 내 기업들 간의 조정 없이는 달성하기 어렵다.

ZARA의 단계적 공급망관리 확장[13]

스페인의 패션 브랜드 ZARA는 내부, 외부, 글로벌 공급망관리의 단계적 확장을 통해 패스트 패션 산업의 Best Practice가 된 대표적 사례다. 전통적인 의류 업계의 긴 제품 출시 주기를 혁신적으로 단축시키며 '빠른 패션'이라는 새로운 패러다임을 창조했다.

ZARA의 성공은 수직 통합형 공급망 모델에서 시작되었다. 디자인부터 생산, 유통까지 전 과정을 자체적으로 통제함으로써 의사결정 속도를 높였다. 스페인 본사 인근에 핵심 생산시설을 유지하면서 디자인 변경이나 긴급 생산 요청에 즉각 대응할 수 있는 체계를 구축한 것이다.

내부 역량을 기반으로 ZARA는 선별적 외부 협력을 통해 공급망을 확장했다. 기본 의류는 저비용 국가에서 생산하되, 트렌드에 민감한 제품은 유럽 인근에서 생산하는 이중 공급망 전략을 구사했다. 이를 통해 비용 효율성과 대응 속도를 동시에 확보할 수 있었다.

ZARA는 전 세계 매장의 POS 데이터를 실시간으로 수집하여 디자인팀에 즉시 전달하는 순환적 정보 시스템을 구축했다. 고객 반응이 좋은 제품은 즉시 대량 생산하고, 반응이 부진한 제품은 신속하게 단종시키는 데이터 기반 의사결정 체계가 핵심이었다.

---

13)   Inditex Group, 'FY2024 Results', March 2025; CNBC, 'Inditex shares sink 7.5% as Zara owner points to sales slowdown', 2025.

이런 공급망 혁신을 통해 ZARA는 패스트 패션 업계의 선두주자로 자리 잡았다. 모회사인 인디텍스는 2024년 매출 38.6억 유로, 순이익 5.88억 유로를 기록하며 각각 10.5%와 9%의 성장률을 달성했다. 빠른 제품 회전과 효율적 재고 관리를 통해 안정적인 수익성을 유지하고 있다.

ZARA 사례는 공급망관리가 단순한 효율성 추구를 넘어 새로운 비즈니스 모델 창조의 핵심 동력이 될 수 있음을 보여준다. 내부 역량 구축에서 시작하여 외부 파트너십과 글로벌 네트워크로 확장하는 단계적 접근법이 지속 가능한 경쟁 우위 창출의 열쇠였다.

요약

내부 공급망관리에서 시작하여 외부 및 글로벌 공급망관리로 확장하는 과정은 기업의 경쟁력 강화를 위한 필연적인 여정이다. 내부 프로세스의 효율적인 통합을 기반으로 협력업체 및 고객과의 연계를 강화하고, 나아가 글로벌 시장에서의 경쟁에 대응할 수 있는 범세계적 공급망 체계를 구축해야 한다. 이런 확장 과정에서 고객 중심 시각, 정보기술의 활용, 파트너십 강화가 성공의 핵심 요소로 작용한다.

2

사업의 본질과
공급망상의 이해관계를
잘 파악해야 한다

　글로벌 시장의 지각변동은 사업 본질에 대한 이해 부족과 공급망 취약성을 명확히 드러낸다. 2021년 핵심 부품 공급 부족 사태로 자동차 업계 전반에 생산 차질을 가져왔고, 전자업계는 신제품 출시 일정을 대폭 조정해야 했다. 동시에 발생한 항만 물류 대란으로 주요 유통업체들은 급격한 재고 비용 상승에 직면했다. 이는 사업 특성과 환경변화에 맞는 공급망 구축의 중요성을 보여 주는 사례였다.

　경영자들은 흔히 "우리는 공급망 관리보다 제품 개발이 중요한 회사"라고 말한다. 그러나 이는 잘못된 인식이다. 아무리 혁신적인 제품도 고객에게 적시에, 적정 비용으로 전달되지 않는다면 의미가 없다. 시장은 회사의 제품이나 서비스를 구매하고 소비하는 동력원이며, 모든 사업의 본질은 시장에 있다. 공급망은 이 시장 지향적 네트워크의 중심축이다.

　사업 특성을 고려하지 않은 획일적 공급망 전략은 치명적이다. 소비재와 생산재, 기능제품과 혁신제품, 대기업과 중소기업, B2C와 B2B는 각기 다른 공급망 설계를 요구한다. 맥킨지 연구에 따르면, 산업 특성에 맞는 맞춤형 공급망을 구축한 기업은 그렇지 못한 기업보다 투자자본수익률(ROIC)이 평균 23% 높게 나타났다. 공급망의 전체 성능은 가장 취약한 연결고리에 의해 결정되며, 이는 통합적 관점에서의 체계적 접근이 필수임을 의미한다.

협력업체와의 관계는 단순 거래를 넘어 전략적 통합으로 발전해야 한다. 많은 기업이 ERP 시스템 연결을 통한 정보 공유에 만족하지만, 진정한 경쟁우위는 프로세스 통합에서 비롯된다. 시스템 연결이 데이터 공유에 머문다면, 프로세스 통합은 의사결정과 업무 수행 방식까지 하나로 연결하여 전체 최적화를 실현한다. 2019년 자동차 부품 제조업체 D사는 핵심 협력업체와 통합 플랫폼을 구축하여 신제품 개발 기간을 30% 단축했다. 반면, E사는 협력업체를 단가 압박의 대상으로만 여겨 품질 문제와 납기 지연으로 시장 점유율이 하락했다. 이는 협력업체를 비용 센터가 아닌 가치 창출의 파트너로 인식해야 함을 보여 준다.

유통경로 관리에서도 채널 특성에 맞는 맞춤형 전략이 필수다. 많은 제조업체가 유통업체에 제품을 납품하는 순간 자신의 역할이 끝났다고 생각하지만, 진짜 게임은 그때부터 시작된다. 셀인(Sell-in)은 출발점일 뿐이며, 셀스루(Sell-thru)와 셀아웃(Sell-out)까지 전체 과정을 통합 관리해야 진정한 성과를 거둘 수 있다. 온라인과 오프라인, 도매와 소매, 직접판매와 중개판매는 각기 다른 재고 관리와 정보 공유 시스템을 요구한다. 특히 셀인보다 셀아웃 중심의 유통전략이 지속가능한 성장을 가능케 한다. 월마트와 P&G의 CPFR 도입 사례에서 보듯이, 제조업체와 유통업체 간 협업적 파트너십은 재고 최적화, 예측 정확도 향상, 고객 서비스 개선 등의 실질적 성과를 창출할 수 있다.

이 장에서는 다음과 같은 내용을 다룬다:

- **사업 특성을 알아야 공급망관리 전략이 보인다:** 산업, 제품, 기업규모, 거래대상이라는 네 가지 차원 분석을 통해 각 사업

환경에 맞는 공급망 전략 수립 방법을 제시한다.

- **협력업체와는 시스템 연결을 넘어 프로세스를 통합하라:** 데이터 공유에서 혁신 프로세스 통합까지 단계별 진화를 통해 협력업체와의 통합 협업 체계를 구축하는 방안을 다룬다.
- **유통업체와 진짜 파트너가 되어야 한다:** 셀인-셀스루-셀아웃의 통합적 상품흐름 관리를 통해 유통업체와의 진정한 파트너십을 구축하는 방안을 살펴본다.

2-1

사업 특성을 알아야
공급망관리 전략이 보인다

　많은 경영진이 공급망 관리를 논할 때 가장 먼저 묻는 질문이 있다. "우리도 아마존처럼 할 수 있을까?" 혹은 "삼성전자의 성공 사례를 우리에게 적용하면 될까?" 이런 질문 뒤에는 성공한 기업의 모델을 그대로 따라하면 비슷한 성과를 거둘 수 있다는 기대가 숨어있다. 하지만 현실은 그렇게 단순하지 않다.

　2021년 글로벌 반도체 부족 사태 당시, 같은 업계에 속한 기업들도 전혀 다른 결과를 보였다. 일부 자동차 제조업체는 생산 중단에 직면한 반면, 다른 기업들은 상대적으로 안정적인 운영을 유지했다. 전자업계에서도 마찬가지였다. 신제품 출시를 연기해야 했던 기업이 있는가 하면, 오히려 시장 점유율을 확대한 기업도 있었다. 이런 차이는 운이 아니라 각 기업이 자신의 사업 특성에 맞는 공급망 생태계를 구축했는지여부에서 비롯되었다.

　공급망은 복잡하게 연결된 시장 지향적 네트워크다. 시장이 없으면 공급망의 존재 이유가 없다. 따라서 기업이 자사 제품과 시장을 어떻게 정의하고 인식하는지가 공급망 생태계 설계의 출발점이 된다. 시장은 회사의 제품이나 서비스를 구매하고 소비하는 동력원이며, **모든 사업의 본질은 시장에 있다.** 효과적인 공급망 생태계 설계를 위해서는 사업에 대한 통합적 이해가 선행되어야 한다.

사업 본질의 통합적 분석이 출발점이다

효과적인 공급망 생태계 구축의 출발점은 자사 사업에 대한 정확하고 심층적인 이해에 있다. 기업은 자신이 속한 산업의 역학 구조, 제공하는 제품의 본질적 특성, 보유한 조직 역량의 수준, 그리고 고객과 맺고 있는 관계의 성격을 종합적으로 분석해야 한다. 이런 다차원적 분석을 통해서만 기업의 고유한 상황에 최적화된 공급망 전략을 도출할 수 있다.

산업 역학 분석에서는 시장 집중도와 경쟁 구조를 통해 시장 지배력 분포, 신규 진입자의 위협, 대체재 압력을 파악해야 한다. 가치사슬 통제력 측면에서는 공급업체와 구매업체의 교섭력, 수직적 통합 수준을 분석한다. 혁신 주기와 기술 변화에 대해서는 기술 진보 속도, 파괴적 혁신 가능성을 평가하며, 규제 환경과 정책 영향으로는 정부 정책 변화, 규제 복잡성, ESG 요구사항을 고려한다.

제품 포지셔닝 분석에서는 가치 명제와 차별화 측면에서 고객 가치 전달 메커니즘과 경쟁 우위 지속가능성을 검토한다. 제품 수명주기 단계에서는 시장 성숙도와 기술적 진부화 위험을 평가하고, 혁신성과 복잡성에서는 R&D 집약도, 기술적 불확실성, 설계 변경 빈도를 분석한다. 고객 니즈 진화에 대해서는 시장 요구사항 변화, 개인화 수준, 서비스 통합도를 파악해야 한다.

조직 역량 분석에서는 핵심 역량과 자원 배분을 통해 전략적 자산, 역량 격차, 투자 우선순위를 정의한다. 의사결정 체계와 민첩성에서는 조직 계층, 권한 위임, 변화 대응력을 평가하며, 확장성과 네트워크 효과에서는 성장 잠재력, 파트너십 역량, 생태계 구축능력을 분석한다. 디지털 성숙도 측면에서는 기술 인프라, 데이터 활용 역량, 자동화 수준을 점검한다.

고객 관계 분석에서는 관계 깊이와 상호의존성을 통해 고객 충성도, 전환 비용, 관계적 자산을 평가한다. 가치 공동창출 메커니즘에서는 협업 수준, 혁신 파트너십, 정보 공유를 분석하고, 구매 의사결정 프로세스에서는 의사결정 복잡성, 구매 주기, 영향력자 구조를 파악한다. 수익성과 성장 잠재력에서는 고객별 수익성, 지갑 점유율, 확장 기회를 검토한다.

산업과 제품 특성에 따른 차별화 전략

제조업 공급망 구축의 핵심은 산업별 특성을 정확히 파악하고 이에 최적화된 운영 모델을 설계하는 데 있다. 소비재 산업의 경우 예측 불가능한 수요 패턴과 짧은 제품 수명주기에 대응할 수 있는 민첩성이 경쟁력의 핵심이다. 반면 생산재 산업에서는 장기적 계획 수립과 정밀한 품질 관리가 중요하며, 복잡한 의사결정 프로세스를 지원하는 협업적 공급망 설계가 핵심 성공 요인으로 작용한다.

소비재 산업은 최종 소비자를 대상으로 하는 식품, 의류, 가전, 화장품 등을 포괄하는 영역으로, 수요의 변동성과 예측 불가능성이 가장 큰 특징이다. 소비자 행동은 경제 상황, 심리적 요인, 사회적 트렌드, 계절성 등 복합적 변수에 영향을 받으며, 이런 역동성은 공급망 계획 수립에 불확실성을 야기한다. 디지털 시대로의 전환에 따라 옴니채널 환경에서 채널 간 재고 최적화와 통합적 가시성 확보가 핵심 과제로 부상했다. 소비재 공급망의 경쟁력은 제조-유통 간 통합적 협업 체계에서 비롯되며, POS 데이터의 실시간 공유, 협업적 수요 예측이 시장 변동성에 대한 대응 메커니즘을 형성한다.

생산재 산업은 기업 간 거래를 기반으로 하는 산업 생태계로, 대규모 거래 가치와 낮은 거래 빈도를 특징으로 한다. 이는 고도로 계약화된 관계 형성과 장기적 파트너십 구축으로 이어진다. 생산재 부문의 경쟁 우위는 기술적 우수성과 혁신 역량에서 비롯되며, 글로벌화의 심화로 공급망 복원력 구축이 전략적 필수 요소로 부상했다. 생산재 공급에서 중요한 요소는 연속성과 안정성에 있으며, 생산 중단은 전체 가치 사슬에 막대한 비용 손실을 초래하므로 공급 안정성 확보가 최우선 과제다. 최근 지속가능성과 ESG 기준이 새로운 패러다임으로 자리 잡고 있으며, 이는 전략적 차별화 요소이자 장기적 비즈니스 회복력 확보의 토대가 되고 있다.

제품 특성에 따른 접근법도 근본적으로 달라져야 한다. 기능제품은 본질적 가치 명제가 실용성에 집중된 제품군으로, 안정적 수요 패턴과 예측 가능한 시장 행동을 특징으로 한다. 기능제품 경쟁력의 핵심은 원가 최적화와 운영 효율성에 있으며, 표준화된 프로세스를 통한 규모의 경제 실현이 필수적이다. 안정적 수요 기반을 활용한 고도화된 예측 모델링이 전략적 우위의 출발점이 되며, 운영 속도와 민첩성이 차별화 요소로 부상한다. 린(Lean) 생산방식과 JIT 전략은 효율성을 높이는 핵심 방법론으로, 전사적 운영 철학으로 접근되어야 한다.

혁신제품은 파괴적 가치 창출을 통해 시장 패러다임을 재정의하는 제품군이다. 혁신제품의 공급망 설계에서 가장 중요한 성공 요인은 시장 출시 시간의 최적화다. 제품 혁신의 시장 가치는 시간 경과에 따라 급격히 하락하므로, 개발 주기 단축과 시장 침투 가속화가 ROI 극대화의 필수 조건이다. 유연성과 민첩성이 핵심 아키텍처 원칙으로 작용하며, 다양한 생산 시나리오에 신속하게 대응할 수 있는 모듈식 생산 시스템이 필요하다. 수요 예측 불확실성에 대응하기 위해 시나리오 기반 계획과 실시간 대응 체계 구축이 더 효과적이다.

기업 규모와 거래 형태별 맞춤 설계

대기업의 공급망 관리는 글로벌 가치 네트워크의 전략적 조율을 핵심으로 한다. 근본적 도전은 글로벌 통합과 로컬 대응성 사이의 전략적 균형점을 찾는 것이며, 이는 표준화를 통한 규모의 경제 실현과 지역별 시장 요구 충족을 위한 차별화 사이의 섬세한 조율을 필요로 한다. 글로컬라이제이션 전략의 효과적 실행은 글로벌 공급망에서의 노드별 특성화와 역할 정의를 요구한다. 디지털 혁신은 단순한 효율성 향상을 넘어 지능형 공급망 구축을 통한 전략적 우위 확보의 필수 요소로 부상했다. 지속가능성과 ESG 가치 통합은 오늘날 대기업 공급망의 필수적 전략 요소로 자리 잡았다.

중소기업의 공급망 관리는 자원 제약 하에서의 전략적 민첩성 구현에 초점을 맞춘다. 중소기업 공급망의 경쟁우위는 '집중과 선택'의 원칙에서 비롯되며, 차별화 요소가 될 수 있는 특정 영역에 자원을 집중 투입하는 전략적 선택이 요구된다. 핵심 경쟁력은 의사결정 속도와 실행 긴첩성에 있으며, 계층적 복잡성이 낮은 조직 구조는 시장 변화에 대한 신속한 감지와 대응을 가능케 한다. '저비용-고효율'의 원칙에 따른 선택적 기술 투자와 자본 효율성 확보가 지속가능성을 결정짓는 핵심 요소다.

거래 대상에 따른 접근법도 달라져야 한다. B2C 공급망 전략은 철저한 고객 중심성을 기반으로 한 총체적 경험 관리를 본질로 한다. 중요한 것은 주문 이행 속도와 정확성의 배가에 있으며, 특히 아마존으로 대표되는 빠른 배송 서비스의 확산으로 소비자의 만족 기대치가 지속적으로 상승하고 있다. 배송 옵션의 다각화와 수요 예측 및 재고 최적화가 운영 효율성과 고객 만족도를 동시에 결정짓는 양면적 요소로 작용한다. 옴니채널 통합은 현재의 B2C 공급망의 궁극적 진화 방향을 나타내며, 온라인과 오프라인 터치포인트 간의 원활한 전환을 지원하는 통합적 기반 구조로 발전하고 있다.

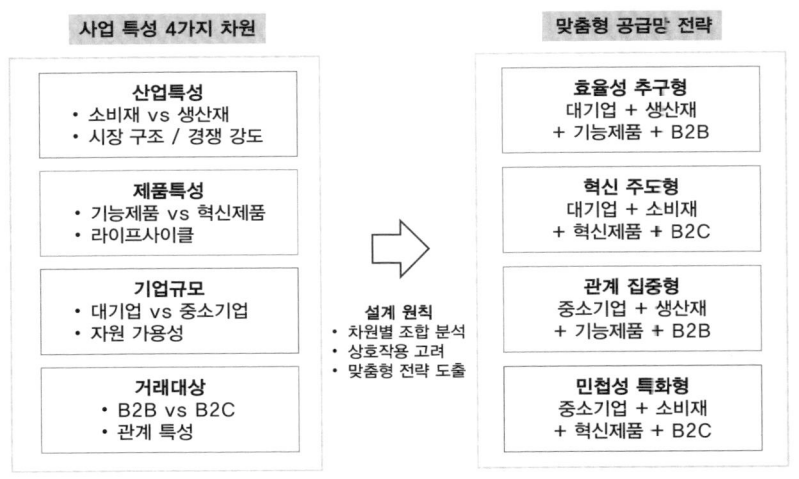

[그림 2-1] 사업특성별 공급망 전략

B2B 공급망 관리는 관계적 자본과 협업적 가치 창출에 기반한 생태계적 접근을 요구한다. 전략적 공급자 관계 관리는 핵심 차별화 요소로, 공동 혁신, 리스크 공유, 가치 공동 창출을 지향하는 협력적 파트너십이 지속적 경쟁우위의 원천이 된다. 장기 계약과 복잡한 사양 요구사항이 일반적이므로, 공급망 설계에서 안정성과 예측 가능성이 핵심 고려사항이다. 데이터 분석과 협업적 계획을 통한 CPFR 프레임워크 도입은 수요-공급 연계성을 강화하고 불확실성을 감소시킨다.

[그림 2-1]은 사업의 4가지 핵심 특성(산업특성, 제품특성, 기업규모, 거래대상)의 조합에 따른 차별화된 공급망 전략을 보여주는 통합 프레임워크이다. 각 특성의 상호작용이 공급망 설계의 우선순위와 접근방식을 결정한다.

사업 특성을 실무에 적용하기 위해서는 현상 진단, 특성별 분석, 통합 분석, 실행 계획의 단계별 접근법을 활용할 수 있다. 이런 방법론의 핵심은 각 특성을 독립적으로 보지 않고 상호 연관성을 고려하는 것이다.

맞춤형 공급망 생태계 설계 방법론

공급망 생태계 설계에서 가장 중요한 것은 자사 사업의 본질을 정확히 파악하는 것이다. 많은 기업이 성공한 타사의 공급망 모델을 그대로 벤치마킹하려 하지만, 이런 접근법에는 한계가 있다. LG에너지솔루션과 농심의 공급망이 전혀 다른 구조를 가진 이유는 각각의 사업 특성과 경쟁우위 원천이 다르기 때문이다. 공급망 생태계 설계는 자사 사업 특성 분석부터 시작하는 것이 바람직하다.

1단계: 사업 본질 진단을 통한 설계 방향 설정

LG에너지솔루션을 예로 들어 보자. 이들의 주요 경쟁요소는 세 가지다. 안정적인 원료 확보, 현지 생산 능력, 완성차 업체와의 협업이다. 전기차 시장 성장과 함께 급속히 확장하는 글로벌 소재 기업으로서 이런 요소들이 생존을 좌우한다.

LG에너지솔루션의 공급망 생태계는 이런 특성을 반영한다. 리튬, 니켈 등 원료의 장기 계약, 북미와 유럽 현지 생산기지 구축. 테슬라와 GM 등 고객사와의 파트너십에 중점을 둔다. 이들에게는 원가 경쟁력과 기술 혁신 속도가 중요 지표가 된다.

농심 같은 글로벌 식품기업은 다르다. 현지 입맛에 맞는 제품 개발과 안정적 원료 공급, 효율적인 현지 유통망 구축이 중요하다. 이들의 공급망 생태계는 각국 현지 원료 조달, 품질 표준화 시스템, 현지 유통업체와의 관계 구축을 중심으로 구축된다. 같은 글로벌 기업이라도 B2B 소재 기업과 B2C 식품 기업은 공급망 생태계의 설계 원칙과 운영 방식이 완전히 다르다.

이런 사업 특성 분석을 통해 경영진은 어떤 공급망을 만들어야 할지 명확해진다. 산업 차원에서는 업계의 가장 큰 변화 동력이 무엇인지, 5년 후 업계 지형이 어떻게 바뀔 것인지, 주요 경쟁자들의 강점이 무엇인지를 분석한다. 제품 차원에서는 고객이 자사 제품을 선택하는 이유, 제품 수명주기상의 위치, 고객 구매 패턴의 변화를 검토한다.

2단계: 주요 파트너 식별과 관계 설정

사업 특성을 파악했다면 다음 단계는 주요 파트너를 식별하고 각각과의 관계를 체계적으로 설정하는 것이다. 스타벅스코리아의 한국 진출 사례는 이런 파트너 관리의 모범을 보여 준다. 급속한 매장 확장 시기에 이들은 제품 특성에 따라 파트너 전략을 차별화했다.

브랜드 정체성과 직결되는 원두 공급은 본사에서 직접 통제하여 전 세계 동일한 품질을 보장했다. 하지만 매장 인테리어 같은 현지 적응이 필요한 영역은 현지 파트너를 선정하여 속도를 확보하되, 엄격한 품질 기준을 적용했다. 물류 부문은 국내 3PL 업체와 제휴를 통해 비용 효율성과 운영 안정성을 동시에 추구했다.

모든 파트너와 동일한 관계를 맺는 것이 아니라, 자사의 경쟁우위에 미치는 영향도에 따라 직접 통제, 장기 제휴, 시장 거래 등으로 관계를 차별화하는 것이 중요하다. 각 파트너와의 관계는 기업 규모와 거래 대상의 특성에 따라 단순 거래 수준에 머물 것인지, 전술적 협력으로 발전시킬 것인지, 아니면 장기 파트너십까지 심화할 것인지 신중하게 결정한다.

특히 중소기업의 경우 제한된 자원으로 모든 영역을 직접 관리하기 어렵다. 중요 영역에 집중하고 나머지는 신뢰할 수 있는 파트너에게 위임하는 전략이 효과적이다.

3단계: 사업 특성 맞춤형 성과 지표 설계

공급망 생태계의 성과를 측정하는 지표 역시 사업 특성에 따라 완전히 달라진다. 쿠팡의 경우 이커머스 기업의 특성상 속도와 고객 만족도가 중요 지표다. 이들은 주문 후 24시간 내 배송률 95% 달성, 고객 만족도 4.5점 이상 유지, 재고 회전율 월 12회 등을 주요 KPI로 설정하고 있다. 이런 지표들은 모두 고객 경험과 직결되며, 빠른 배송과 편리한 쇼핑 경험이라는 쿠팡의 가치를 반영한다.

포스코 같은 철강 기업은 다르다. 제품 품질 불량률 0.01% 이하 달성, 납기 준수율 99.8% 유지, 원가 절감률 연 3% 등을 중시한다. 이들에게는 안정적인 품질과 예측 가능한 공급이 고객 신뢰의 바탕이기 때문이다. 혁신 중심 기업이라면 신제품 출시 속도와 시장 대응력을, 효율성 중심 기업이라면 비용 절감과 품질 안정성을 중요 지표로 설정한다.

성과 지표 설정에서 중요한 것은 단순한 비용 절감 효과만으로는 공급망 생태계의 진정한 가치를 평가하기 어렵다는 점이다. 비용 효율성, 서비스 수준, 혁신 역량, 리스크 관리, 지속가능성 등 다차원적 관점에서 자사 사업 특성에 맞는 균형 잡힌 성과 지표를 설정한다. 정기적인 성과 리뷰를 통해 공급망 생태계를 지속적으로 개선하는 체계도 마련한다.

4단계: 단계별 실행 로드맵과 실제 적용

이론적 설계가 완료되었다면 이를 현실에 적용하는 단계별 실행 계획이 필요하다. 중소기업 A사의 사례를 통해 체계적인 실행 과정을 살펴보자. 전자부품을 제조하는 이 기업은 3년에 걸쳐 공급망 생태계를 단계적으로 구축했다.

1년차: 기반 구축 기존에 거래하던 공급업체 5곳을 3곳으로 집중하여 관계를 깊이 있게 발전시켰다. 동시에 수요 예측 시스템을 도입하여 월 단위 예측 정확도를 70%에서 85%로 향상시켰고, 이를 통해 재고 비용을 15% 절감하는 성과를 거두었다. 이 단계에서는 기존 관계의 최적화와 주요 프로세스 개선을 통해 가시적 성과를 창출하는 데 중점을 두었다.

2년차: 파트너십 심화 주요 고객사와 연간 계약을 체결하여 수요 안정성을 확보하고, 공급업체와는 품질 개선 프로그램을 공동으로 운영하여 상호 윈-윈 관계를 구축했다. 또한 디지털 발주 시스템을 구축하여 주문에서 배송까지의 리드타임을 30% 단축했다. 이 단계에서는 장기 파트너십 구축과 디지털 통합을 추진하여 공급망 생태계의 기반을 견고히 하는 데 집중했다.

3년차: 생태계 통합 완성 2차 공급업체까지 관리 범위를 확장하여 공급망 전체의 투명성을 높였고, 고객 수요 예측 시스템을 고도화하여 시장 변화에 더욱 민첩하게 대응할 수 있게 되었다. 마지막으로 지속가능성 평가 기준을 도입하여 장기적인 경쟁력을 확보하는 기반을 마련했다. 이 단계에서는 공급망 생태계 전체의 혁신과 지속가능성을 확보하여 경쟁우위를 지속할 수 있는 구조를 만드는 데 주력했다.

이 모든 과정에서 **중요한 것은 자사의 역량과 시장 상황을 정확히 파악하여 무리하지 않는 범위에서 단계적으로 발전시키는 것**이었다. 스타트업이라면 유연성과 속도를 우선시하는 빠른 접근이, 대기업이라면 체계와 안정성을 중시하는 구조적 접근이 더 적합하다.

사업 특성이 가이드라인 역할을 하며, 각 단계의 실행 방향과 속도를 결정하는 기준이 된다. 결국 성공한 기업들의 공통점은 자사의 경쟁우위가 무엇인지 명확히 알고, 그것을 뒷받침하는 공급망 생태계를 체계적으로 구축했다는 것이다. 공급망은 단순한 비용 절감 수단이 아니라 경쟁우위를 창출하는 자산이다.

요약

공급망 관리는 기업의 산업 특성, 제품 특성, 사업 규모, 거래 대상

에 따라 전략적 접근이 달라져야 한다. 소비재와 생산재, 기능제품과 혁신제품, 대기업과 중소기업, B2C와 B2B 각각의 특성에 맞는 맞춤형 공급망 생태계가 필요하다. 모든 공급망 관리의 출발점은 시장과 사업에 대한 깊은 이해에서 비롯되며, 이런 이해를 바탕으로 경쟁우위를 확보할 수 있는 차별화된 공급망 설계가 기업 성공의 핵심 요소다. 경영진은 자사의 사업 본질을 정확히 분석하고, 이에 최적화된 공급망 생태계를 체계적으로 설계해야만 지속가능한 경쟁우위를 확보할 수 있다.

2-2

협력업체와는 시스템 연결을 넘어 프로세스를 통합하라

오늘날 제조업에서 협력업체와의 관계 관리는 단순한 거래적 차원을 넘어 운영 통합의 차원으로 발전하고 있다. 과거에는 협력업체와 계약을 체결하고 주문서를 주고받는 수준이었다면, 이제는 ERP 시스템 연결을 통한 실시간 정보 공유가 기본이 되었다. 하지만 글로벌 경쟁이 심화되고 공급망 복잡성이 증가하면서, 시스템 연결만으로는 한계가 드러나고 있다. 많은 경영진이 협력업체와 시스템을 연결했음에도 불구하고 여전히 예상치 못한 공급 중단, 품질 문제, 비용 상승에 직면하고 있으며, 이를 근본적으로 해결할 수 있는 방안을 찾지 못하고 있다.

이런 상황에서 자사가 시스템 연결 수준에 머물러 있는지, 아니면 프로세스 통합으로 나아가고 있는지를 객관적으로 점검해보는 것이 필요하다. 협력업체와 데이터는 실시간으로 공유하지만 여전히 각자 독립적으로 의사결정을 내리고 있지는 않은지, 협력업체 시스템에서 이상 신호가 감지되어도 대응이 늦어지고 있지는 않은지를 살펴봐야 한다. 또한 같은 정보를 보고도 협력업체와 서로 다른 해석과 판단을 하여 혼선이 발생하지는 않는지, 문제 상황에서 책임 소재가 모호하여 해결이 지연되지는 않는지도 중요한 점검 포인트다. 만약 시스템은 연결되어 있지만 여전히 이런 문제들이 반복된다면, 시스템 연결을 넘어 프로세스 통합으로 발전시켜야 할 시점이다.

왜 프로세스 통합인가?

앞서 언급한 반도체 부족 사태에서 확인했듯이, 기업 간 명암이 갈린 요인은 협력업체와 어떤 수준의 관계를 구축했는지에 있었다. 신제품 출시를 연기해야 했던 기업이 있는가 하면, 오히려 시장 점유율을 확대한 기업도 있었다. 이런 차이는 운이 아니라 각 기업이 협력업체와 어떤 수준의 관계를 구축했는지에서 비롯되었다.

많은 기업들이 협력업체와 ERP 시스템을 연결하고 데이터를 공유하는 수준에서 성과를 거두고 있다. 시스템 연결을 통한 정보 투명성 확보와 데이터 기반 의사결정은 분명히 과거 대비 큰 발전이다. 하지만 제조업 환경에서는 시스템 연결만으로는 충분하지 않다. 시스템 연결과 프로세스 통합은 근본적으로 다른 차원의 개념이며, 진정한 경쟁우위를 위해서는 프로세스 통합으로 나아가야 한다.

시스템 연결은 협력업체 관리의 중요한 기반이다. ERP, SCM, MES 같은 시스템들이 API나 EDI를 통해 연결되어 실시간 데이터 공유가 가능해지면서, 과거 수동적이고 지연된 정보 교환의 한계를 개선했다. 재고 가시성 확보, 주문 처리 자동화, 데이터 기반 의사결정 등은 시스템 연결이 가져다준 명확한 가치다. 하지만 시스템 연결에는 본질적 한계가 있다. 데이터는 실시간으로 공유되지만, 그 데이터를 바탕으로 한 의사결정 과정과 업무 수행 방식은 여전히 각 기업이 독립적으로 운영한다.

이런 구조에서는 3가지 근본적 제약이 발생한다. 첫째는 의사결정 단절의 문제다. 데이터는 실시간으로 공유되지만, 그 데이터를 바탕으로 한 의사결정은 각 기업이 독립적으로 내린다. 결과적으로 같은 정보를 보고도 서로 다른 결정을 내리게 되어 최적화에 한계가 있다. 둘째는 책임 소재의 모호함이다. 시스템은 연결되어 있지만 프로세스는 분리되어 있어, 문제 발생 시 누가 어떤 책임을 져야 하는지가 불분명하다. 셋째는 부분 최적화의 함정이다. 각 기업은 자신의 시스템 관점에서 최적화를 추구하므로, 전체 공급망 관점에서는 차선책이 될 가능성이 높다.

반면 프로세스 통합은 시스템 연결에 더한 업무의 통합화이다. 단순한 데이터 교환을 넘어 의사결정 과정, 업무 수행 방식, 성과 평가 체계까지 하나로 연결하는 것이다. 이는 두 조직이 마치 하나의 확장된 조직처럼 움직이는 상태를 의미한다. 시스템 연결이 정보의 흐름을 연결했다면, 프로세스 통합은 일하는 방식 자체를 연결하는 것이다.

프로세스 통합의 첫 번째 장점은 통합된 의사결정이다. 수요 예측, 생산 계획, 재고 관리 등의 핵심 의사결정이 공동으로 이루어져 전체 최적화가 가능하다. 두 번째는 실시간 동기화다. 한 곳에서 발생한 변화가 즉시 전체 프로세스에 반영되어 모든 참여자가 동시에 대응할 수 있다. 세 번째는 공동 책임 체계다. 프로세스가 통합되면 성과와 책임도 공유되어, 문제 해결이 신속하고 효과적으로 이루어진다.

제품 수명주기가 급격히 단축되고 고객 요구가 다변화되는 현재 환경에서, 시스템 연결 수준의 관계만으로는 시장 변화 속도를 따라갈 수 없다. 글로벌 공급망의 복잡성이 증가하여 단일 제품을 완성하기 위해 수십 개 국가의 수백 개 협력업체가 관여하는 상황에서, 시스템 연결로 얻은 정보를 각각 독립적으로 해석하고 대응하는 것은 한계가 있다. 특히 디지털 기술의 발전으로 프로세스 통합이 기술적으로 가능해진 지금, 이를 활용하지 못하는 기업은 급속히 경쟁력을 잃게 된다. 클라우드 기반 통합 플랫폼, AI 기반 의사결정 지원 시스템, IoT를 통한 실시간 모니터링 등이 프로세스 통합을 현실로 만들어 가고 있다.

프로세스 통합의 4단계 진화

협력업체와의 관계는 하루아침에 프로세스 통합 수준으로 괄전할 수 없다. 대부분의 기업들은 단계적 성숙 과정을 거쳐 점진적으로 통합 수준을 높여 간다. [그림 2-2]는 이런 진화 과정을 체계적으로 브여 준다.

[그림 2-2] 통합의 4단계 진화 모델

첫 번째 단계는 데이터 투명성을 구축하는 것이다. 가장 기본적인 수준으로, 생산계획, 재고수준, 수요 예측 등의 데이터를 ERP나 SCM 시스템을 통해 상호 공유하기 시작한다. 이 단계에서는 주로 일방향 정보 제공이 이루어지며, 받은 정보를 어떻게 활용할지는 각 기업의 자율적 판단에 맡겨진다. 많은 기업들이 이 단계에서 만족하지만, 실제로는 데이터 제공만으로는 실질적인 운영 개선 효과가 제한적이다.

이어지는 두 번째 단계에서는 데이터 공유를 넘어 특정 프로세스에 대한 조정이 시작된다. 납기 관리, 품질 개선, 재고 보충 등 구체적인 업무 영역에서 공동 절차를 수립하고 실행한다. 하지만 여전히 각 기업의 핵심 의사결정은 독립적으로 이루어지며, 조정은 사후적 성격이 강하다. 문제가 발생한 후 함께 해결하는 수준에 머물러 있어 근본적인 해결책이라고 보기는 어렵다.

세 번째 단계에서야 비로소 진정한 프로세스 통합이 시작된다. 수요 예측, 생산 계획, 자재 소요 계획 등 핵심 프로세스가 공동으로 수행되며, 각 기업의 개별 이익을 넘어선 전체 최적화가 목표가 된다. 통합된 KPI와 성과 지표를 공유하고, 공동 운영센터나 통합 관리 시스템이 구축되어 실시간 모니터링과 의사결정이 이루어진다. 이 단계부터는 시너지 효과가 눈에 띄게 나타나기 시작한다.

최종적으로 네 번째 단계는 운영 프로세스를 넘어 혁신 프로세스까지 통합하는 수준이다. 신제품 개발, 기술 혁신, 시장 진출 등의 전략적 프로세스를 공동으로 수행하며, R&D 자원을 공유하고 특허를 공동 출원하며 시장 리스크를 함께 부담한다. 이 단계에서는 단일 기업의 경계를 넘어 확장된 기업 개념으로 운영되어 지속적인 경쟁우위를 확보할 수 있다.

프로세스 통합의 성과와 위험 관리

연구 결과에 따르면, 오늘날 기업들은 정기적으로 공급망 중단을 경험하고 있으며, 이런 중단 사태는 갈수록 빈번해지고 있다. 공급망 중단은 기업에 심각한 재정적 타격을 가하며, 특히 소비재 부둔의 경우 브랜드 신뢰도와 시장 지위에 장기적 영향을 미칠 수 있다. 맥킨지의 2024년 글로벌 공급망 리더 조사에서 응답자의 90%가 공급망 관련 문제를 경험했다고 보고한 것[14]은 공급망 복원력 확보가 모든 기업의 시급한 과제가 되었음을 시사한다. 이런 환경에서 협력업체와의 체계적 프로세스 통합은 단순한 효율성 개선을 넘어 기업 생존을 좌우하는 전략적 필수 요소로 부상하고 있다.

그렇다면 프로세스 통합의 실제 성과는 어느 정도일까? 고도화된 프로세스 통합 체계를 구축한 선도 기업들의 성과를 분석하면, 통합의 가치가 명확히 드러난다. 이들 기업은 의사결정 속도를 단축하고, 프로세스 오류를 대폭 감소시켰으며, 전체 운영 효율성을 향상시켰다. 특히 주목할 만한 것은 예외 상황 대응 시간이 기존 대비 크게 단축되었다는 점이다.

재무적 관점에서 보면, 성숙한 프로세스 통합 체계를 구축한 기업들은 연간 운영비용을 상당 수준 절감하고 있다. 재고 최적화를 통한 자본 효율성이 개선되었으며, 품질 관련 비용도 절감되었다. 이는 단순한 비용 절감을 넘어 운영 리스크의 근본적 해결을 의미한다.

운영 측면에서도 효과적인 결과가 나타난다. 프로세스 통합이 성공적으로 구현된 기업들은 계획 대비 실행의 정확도를 매우 높은 수준으로 달성했다. 협력업체와의 정보 불일치로 인한 문제는 대폭 감소했으며, 공급 중단 시 복구 시간은 절반 이하로 단축되었다. 이런 운영 개선은 고객 만족도 향상과 직결되어 장기적인 경쟁우위로 이어진다.

---

14) McKinsey, 'Global Supply Chain Leader Survey', 2024.

하지만 프로세스 통합이 장점만 있는 것은 아니다. 새로운 형태의 리스크도 동반한다는 점을 간과해서는 안 된다. 가장 대표적인 것이 운영 복잡성 증가다. 여러 조직의 프로세스가 얽히면서 문제 발생 시 원인 파악과 해결이 더 어려워질 수 있다. 이를 방지하기 위해서는 명확한 프로세스 문서화와 책임 매트릭스가 필요하다.

조직적 의존도 리스크도 중요한 고려사항이다. 프로세스가 통합될수록 특정 협력업체에 대한 운영 의존도가 심화되어, 관계 악화나 파트너 변경 시 더 큰 충격을 받을 수 있다. 이에 대응하기 위해서는 핵심 프로세스의 표준화와 대체 파트너 확보가 필요하다. 또한 정보 보안과 지적 재산 보호도 신중하게 관리해야 할 영역이다. 프로세스 통합 과정에서 기업의 핵심 정보와 노하우가 공유되므로, 정보 유출이나 기술 탈취에 대한 대비책을 마련해야 한다. 단계별 정보 공개 수준 설정과 법적 보호 장치 구축이 중요하다.

그렇다면 프로세스 통합의 성과를 어떻게 측정하고 관리해야 할까? 프로세스 통합의 성과를 객관적으로 측정하기 위해서는 프로세스 중심의 지표 체계가 필요하다. 단순한 재무 성과만으로는 프로세스 통합의 진정한 가치를 파악할 수 없기 때문이다. 프로세스 효율성, 의사결정 품질, 대응 속도, 오류 감소율 등 프로세스 고유의 지표들이 중요하다. 특히 프로세스 통합도를 측정하는 것이 핵심이다. 공동으로 수행하는 프로세스의 비중, 실시간 동기화 수준, 통합 의사결정의 비율 등을 정기적으로 측정하여 통합 수준을 객관적으로 평가해야 한다. 이런 측정 결과를 바탕으로 지속적인 개선 방향을 설정하고 실행하는 것이 중요하다.

도요타의 협력업체 프로세스 통합 혁신[15]

도요타는 협력업체와의 프로세스 통합 분야에서 선도적인 기업으로 인정받고 있다. 도요타의 핵심 성공 요인은 시스템 연결을 넘어 협력업체와 핵심 프로세스를 체계적으로 통합했다는 점에 있다. 특히 도요타 생산방식(TPS)을 협력업체까지 확장하여 전체 공급망이 통합된 생산 시스템으로 운영되도록 하는 것이 특징이다.

도요타가 직면한 가장 큰 과제는 전 세계에 분산된 수백 개 협력업체와의 품질 일관성 확보였다. 단순히 품질 기준을 전달하고 조사하는 전통적 방식으로는 도요타가 요구하는 수준의 품질을 달성할 수 없었다. 특히 Just-in-time 생산방식에서는 협력업체의 품질 문제가 전체 생산라인에 즉각적인 영향을 미칠 수 있어, 근본적인 해결책이 필요했다.

도요타의 해법은 협력업체와 품질 관리 프로세스를 완전히 통합하는 것이었다. 도요타는 협력업체에 단순히 부품을 주문하는 것을 넘어, 품질 계획 수립부터 생산 과정 관리, 문제 해결까지 모든 프로세스를 공동으로 수행하는 체계를 구축했다. 이를 통해 협력업체들이 자체적으로 세계 최저 수준의 불량률을 달성할 수 있도록 지원하고 있다. 문제 발생 시에는 신속한 공동 대응 체계를 통해 해결하는 것이 특징이다.

가장 혁신적인 것은 카이젠(개선) 프로세스의 통합이었다. 도요타는 협력업체와 함께 지속적 개선 활동을 수행하면서, 카이젠 문화를 협력업체에도 확산시켜 전체 공급망이 통합된 품질 개선 체계로 운영되도록 했다. 이를 통해 한 업체에서 발견한 개선 방안이 전체 공급망으로 빠르게 확산되어 시너지 효과를 창출하고 있다.

---

15)   Jeffrey K. Liker, 'The Toyota Way to Continuous Improvement', McGraw-Hill, 2011

이런 통합적 접근을 통해 도요타는 업계 최고 수준의 품질 관리를 달성하고 있으며, 협력업체와의 통합된 개발 프로세스를 통해 신제품 개발 효율성과 원가 경쟁력을 지속적으로 개선하고 있다. 도요타의 사례는 프로세스 통합이 단순한 시스템 연결을 넘어 진정한 파트너십으로 발전할 때 창출할 수 있는 가치를 보여 주는 대표적 사례로 평가받고 있다.

경영진을 위한 프로세스 통합 실행 전략

도요타의 사례에서 얻을 수 있는 교훈은 명확하다. 프로세스 통합은 기술의 문제가 아니라 경영 철학과 실행 의지의 문제라는 것이다. 프로세스 통합을 위해서는 다음과 같은 단계별 접근이 필요하다.

먼저 핵심 프로세스를 명확히 정의하라. 모든 프로세스를 동시에 통합하려 하지 말고, 자사의 경쟁력에 가장 중요한 프로세스부터 시작해야 한다. 품질 관리, 납기 관리, 비용 관리 중 어느 것이 가장 중요한지를 판단하고, 해당 프로세스부터 통합을 추진하라.

시스템보다 사람에 투자하라. 프로세스 통합의 핵심은 사람들이 새로운 방식으로 일하는 것이다. 협력업체 직원들이 우리 회사의 프로세스를 이해하고 실행할 수 있도록 충분한 교육과 지원을 제공해야 한다. 단순한 매뉴얼 전달이 아니라, 함께 일하면서 체득할 수 있도록 해야 한다.

작은 성공을 축적하라. 전체 프로세스를 한 번에 바꾸려 하지 말고, 작은 단위의 프로세스부터 통합해 나가라. 성공 경험을 축적한 후 점진적으로 범위를 확대하는 것이 안전하고 효과적이다. 특히 초기에는 가시적 성과가 나올 수 있는 영역을 선택하여 추진 동력을 확보하는 것이 중요하다.

상호 이익을 추구하라. 프로세스 통합이 일방적인 요구가 되어서는 안 된다. 협력업체도 통합을 통해 얻을 수 있는 구체적 이익이 있어야 지속 가능하다. 비용 절감, 품질 향상, 기술 향상 등 협력업체에게도 도움이 되는 방향으로 통합을 설계해야 한다.

지속적으로 개선하라. 프로세스 통합은 일회성 프로젝트가 아니라 지속적인 개선 활동이다. 정기적으로 통합 수준을 점검하고, 새로운 기회를 발굴하며, 문제점을 개선해 나가는 체계를 구축해야 한다. 특히 환경 변화에 따라 프로세스를 유연하게 조정할 수 있는 능력이 중요하다.

요약

협력업체와는 시스템 연결을 넘어 프로세스 통합으로 나아가야 한다. 시스템 연결은 중요한 기반이지만 데이터 공유에 머물며, 프로세스 통합은 의사결정과 업무 수행 방식까지 하나로 연결하여 시너지를 창출한다. 제품 수명주기 단축, 품질 요구 증가, 비용 압박 심화라는 최근 제조업의 세 가지 메가 트렌드는 프로세스 통합을 더욱 시급한 과제로 만들고 있다. 도요타와 같은 선도 기업들이 이미 협력업체와의 프로세스 통합을 통해 시장을 선도하고 있는 상황에서, 시스템 연결 수준에만 머물러 있다면 경쟁에서 뒤처질 수밖에 없다. 중요한 것은 기존 시스템 연결의 가치를 인정하면서도, 프로세스 통합으로 발전시키는 것이며, 핵심 프로세스부터 시작하여 단계적으로 통합 수준을 높여 가면서 상호 이익을 추구하는 지속가능한 전략을 수립하는 것이다.

2-3

유통업체와
진짜 파트너가 되어야 한다

많은 제조업체들이 유통업체와의 관계에서 어려움을 겪고 있다. "우리 제품이 매장에 진열되었는데 왜 안 팔리는가?", "유통업체가 우리 제품보다 경쟁사 제품을 더 밀어주는 것 같다", "재고는 쌓이고 실제 판매는 부진하다"는 고민이 끊이지 않는다. 이는 단순히 제품력의 문제가 아니라 유통경로 관리의 문제일 가능성이 높다.

더 큰 문제는 많은 제조업체가 유통업체에 제품을 납품하는 순간 자신의 역할이 끝났다고 생각한다는 점이다. 하지만 진짜 게임은 그때부터 시작된다. 매장에서 소비자에게 실제로 팔리기까지의 과정에서 제조업체와 유통업체가 얼마나 긴밀하게 협력하느냐에 따라 성패가 갈린다.

이에, 자사의 유통경로 관리 수준을 객관적으로 점검해 보는 것이 필요하다. 주요 유통업체별 실제 판매량을 정확히 파악하고 있는지, 매장 진열 상태와 재고 수준을 실시간으로 알고 있는지, 유통업체 담당자와 정기적인 판매 분석 미팅을 하고 있는지를 점검해 봐야 한다. 또한 경쟁사 대비 우리 제품의 매장 내 위치와 프로모션을 비교 분석하고 있는지,

유통업체의 전략과 우리 회사의 전략이 일치하는지도 중요한 확인 포인트다. 만약 이런 질문들에 명확하게 답할 수 없다면, 유통업체와의 관계를 근본적으로 다시 분석을 해 보아야 한다.

왜 유통업체와의 협업이 어려운가?

제조업체와 유통업체 간의 협업이 어려운 이유는 생각보다 단순하다. 서로 다른 목표를 추구하기 때문이다. 제조업체는 자사 제품의 판매율 향상을 원하지만, 유통업체는 전체 매장의 수익성 확대를 추구한다. 이런 목표의 차이는 자연스럽게 갈등을 불러온다.

가장 대표적인 갈등이 진열 공간을 둘러싼 경쟁이다. 제조업체는 자사 제품이 더 좋은 위치에 더 많이 진열되기를 원한다. 하지만 유통업체 입장에서는 한정된 매장 공간을 가장 수익성 높은 제품으로 채워야 한다. 여기서 제조업체의 바람과 유통업체의 판단이 일치하지 않는 경우가 빈번하다.

또 다른 갈등 요소는 가격 정책이다. 제조업체는 브랜드 가치 유지를 위해 일정한 가격 수준을 유지하고 싶어 하지만, 유통업체는 경쟁력 확보를 위해 가격 할인을 요구한다. 특히 대형 유통업체일수록 자체 브랜드(PB) 제품으로 제조업체를 압박하는 경우가 많아 관계가 복잡해진다.

정보 비대칭성도 문제다. 유통업체는 소비자 구매 패턴, 경쟁사 동향, 매장별 판매 데이터 등 풍부한 정보를 갖고 있지만 이를 제조업체와 충분히 공유하지 않는다. 반대로 제조업체도 신제품 출시 계획, 마케팅 전략, 생산 일정 등을 유통업체와 미리 공유하지 않아 서로 따로 놀게 된다.

하지만 이런 갈등과 어려움에도 불구하고 협업은 필수다. 디지털 시대로 접어들면서 소비자의 구매 패턴이 급격히 변화하고 있고, 경쟁이 더욱 치열해지고 있다. 이런 환경에서는 제조업체와 유통업체가 각자 도생하기보다는 함께 해법을 찾아야 생존할 수 있다.

셀인(Sell-in)에서 셀아웃(Sell-out)까지

진짜 매출은 최종 소비자가 지갑을 열 때 비로소 완성된다. 이 복잡한 과정을 체계적으로 관리하려면 셀인, 셀스루, 셀아웃이라는 세 단계를 반드시 구분해야 한다

먼저 셀인(Sell-in)에 대해 정확히 이해해야 한다. 셀인은 출발점이지 목적지가 아니기 때문이다. 셀인은 제조업체가 유통업체에게 제품을 공급하는 단계다. 제조업체 입장에서는 매출로 기록되지만, 전체 가치 사슬 관점에서는 첫 번째 단계에 불과하다. 많은 제조업체가 셀인에만 집중하여 유통업체에 더 많은 물량을 밀어 넣으려 한다. 하지만 이는 단기적 사고다.

셀인 중심의 사고는 여러 문제를 야기한다. 우선 유통업체의 창고와 매장에 재고가 과도하게 쌓인다. 이는 유통업체의 자금 부담을 증가시키고, 결국 할인 판매나 반품으로 이어진다. 또한 과도한 셀인은 시장의 실제 수요를 왜곡시켜 정확한 수요 예측을 어렵게 만든다.

그렇다면 중요한 것은 무엇일까? 바로 셀스루(Sell-thru)다. 셀스

루가 진짜 경쟁력을 결정하기 때문이다. 셀스루는 유통업체 내에서 제품이 이동하고 매장에서 판매되는 과정이다. 이 단계에서는 유통업체의 역할이 중요하다. 어떤 매장에 얼마나 배치할지, 어떤 위치에 진열할지, 어떤 프로모션을 할지가 모두 셀스루 단계에서 결정된다.

셀스루 관리의 핵심은 가시성 확보다. 제조업체는 자사 제품이 어느 매장에 얼마나 있는지, 어떤 속도로 팔리고 있는지를 실시간으로 파악해야 한다. 이를 위해서는 유통업체와의 정보 공유 시스템이 필수적이다. POS 데이터, 재고 데이터, 진열 현황 등이 실시간으로 공유되어야 적절한 대응이 가능하다.

하지만 무엇보다 중요한 것은 셀아웃(Sell-out)이다. 셀아웃이 모든 것을 결정하기 때문이다. 셀아웃은 최종 소비자가 제품을 구매하여 유통망에서 완전히 소진되는 단계다. 이것이 바로 진짜 매출이다. 셀아웃이 원활하지 않으면 앞의 모든 노력이 물거품이 된다. 따라서 제조업체는 셀인과 셀스루뿐만 아니라 셀아웃까지 전체 과정을 관리해야 한다.

셀아웃을 늘리기 위해서는 소비자 관점에서 생각해야 한다. 제품이 소비자에게 쉽게 발견될 수 있는 위치에 있는지, 구매 결정을 도울 수 있는 정보가 충분히 제공되는지, 가격이 적절한지를 지속적으로 점검해야 한다. 또한 계절성, 트렌드 변화, 경쟁사 동향 등을 반영하여 셀아웃 전략을 수정해 나가야 한다.

[그림 2-3]은 제조업체에서 최종소비자까지의 상품 이동 과정을 셀인(Sell-in), 셀스루(Sell-thru), 셀아웃(Sell-out)의 3단계로 구분하여 보여 준다.

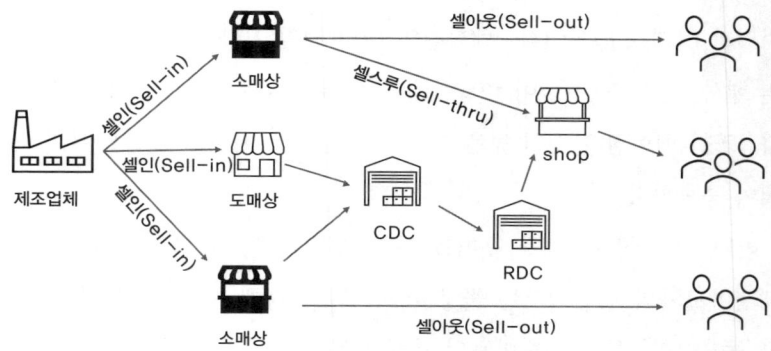

[그림 2-3] 유통경로상의 상품흐름 단계

특히 주목할 점은 각 단계 간 속도의 동기화다. 셀인 속도가 빨라도 셀스루와 셀아웃이 뒷받침되지 않으면 재고 과적과 수익성 악화로 이어진다. 반대로 셀아웃이 활발해도 셀인과 셀스루가 지연되면 품절과 기회 손실이 발생한다.

유통경로별 맞춤 협업 전략

모든 유통업체가 같지 않다. 백화점, 대형마트, 편의점, 온라인몰은 각각 다른 특성과 전략을 갖고 있다. 따라서 제조업체도 각 유통경로에 맞는 차별화된 접근이 필요하다.

백화점의 경우 프리미엄 고객 경험이 핵심 가치다. 따라서 백화점과의 협업에서는 브랜드 가치와 고객 경험 향상에 초점을 맞춰야 한다. 단순히 제품을 납품하는 것을 넘어 매장 디스플레이, 고객 서비스, 브랜드 스토리텔링까지 함께 고민해야 한다. 백화점 협업의 핵심은 시즌별 기획과 이벤트 연동이다. 백화점의 대형 세일 기간, VIP 고객 대상 특별 행사, 신상품 런칭 이벤트 등에 맞춰 제조업체도 전략을 조율해야 한다. 또한 백화점 고객의 높은 기대 수준에 맞는 서비스 품질을 유지하는 것이 중요하다.

반면 대형마트는 대량 구매를 통한 가격 경쟁력이 핵심이다. 따라서 대형마트와의 협업에서는 물량 계획, 가격 정책, 프로모션 전략이 가장 중요하다. 특히 대형마트의 자체 브랜드 전략과 어떻게 차별화할 것인지가 관건이다. 대형마트 협업에서는 데이터 분석이 특히 중요하다. 매장별, 시간대별, 고객층별 판매 패턴을 분석하여 최적의 진열 위치와 프로모션 타이밍을 찾아야 한다. 또한 대형마트의 물류 시스템과 연계하여 효율적인 보급 체계를 구축하는 것도 필요하다.

가장 빠르게 성장하고 있는 온라인 유통은 동시에 가장 복잡한 채널이기도 하다. 검색, 추천, 리뷰, 배송 등 모든 과정이 디지털화되어 있어 전통적인 접근법으로는 한계가 있다. 온라인에서는 데이터 분석 역량과 디지털 마케팅 역량이 성패를 좌우한다. 온라인 협업의 핵심은 콘텐츠와 데이터다. 제품 상세페이지, 이미지, 동영상 등의 콘텐츠 품질이 판매에 직접적인 영향을 미친다. 또한 고객 리뷰, 평점, 검색 키워드, 구매 패턴 등의 데이터를 분석하여 지속적으로 전략을 개선해야 한다.

각 유통경로별로 서로 다른 KPI를 설정하는 것도 중요하다. 백화점에서는 매출액과 고객 만족도를, 대형마트에서는 회전율과 시장점유율을, 온라인에서는 전환율과 고객 유지율을 중점적으로 관리해야 한다.

CPFR로 파트너십 만들기[16]

단순한 정보 공유나 일회성 협업을 넘어 진정한 파트너십을 구축하려면 체계적인 협업 모델이 필요하다. 그것이 바로 CPFR(Collaborative Planning, Forecasting, and Replenishment)이다.

CPFR은 1990년대 중반부터 소매업계에서 주목받기 시작한 새로운 협업 모델이다. 이 모델의 진정한 가치는 월마트와 P&G의 전략적 파트너십을 통해 입증되었다. 양사는 CPFR을 단순한 정보 공유 도구가 아닌 상호 가치 창출의 플랫폼으로 발전시켰으며, 이는 현재까지도 제조업체와 유통업체 간 협업의 표준 모델로 인정받고 있다.

P&G와 월마트가 어떻게 협업의 새로운 지평을 열었는지 살펴보자. 양사의 CPFR 도입 배경은 절실한 필요에서 출발했다. P&G는 당시 세계 최대 생활용품 제조업체였지만 각 지역별 유통업체와의 개별적 관계 관리에 한계를 느끼고 있었다. 월마트는 급속한 성장 과정에서 재고 관리와 공급망 효율성 개선이 경쟁우위 확보의 핵심 과제로 부상하고 있었다.

양사가 직면한 핵심 문제는 독립적 수요 예측으로 인한 정보 비대칭성이었다. P&G는 소매 판매 현황에 대한 실시간 정보 부족으로 과다 재고나 품절 상황에 빈번히 노출되었고, 월마트는 제품 공급 계획에 대한 정보 부족으로 적정 재고 관리에 어려움을 겪고 있었다.

해결방안은 통합적 정보 공유와 공동 의사결정 체계 구축이었다. 양사는 POS 데이터의 실시간 공유, 공동 수요 예측 모델 개발, 통합 재

---

16)   Epic Books, 'Collaborative Disruption', 2024; Springer, 'Supply-Chain Partnership between P&G and Wal-Mart', 2002

고관리 시스템 구축을 핵심으로 하는 CPFR 시스템을 도입했다. 특히 VMI(Vendor Managed Inventory) 방식을 통해 P&G가 월마트의 재고를 직접 관리하면서도 양사가 공동으로 수립한 계획에 따라 운영하는 효과적인 협업 구조를 만들어 냈다.

결과는 기대를 뛰어넘었다. CPFR 구축을 통해 재고 통제 개선, 품절 감소, 채찍 효과 감소 등 운영 개선 효과를 달성했으며, 15년간 양사의 연간 매출이 3억 5천만 달러에서 80억 달러로 성장하는 놀라운 성과를 거두었다. 재고 회전율 향상으로 P&G는 생산 효율성을 높이고 월마트는 매장 공간 활용도를 개선할 수 있었다.

그렇다면 CPFR이 성공하기 위한 핵심 요소는 무엇일까? 3가지 핵심 요소가 갖춰져야 한다. 첫째는 공동 계획이다. 비즈니스 목표와 전략을 공유하고 상호 합의된 성과 지표를 설정하는 과정이다. 단순히 정보를 주고받는 것이 아니라 함께 미래를 계획하는 것이다.

둘째는 예측 공유다. 제조업체와 유통업체가 각자의 수요 예측 모델과 데이터를 공유하고 통합하는 과정이다. 여기서 중요한 것은 단순히 숫자를 공유하는 것이 아니라 예측의 전제 조건과 변수까지 함께 논의하는 것이다.

셋째는 재고 보충이다. 공동 계획과 예측에 기반하여 생산 계획을 수립하고 유통망 내 최적 재고 수준을 유지하는 활동이다. 이 단계에서는 자동화된 보충 시스템과 예외 상황 관리 프로세스가 핵심이다.

[그림 2-4]는 CPFR의 개념적 프레임워크를 체계적으로 보여준다. 제조업체와 유통업체가 각각 독립적으로 수행하던 계획, 예측, 보충 활동을 하나의 통합된 협업 프로세스로 연결하는 구조를 제시한다.

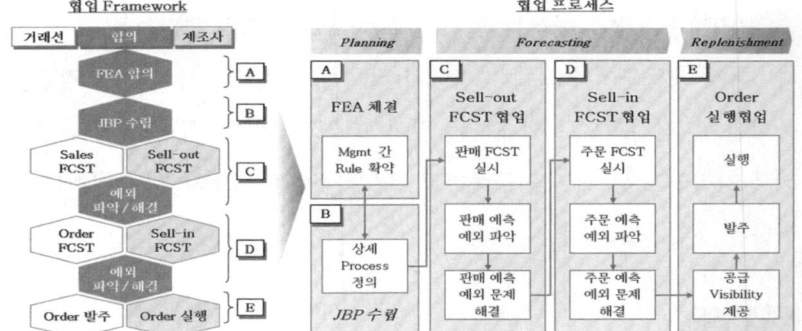

[그림 2-4] CPFR의 개념적 프레임워크

그림에서 볼 수 있듯이 CPFR은 단순한 정보 교환을 넘어 양사의 핵심 비즈니스 프로세스를 통합하는 협업 모델이다. 왼쪽의 제조업체와 오른쪽의 유통업체가 중앙의 협업 영역에서 만나 공동으로 계획을 수립하고, 예측을 공유하며, 재고를 관리한다. 이런 통합적 접근을 통해 개별 최적화가 아닌 전체 공급망의 최적화가 가능해진다.

디지털 기술의 발전과 함께 CPFR도 계속 진화하고 있다. 빅데이터 분석과 AI 기술은 수요 예측의 정확도를 향상시키고 있으며, 클라우드 기반 협업 플랫폼의 등장은 실시간 정보 공유와 의사결정의 신속성을 개선하고 있다. CPFR의 발전된 형태로 DDSCM(Demand-Driven Supply Chain Management)으로 진화를 하고 있다. 이는 실제 소비자 수요를 중심으로 전체 공급망을 동기화하는 개념으로, 더욱 정밀하고 신속한 대응이 가능하다.

중요한 것은 CPFR이 단순한 기술 도구가 아니라는 점이다. 제조업체와 유통업체가 진정한 파트너가 되겠다는 의지와 상호 신뢰가 바탕이 되어야 한다. 기술은 이런 협업 의지를 실현하는 수단일 뿐이다.

CPFR 구축을 위해서는 먼저 파일럿 프로젝트로 시작하는 것이 좋다. 특정 제품군이나 특정 지역에서 작은 규모로 시작하여 성공 경험을 축적한 후 점진적으로 확대하는 것이 효과적이다. 또한 양사의 담당자간 정기적인 소통 채널을 구축하고, 명확한 성과 지표와 평가 체계를 마련하는 것이 중요하다.

요약

유통업체와의 관계는 단순한 거래 관계를 넘어 전략적 파트너십으로 발전해야 한다. 셀인에서 셀아웃까지의 전체 과정을 함께 관리하고, 각 유통경로의 특성에 맞는 차별화된 전략을 수립하며, CPFR과 같은 체계적인 협업 모델을 통해 진정한 파트너십을 구축해야 한다. 디지털 시대로 접어들면서 소비자의 구매 패턴이 급변하고 경쟁이 더욱 치열해지는 상황에서, 제조업체와 유통업체가 각자 도생하기보다는 함께 해법을 찾을 때 진정한 경쟁우위를 확보할 수 있다. 유통업체와 진짜 파트너가 되는 것은 선택이 아닌 필수다.

3

고객의 수요는
공급망관리의
처음과 끝이다

시장 개방과 디지털 전환으로 공급이 과잉되면서 고객 선택권이 넓어졌다. 디지털 세대 등장과 빅데이터 기술 발전으로 개인 맞춤 서비스 기대가 높아지고 있다. 가격에 민감한 수요와 짧아진 제품 수명주기로 대량생산 모델은 경쟁력을 잃었다.

전통적 대량생산(Push System) 방식은 생산자 중심의 가치전달 메커니즘으로, 내부 효율성 극대화를 통해 원가절감과 수익증대를 추구한다. 반면 대량 맞춤화(Mass Customization) 시스템은 고객을 가치창조 프로세스의 핵심 참여자로 재정의한다. 이런 Co-creation 전략은 고객의 잠재 니즈를 사전에 파악하고 제품 개발 단계부터 고객을 참여시킴으로써 시장 실패 위험을 최소화한다.

수요예측은 판매계획이 아니며, 이 둘의 혼동은 공급망에 혼선을 야기한다. 수요예측은 미래의 실제 값을 객관적으로 추정하는 과정인 반면, 판매계획은 기업이 달성하고자 하는 구체적 목표를 설정하는 프로세스다. 시간 철학과 데이터 활용 방식의 근본적 차이를 이해하고, 각각의 고유한 역할을 존중하면서도 조화롭게 통합하는 체계적 관리가 필요하다.

유통업체에 팔린 제품도 자사재고로 인식하고 관리해야 한다. 유통재고의 과다 적체는 추가 마케팅 비용 발생, 신제품 진입 장벽, 장기

재고화로 인한 기회비용 등 다양한 문제를 초래한다. WOS(Week of Supply) 지표를 통한 유통재고 선행관리는 공급망 효율성과 수익성 확보의 핵심이다.

밀어내기 영업(셀인(Sell-in) 중심)은 단기 매출 목표 달성에는 도움이 될 수 있으나, 과잉재고, 가격 할인, 브랜드 가치 훼손 등 장기적 문제를 야기한다. 실판매(셀아웃, Sell-out) 중심의 영업관리는 건강한 선순환 구조를 만들고 시장 내 입지를 강화한다. 아모레퍼시픽의 데이터 기반 옴니채널 재고 최적화 사례는 실판매 중심 관리를 통해 해외 매출 36% 증가와 국내 영업이익 151% 증가라는 가시적 성과를 달성했음을 보여 준다.

이 장에서는 다음과 같은 내용을 다룬다:

- **고객 수요 기반 적극적 수요관리 체계:** 전략적 수요 형성, 실시간 수요 감지, 채널별 수요 조율, 동적 대응 체계 등 4가지 핵심 전략을 통한 수동적 수요예측에서 적극적 수요관리로의 접근법을 알아본다.
- **수요예측과 판매계획의 명확한 구분과 통합:** 시간 철학과 데이터 활용 방식의 근본적 차이를 이해하고, 각각의 고유한 역할과 방법론을 존중하면서도 조화롭게 활용하는 관리체계를 이해한다.
- **WOS 기반 유통재고 최적화 방안:** WOS 지표를 활용한 유통정보 수집체계 구축과 WOS-4, WOS+8 통합 분석을 통한 선행관리로 재고 효율성과 서비스 수준을 동시에 달성하는 과학적 접근법을 습득한다.

- **실판매 중심 영업 전략과 조직 전환:** 파레토 법칙과 ABC 분석을 통한 핵심 거래선 선별, 실판매 기반 셀인 의사결정 프로세스, 그리고 조직 문화와 KPI 체계의 근본적 전환을 통한 지속 가능한 성장 체계를 파악한다.

3-1

고객 수요가
공급망의 출발점이다

많은 경영진들이 공급망 관리에서 비슷한 고민을 토로한다. 고객 주문이 들어와도 생산계획에 반영되기까지 시간이 걸리고, 수요예측은 빗나가며, 유통업체 재고가 얼마나 쌓여 있는지 파악하기 어렵다는 것이다. 수요가 갑자기 급증해도 대응할 수 있는 체계가 미흡하고, 영업팀과 생산팀은 서로 다른 숫자를 가지고 회의를 한다. 신제품을 출시해도 시장 반응을 정확히 측정하는 데 많은 시간이 걸린다.

이런 상황이 익숙하다면, 당신의 공급망은 이미 경쟁에서 뒤처지기 시작했을 가능성이 높다. 성공하는 기업들의 공급망에는 공통점이 있다. 모든 것이 고객 수요에서 시작된다는 것이다.

중요한 변화는 공급망 설계의 출발점이 바뀌었다는 점이다. 과거에는 생산능력이나 원재료 확보 상황을 먼저 고려했다면, 이제는 고객 수요를 출발점으로 삼아 생산계획, 자재조달, 물류배송으로 이어지는 구조로 전환되었다. 이는 단순한 프로세스 변경이 아니라 경영 철학의 전환을 의미한다.

수요를 최초 입력값으로 하는 공급망은 연쇄적으로 작동한다. 고객 주문에서 시작된 신호가 생산계획, 자재조달, 물류배송으로 실시간 전파되는 유기적 시스템이다. 이런 변화는 기업이 시장 변화에 즉각 대응하고 고객 가치를 높이는 새로운 경쟁 모델을 제시한다.

글로벌 시장의 개방화와 디지털 변혁이 공급 과잉 상황을 일반화시키면서, 고객의 선택권은 확대되었다. 이제 고객들은 더 이상 기업이 만든 제품을 그대로 받아들이지 않는다. 이에 따라 수요의 정확한 파악과 신속한 대응이 기업 경쟁력의 중요 요소가 되었다.

고객이 공급망을 움직이는 시대

글로벌 제조업체는 스마트폰 세대들의 등장과 빅데이터 분석 기술의 발전으로 초개인화 서비스에 대한 기대가 높아지면서 변화를 경험하고 있다. 개별 고객의 선호도와 구매패턴을 실시간으로 분석하여 맞춤형 상품과 서비스를 제공하는 것이 경쟁력의 핵심이 되었다.

수요의 가격 탄력성이 증가하고 제품 생명주기가 급격히 단축되면서 대량생산-대량유통의 전통적 비즈니스 모델은 경쟁력을 상실했다. [그림 3-1]은 생산시스템의 변화를 보여 준다. 전통적 대량생산 방식은 생산자 중심의 가치전달 메커니즘으로 내부 효율성 극대화를 추구했다. 반면 대량 맞춤화 시스템은 고객을 가치창조 프로세스의 핵심 참여자로 재정의하며, 고객과의 공동창조 전략을 통해 고객의 잠재 니즈를 사전에 파악하여 시장 실패 위험을 최소화한다.

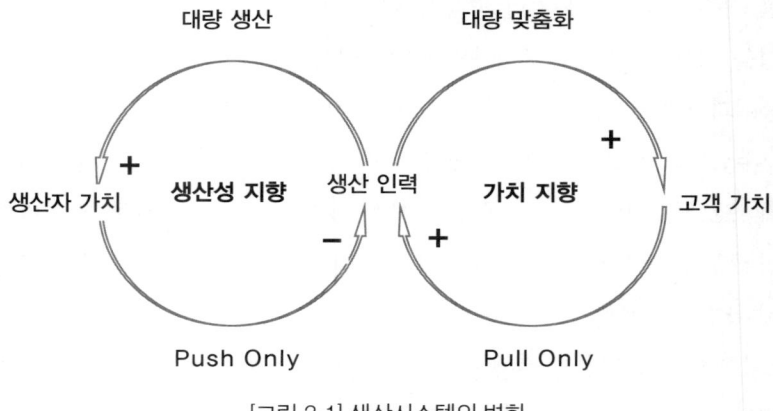

[그림 3-1] 생산시스템의 변화

이런 패러다임 전환은 세 가지 핵심 동인에 의해 가속화되었다. 첫째, 공급망 글로벌화가 심화되면서 지역별 수요 편차와 불확실성이 증가하여 통합적 수요관리가 경쟁력의 핵심 요소가 되었다. 둘째, 제품 생명주기 단축과 시장 세분화로 다품종 소량생산이 일반화되면서 정교한 수요 세분화와 맞춤형 대응이 필수가 되었다. 셋째, 고객 기대수준의 상승으로 완벽한 주문 이행에 대한 요구가 높아져 수요와 공급의 완전한 동기화가 요구되고 있다.

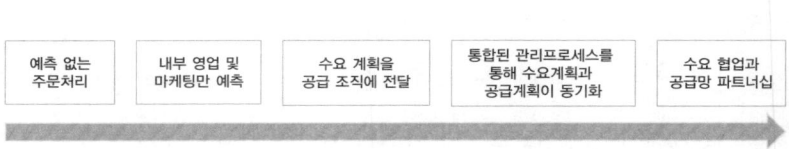

[그림 3-2] 수요관리의 진화 과정

[그림 3-2]는 수요관리의 진화 과정을 보여 준다. 수요관리는 단순

한 예측이 없는 주문처리 중심의 1세대에서 통합 공급망 최적화 및 협업을 지향하는 5세대로 진화해왔다. 이런 진화는 기업의 데이터 분석 능력과 조직간 협업 문화의 성숙도에 의해 좌우되었다.

수요관리는 고객 수요와 공급망 역량 간의 동적 균형을 추구하는 전략적 프로세스이다. 예측, 계획, 실행의 서로 다른 수준에서 조직 전반의 역량을 통합하며, 기업이 능동적 수요대응과 반응적 대응 역량을 동시에 갖추도록 한다.

수요관리의 핵심은 변동성 관리와 민첩성 확보라는 상충되는 목표의 최적화에 있다. 수요변동성 최소화는 예측가능성을 높여 계획의 일관성과 비용효율성을 제고한다. 제조업에서는 안정적인 생산계획이 품질 관리와 원가절감에 중요한 영향을 미치므로, 변동성 관리는 표준화된 프로세스를 통해 높은 품질과 낮은 비용을 달성하는 운영 탁월성의 전제조건이다. 반면 운영 유연성은 기업이 예상치 못한 시장 기회를 포착하고 위협에 신속히 대응할 수 있게 한다.

적극적 수요관리의 4가지 핵심 전략

전통적 수요관리가 수요를 예측하고 대응하는 수동적 접근이었다면, 오늘날의 적극적 수요관리는 수요를 능동적으로 창출하고 형성하는 전략적 관리 체계다. 이는 단순히 시장의 요구에 반응하는 것을 넘어, 기업이 원하는 방향으로 시장 수요를 이끌어 가는 새로운 접근법이다.

적극적 수요관리의 첫 번째 핵심은 전략적 수요 형성이다. 이는 가격 정책, 프로모션, 제품 포트폴리오 조정을 통해 시장 수요를 기업에게 유리한 방향으로 유도하는 전략이다. 스타벅스가 계절별 한정 메뉴를 통해 특정 시기의 수요를 인위적으로 증가시키며 동시에 고객의 재방문을 유도하는 것이 대표적 사례다.

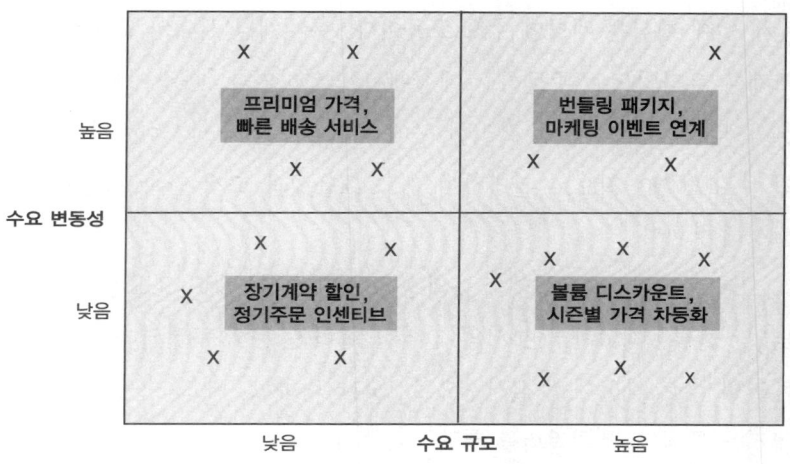

[그림 3-3] 제품특성별 수요형성전략

[그림 3-3]은 제품특성별 수요형성전략을 보여 준다. 수요 규모와 변동성을 기준으로 4가지 차별화된 접근법을 제시한다. 안정적이고 소량인 표준 제품군에는 장기계약 할인과 정기주문 인센티브를 통해 주문 예측가능성을 향상시키고, 안정적이고 대량인 주력 제품군에서는 볼륨 디스카운트와 시즌별 가격 차등화로 수익성을 최대화한다.

두 번째 핵심은 실시간 수요 감지 능력이다. 이는 다양한 채널의 실시간 데이터를 활용하여 시장 변화를 조기에 포착하고 신속하게 대응하는 역량이다. 아마존은 검색 키워드, 장바구니 데이터, 고객 리뷰 등을 실시간으로 분석하여 수요 변화를 조기에 감지하고, 이를 통해 재고 배치와 가격 조정을 동적으로 수행하여 매출 기회를 최대화한다.

전통적인 월별 수요예측과 달리, 최근의 수요 감지는 일별, 심지어 시간별 수요 변화를 추적한다. 소셜미디어 트렌드, 날씨 정보, 경쟁사 동향 등 외부 데이터를 통합하여 예측 정확도를 높인다.

세 번째 핵심은 채널별 수요 조율이다. 옴니채널 시대의 도래와 함께 고객은 온라인으로 주문하고 매장에서 픽업하거나, 매장에서 확인 후 온라인으로 구매하는 등 복잡한 구매 패턴을 보인다. 기업은 이런 채널 간 수요를 통합적으로 관리하여 재고 효율성과 고객 만족도를 동시에 달성해야 한다.

[그림 3-4]는 수요실행 조율과정을 보여 준다. 수요 조율은 마케팅, 영업, 물류, 재고관리 부서의 긴밀한 협력을 통해 구현된다. 지역별, 채널별 수요 불균형을 실시간으로 모니터링하고, 재고 이동이나 가격 조정을 통해 전체 최적화를 추구한다.

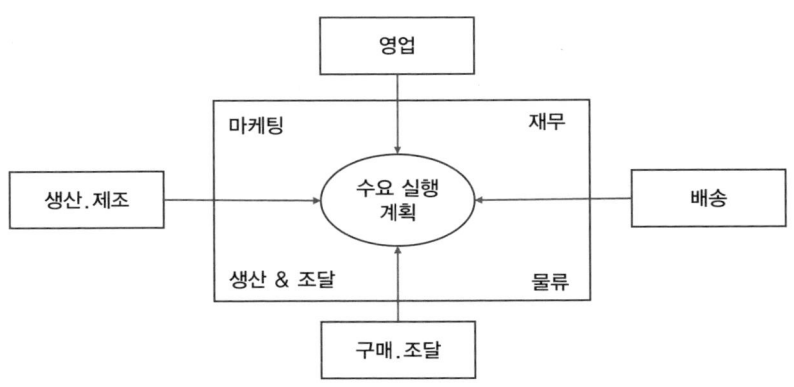

[그림 3-4] 수요실행 조율과정

네 번째 핵심은 동적 대응 체계다. 이는 예상치 못한 수요 변화나 공급망 이슈에 실시간으로 대응하는 민첩한 관리 체계로, 지정학적 갈등, 자연재해, 기술 변화 등 급격한 환경 변화 시에도 공급망의 연속성을 보장하고 새로운 기회를 포착할 수 있는 역량이다.

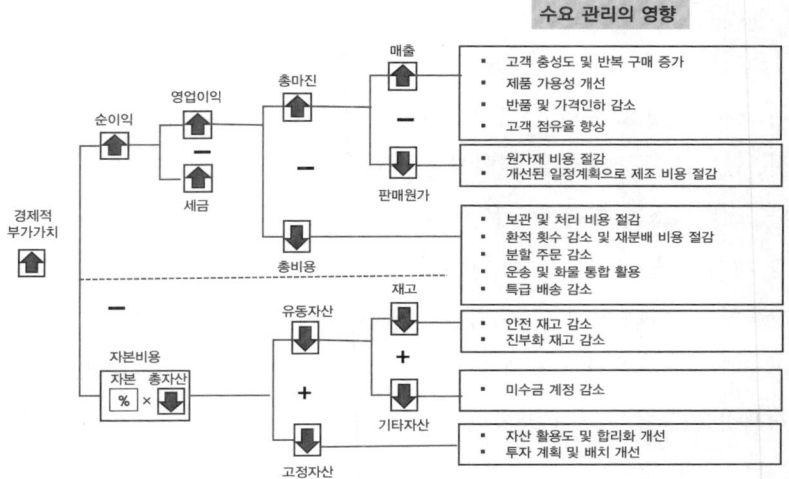

[그림 3-5] 수요관리와 EVA 관계[17]

동적 대응의 핵심은 의사결정 속도에 있으며, 기존의 주간 또는 월간 계획 조정 체계를 일별 또는 실시간 조정 체계로 전환하여 시장 변화에 즉각 대응한다. [그림 3-5]는 수요관리 역량 강화가 EVA 개선으로 직결되는 메커니즘을 보여 준다. 정확한 수요예측과 실시간 대응은 매출 증대(품절률 감소, 기회 포착)와 비용 절감(재고 최적화, 운영 효율성)을 동시에 달성한다. 특히 재고 최적화를 통한 순운전자본 감소는 투하

17) The International Journal of Logistics Management, 'Supply Chain Metrics', 2001.

자본수익률(ROIC) 개선으로 이어져 지속적인 기업가치 창출을 가능하게 한다.

스타벅스의 전략적 수요 형성 혁신[18]

스타벅스가 전략적 수요관리 혁신에 나선 배경은 글로벌 커피 시장의 포화와 경쟁 심화였다. 팬데믹 이후 소비자 행동 패턴이 급변하면서, 단순한 제품 판매를 넘어선 차별화된 고객 경험 창출이 필수가 되었다. 스타벅스의 해결 방안은 계절별 한정 메뉴를 활용한 전략적 수요 형성 체계 구축이었다. 고객 참여도를 높이고 잠재적으로 더 높은 수익을 창출하기 위해 스타벅스는 빈번하게 한정판 또는 계절별 제품을 출시하며, 이러한 전략적 움직임은 고객 열정을 강화하고 회사가 프리미엄 가격책정을 정당화할 수 있게 해 준다.

1단계에서는 'My Starbucks Idea' 플랫폼을 통해 고객들이 새로운 메뉴 아이템에 대한 아이디어를 제출할 수 있도록 했으며, 첫 5년간 150,000개 이상의 응답을 수집했다.

2단계에서는 1997년부터 시작된 홀리데이 컵을 활용한 FOMO(Fear of Missing Out) 마케팅을 체계화했다. 처음에는 마젠타 색상으로 시작했지만 1999년부터 현재의 상징적인 빨간색 디자인을 도입하여 매년 다른 디자인으로 제작되어 한정된 시간 동안만 판매했다.

3단계에서는 소비자들이 #redcupcontest 해시태그와 함께 레드

---

18) Business Model Analyst, 'Starbucks Marketing Strategy', 2024 ; Drive Research, 'Starbucks Research Strategy: What It Is & Why It Works', 2023

스타벅스 컵 사진을 공유하도록 독려하여 엄청난 화제를 불러일으키는 소셜미디어 기반 참여형 캠페인을 전개했다.

이런 혁신을 통해 스타벅스는 가장 인기 있는 계절별 아이템인 펌킨 스파이스 라떼를 2003년 내부 R&D팀의 창의적 개발 과정을 통해 탄생시켰다. 당시 Peter Dukes가 이끄는 개발팀은 실제 펌킨 파이 위에 에스프레소를 부어 가며 맛의 조합을 실험하는 참신한 접근법을 사용했다.

2019년 기준 미국에서 1,700만 가입자를 보유한 리워드 프로그램을 구축하여 레스토랑 업계 최대 규모의 충성도 프로그램을 운영하고 있으며, 매장 수 기준으로 미국 커피숍 시장의 40%를 차지하는 압도적 시장점유율을 달성하여 2021년 290억 달러의 매출을 기록했다.

스타벅스의 계절별 한정 메뉴 전략은 수요관리가 단순한 예측과 대응을 넘어 **고객과의 공동창조를 통한 능동적 수요 형성**으로 진화했음을 보여 주는 혁신 사례다. 디지털 플랫폼 기반 고객 참여, 희소성 마케팅, 소셜미디어 확산을 결합한 통합적 접근법은 변화하는 소비자 기대에 선제적으로 대응하는 새로운 경쟁 모델을 제시했다.

요약

수요관리는 기업의 필수 경쟁력이 되었다. 전통적인 수동적 수요예측에서 적극적 수요관리로의 패러다임 전환은 기업이 시장을 주도하는 새로운 경영 철학을 요구한다. 수요 형성, 실시간 감지, 채널별 조율, 동적 대응으로 구성된 적극적 수요관리는 단순한 운영 기법을 넘어 경쟁우위의 원천이 되었다. 공급망 전반의 효율성과 민

첩성을 동시에 추구하는 이런 접근법은 변화하는 시장 환경에서 기업의 중요한 프로세스다. 효율적인 수요관리는 조직 내부 협업과 공급망 파트너와의 긴밀한 협력을 통해 달성되며, 체계적 접근을 통해 중소기업도 수요관리 혁신의 주역이 될 수 있다.

3-2

수요예측은 객관적으로,
판매계획은 전략적으로 하라

많은 경영진들이 월례 회의에서 비슷한 상황을 경험한다. "이번 분기 목표는 전년 대비 15% 성장입니다. 수요예측팀은 이 목표에 맞춰 예측치를 조정해 주세요." 표면적으로는 합리적으로 보이는 이 지시가 공급망 전체를 혼선에 빠뜨리는 시작점이 될 수 있다는 사실이다.

문제는 수요예측과 판매계획이 하나의 테이블에서 동시에 논의되고 있다는 점이다. 같은 담당자가 두 가지를 모두 관리하고, 심지어 동일한 숫자로 표현되는 순간 기업의 공급망은 위험에 노출된다. 이는 마치 온도계로 측정한 실제 온도와 에어컨에 설정할 희망 온도를 구분하지 못하는 것과 같다.

수요예측과 판매계획의 구분은 효과적인 공급망 운영의 기본 원칙이다. 하지만 현실에서는 이 둘이 혼재되어 운영되는 경우가 빈번하다. 판매계획은 '우리가 팔고 싶은 수량'을 의미한다. 여기에는 시장 확대 의지, 경쟁 대응 전략, 수익성 목표 등 기업의 전략적 의도가 담겨 있다. 반면 수요예측은 '시장이 실제로 구매할 것으로 예상되는 수량'을 객관적으로 분석한 결과다.

이 두 가지를 구분하지 않고 운영할 때 기업이 치르는 대가는 크다. 과도한 재고로 인한 자금 부담, 예상치 못한 품절로 인한 매출 기회 상실, 그리고 비효율적 자원 배분으로 인한 수익성 저하가 연쇄적으로 발생한다. 많은 기업에서 수요예측팀과 판매기획팀이 같은 회의실에 앉아 하나의 숫자를 두고 논쟁하는 모습은 이런 혼동의 전형적인 사례다.

수요예측이 기업 운영에서 차지하는 위치를 이해하면 그 중요성이 명확해진다. 생산계획, 재고관리, 인력배치, 마케팅 전략 등 거의 모든 기업 활동이 수요예측이라는 기초 데이터를 바탕으로 설계된다. 수요예측은 기업의 모든 의사결정에 중요한 핵심 입력 정보 역할을 한다. 반면 판매계획은 이런 예측 정보를 하나의 참고 자료로 활용하여 수립되는 여러 실행 전략 중 하나일 뿐이다.

구분 기준	수요예측	판매계획
목적	시장 현실 파악	조직 목표 설정
데이터 기반	객관적 과거 데이터	주관적 전략 의도
시간 관점	확률적 미래	의지적 미래
책임 부서	운영/SCM팀	영업/마케팅팀
정확도 측정	통계적 오차 분석	목표 달성률
조정 빈도	지속적/실시간	분기별/연간
불확실성 대응	인정하고 준비	극복하고 도전

[표 3-1] 수요예측 vs 판매계획의 차이점

[표 3-1]은 수요예측과 판매계획의 차이점을 보여 준다. 정확한 수요예측 정보를 기반으로 하는 기업들은 그렇지 않은 기업 대비 재고 효율성과 고객 서비스 수준에서 우위를 보인다.

시간 철학과 데이터 활용의 근본적 차이

[그림 3-6]의 수요예측과 판매계획의 의사결정 프로세스는 출발점부터 목적지까지 근본적으로 다른 여정을 보여 주며, 이런 차이를 이해하는 것이 공급망 관리의 핵심이다.

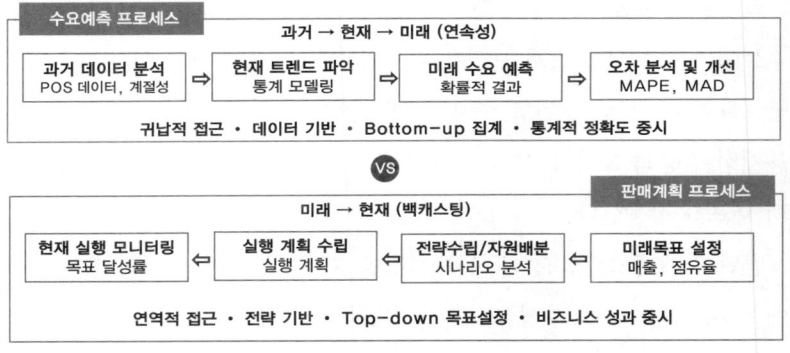

[그림 3-6] 수요예측 vs 판매계획 수립절차

시간 철학의 근본적 차이가 두 프로세스를 구분하는 핵심이다. 수요예측은 '과거에서 현재로, 현재에서 미래로'의 연속성에 기반한다. 과거의 실적패턴을 분석하고 현재 트렌드를 파악하여 미래를 추론하는 귀납적 접근법이다. 반면 판매계획은 '미래 목표에서 현재로'의 역산, 즉 백캐스팅 방식을 채택한다. 달성하고자 하는 미래 비전을 설정하고 이를 위해 현재 취해야 할 행동을 역추적하는 연역적 접근법이다.

데이터 활용 방식의 대비도 명확하다. 수요예측에서는 객관적 과거 데이터가 진리의 원천이다. POS 데이터, 계절성 패턴, 경제 지표 등이 예측의 기초가 되며, 통계적 신뢰성이 핵심 기준이다. 삼성전자의 사례처럼 글로벌 POS 데이터와 지역별 기후 데이터의 다중차원 분석을 통해 예측 정밀도를 향상시키는 것이 대표적이다.

반면 판매계획에서는 전략적 의도와 시장 기회 분석이 우선된다. 시장 점유율 목표, 신제품 런칭 전략, 경쟁사 대응 방안 등 미래 지향적 정보가 계획의 동력이 된다. 데이터는 목표 설정의 근거로 활용되지만, 전략적 판단이 데이터를 압도하는 경우가 빈번하다.

의사결정 프로세스의 구조적 차이는 조직 운영 방식까지 좌우한다. 수요예측은 상향식 집계 과정을 따른다. SKU 레벨에서 시작하여 제품군, 사업부, 전사 단위로 순차적으로 통합되는 방식이다. 각 단계에서 통계적 검증과 오차 분석이 수반되며, 정확도 개선을 위한 지속적 피드백 루프가 작동한다.

반면 판매계획은 하향식 목표 설정을 따른다. 전사 차원의 매출 목표에서 시작하여 사업부별, 지역별, 제품별로 세분화되는 방식이다. 각 단계에서 자원 배분과 실행 가능성 검토가 핵심이며, 도전적 목표 설정을 통한 조직 활력 제고가 주된 목적이다.

성과 측정과 피드백의 철학적 차이도 중요하다. 수요예측의 성과는 MAPE, MAD, MSE 등 통계적 정확도로 측정된다. 예측 오차의 최소화가 핵심 가치이며, 로드 켈빈의 "측정 가능한 것만이 관리 가능하다"는 원칙이 적용된다. 오류 분석을 통한 지속적 학습과 모델 개선이 핵심이다.

반면 판매계획의 성과는 목표 달성율, 시장점유율 증가, 수익성 개선 등 비즈니스 성과로 평가된다. 때로는 목표 미달성도 시장 환경 변화나 경쟁 상황을 고려할 때 성공으로 간주될 수 있다. 학습보다는 적응과 유연성이 더 중요한 가치로 여겨진다.

조직 내 혼동이 초래하는 실질적 피해

수요예측과 판매계획을 혼동하는 현상은 표면적으로는 이해할 만하다. 두 개념 모두 '미래의 판매량'과 관련되어 있고, 동일한 숫자로 표현될 수도 있으며, 유사한 데이터를 활용하기 때문이다. 또한 조직 내에서 이 두 가지 활동이 연속적으로 이루어지거나 밀접하게 연관되어 수행되는 경우가 많아, 경계가 모호하게 느껴질 수 있다.

하지만 이런 표면적 유사성에 속아서는 안 된다. 마치 '온도계의 측정값'과 '에어컨 설정 온도'가 모두 온도라는 동일한 단위로 표현되지만 전혀 다른 목적과 의미를 갖는 것처럼, 수요예측과 판매계획 역시 근본적으로 다른 경영 활동이다.

현실에서 많은 기업들이 수요예측과 판매계획을 혼동하는 이유는 조직 구조와 인센티브 체계의 근본적인 괴리에서 기인한다. 영업팀은 적극적인 판매 목표 설정을 통해 시장 확대와 매출 증대를 추구하는 반면, 운영팀은 현실적인 수요 분석을 바탕으로 효율적인 자원 배분을 목표로 한다. 이런 서로 다른 관점이 통합되지 못할 때, 기업은 공급망 리스크가 발생한다.

인센티브 구조의 왜곡과 권력 역학도 혼동을 가속화한다. 영업팀의 보상체계는 대부분 매출 목표 달성에 연동되어 있어, 현실보다 낙관적인 판매 전망을 제시하려는 유혹에 빠지기 쉽다. 반면 운영팀은 효율성과 비용 절감에 평가받기 때문에 보수적인 예측을 선호한다. 이런 상충하는 인센티브는 조직 내부에서 '숫자 전쟁'을 유발하며, 객관적 데이터보다 정치적 고려가 우선시되는 의사결정 왜곡을 낳는다.

책임 회피 심리 또한 혼동을 지속시키는 주요 원인이다. 예측이 빗나

갔을 때 "시장 상황이 급변했다"며 외부 요인을 탓하거나, 계획이 실패했을 때 "예측이 부정확했다"며 상호 책임 전가가 일상화된다. 이런 조직 문화에서는 정확한 예측보다 변명 가능한 예측이 선호되며, 진정한 학습과 개선이 차단된다.

실제 피해 사례들을 살펴보면 그 심각성이 드러난다. 2019년 한 글로벌 패션 브랜드는 신제품 라인의 영업팀 희망 수량을 수요예측으로 착각하여 실제 수요의 3배에 달하는 재고를 생산했다. 결과적으로 70%의 재고가 할인 판매되어 약 2억 달러의 손실을 기록했다.

또 다른 사례로, 대형 가전업체는 여름 성수기 에어컨 판매목표를 생산계획에 직접 반영했다가 이상 기후로 인한 수요 급감으로 창고 과포화 상태에 빠졌다. 반대로 한 식품회사는 보수적인 수요예측을 그대로 판매계획으로 사용하여 시장 기회를 놓치고 경쟁사에게 시장점유율을 내주는 결과를 초래했다.

수요예측은 미래의 일정 시간 내에 실제 값을 객관적으로 추정하는 과정이다. 실제 결과가 예측된 값과 다를 수 있기 때문에 오차가 발생할 수 있으며, 시간이 경과함에 따라 더 많은 오차가 발생할 가능성이 있다. 따라서 수정 계획을 생성하기 위해 예측 오차를 측정하는 것이 중요하다.

반면 판매계획은 예측된 수요와는 별개로 기업이 달성하고자 하는 구체적 목표를 설정하는 프로세스다. 판매계획은 종종 영업팀의 성과 목표, 시장 점유율 확대 전략, 재무적 목표 등 조직의 전략적 의도를 반영한다. 따라서 판매계획은 실제 예상되는 수요보다 높게 설정될 수 있으며, 이런 '숫자 놀음'은 종종 공급망에 혼란을 야기한다.

월마트의 수요예측-판매계획 분리 전략[19]

전 세계 최대 소매업체인 월마트는 매시간 2.5페타바이트의 비정형 데이터를 처리하며 다양한 실시간 데이터 스트림을 운영하는 글로벌 수요예측의 선도 기업이다. 240백만 명의 주간 고객과 19개국 10,500개 매장을 대상으로 하는 복잡한 공급망 환경에서 수요예측과 판매계획의 명확한 구분을 통해 좋은 성과를 창출한 대표적 사례로 평가받고 있다.

월마트가 직면했던 근본적 과제는 많은 기업들이 경험하는 전형적인 혼동 상황이었다. 판매 목표와 수요 예측이 혼재되어 과도한 재고와 품절이 동시에 발생하는 모순적 현상이 지속되었으며, 지역별 기후와 경제 상황, 소비 패턴의 차이로 인해 단일한 예측 모델로는 정확도 확보가 어려웠다. 특히 영업팀의 낙관적 판매 목표가 구매 계획에 직접 반영되면서 계절성 상품에서 심각한 재고 불균형이 반복적으로 발생했다.

이런 구조적 문제를 해결하기 위해 월마트는 수요예측과 판매계획을 철저히 분리한 이중 트랙 시스템을 구축했다. AI 기반 예측 엔진은 POS 데이터, 기상 정보, 소셜 미디어 트렌드를 통합 분석하여 객관적 수요를 예측하는 반면, 판매계획은 완전히 별도의 비즈니스 전략 프로세스로 관리된다.

협업적 계획예측보충 시스템을 통해 공급업체와 실시간 판매 데이터와 수요 예측을 투명하게 공유하며, 벤더 관리형 재고 모델을 도입하여 공급업체가 직접 자사 제품의 재고를 관리하도록 하는 새로운 접근을 시도했다. 지속적인 공급망 혁신에 대한 전략적 투자를 통해 자동화와 AI

---

19) AIX Expert Network, 'Case Study: Walmart's AI-Enhanced Supply Chain Operations', 2024;
     국내전문언론, '월마트 실적 분석', 2024

기반 예측 시스템을 대폭 확장한 것은 이런 변화의 핵심 동력이었다.

월마트의 체계적인 접근은 가시적이고 지속 가능한 성과로 이어졌다. AI 기반 시스템을 통해 공급업체와의 협상 프로세스를 대폭 개선했으며, 대규모 협상을 동시에 효율적으로 처리할 수 있는 역량을 확보했다. 2024년 2분기 기준 매출이 전년 대비 4.8% 증가하고 영업이익이 8.5% 개선되었으며, 이커머스 부문은 21% 성장하는 등 AI 전환의 직접적 효과를 입증했다.

월마트의 수요예측-판매계획 분리 전략은 단순한 기술적 분리를 넘어서 **조직적 사고의 근본적 전환**을 보여 주는 혁신 사례다. 객관적 데이터 기반 수요예측과 전략적 판매계획의 명확한 역할 구분을 통해 재고 최적화와 수익성 개선을 동시에 달성하는 새로운 공급망 관리 모델을 제시했다.

요약

수요예측과 판매계획은 본질적으로 다른 경영 도구다. 예측은 시장의 실체를 분석하고, 계획은 조직의 성장 목표를 설정한다. 이 두 가지 요소의 명확한 구분과 조화로운 통합이 공급망 최적화의 핵심이다. 각각의 고유한 역할과 방법론을 존중하면서도 전략적으로 연계하는 것이 기업 성공의 핵심이다. 임원진의 명확한 리더십과 체계적 조직 설계를 통해 혼동을 방지하고, 데이터 기반의 객관적 예측과 전략적 계획 수립의 균형을 이루어야 한다. 월마트의 사례에서 보듯이 이런 구분은 일시적 개선이 아닌 지속적인 경쟁력의 바탕이 된다.

3-3

유통재고 방치가
숨겨진 손실을 만든다

전통적 재고관리 관점에서는 제조업체 창고를 떠난 상품을 '판매 완료'로 처리하지만, 최근의 공급망에서는 유통 단계 재고까지 포함한 전체 파이프라인 관리가 필수적이다. 유통재고 데이터의 체계적 분석 없이는 진정한 시장 수요를 파악할 수 없으며, 이는 공급망 전체의 효율성 저하로 이어진다.

글로벌 시장에서 유통업체와 제조업체 간의 관계는 상호 의존적이면서도 경쟁적인 파워게임의 장이다. 월마트, 카르푸, 이마트와 같은 대형 유통체인들이 강력한 협상력을 바탕으로 제조업체들과 장기 계약을 맺는 것이 일반화되고 있다. 특히 자체 프라이빗 브랜드를 앞세워 제조업체들의 의존도를 높이고 있는 상황에서, 제조업체는 단순히 유통업체에 제품을 판매하는 것을 넘어서야 한다.

유통 채널 전반의 재고를 자사 재고의 연장선으로 인식하고 관리해야하는 새로운 패러다임에 직면하고 있다. 이는 단순한 관점 전환이 아니라 수익성과 직결된 전략적 생존 문제다. 유통업체에 존재하는 재고의 실제 판매가 원활하게 이루어져야만 지속적인 유통향 매출이 가능하다는 점을 간과하는 순간, 기업은 숨겨진 손실의 늪에 빠지게 된다.

유통재고의 선행관리의 전략적 중요성

셀인과 셀아웃(실판매) 간의 불균형이 초래하는 경제적 손실은 생각보다 훨씬 크다. ECR Community Shrinkage & OSA Group의 연구에 따르면, 제조업체의 유통업체 판매량(셀인)과 유통업체의 실제 소비자 판매량(셀아웃) 간 정보 불일치로 인해 기업 매출의 4-8%에 해당하는 은폐된 손실이 발생한다[20]. 대부분의 경영진들은 이런 채널 간 재고 정보 괴리가 어디서 오는지 정확히 파악하지 못하고 있으며, 그 결과 수익 기회를 놓치고 있다.

단순히 셀인 실적에만 집중할 경우 유통재고의 과다 적체가 발생하며, 이는 결과적으로 실판매를 촉진하기 위한 추가적인 마케팅 투자 부담을 증가시킨다. 더욱 심각한 문제는 유통재고의 장기재고화로 인한 기회비용 발생이다. IDC와 Counterpoint Research 등 주요 시장 조사 기관에 따르면, 스마트폰 신제품은 출시 후 초기 1분기 내 연간 판매량의 상당 부분이 집중되며, 이후 소비자 관심도와 판매량이 점진적으로 감소하는 제품 생명주기 패턴을 따른다고 보고되고 있다.

또한, 여름 제품 시장은 '6-7월 성공, 8월 정리'라는 뚜렷한 패턴을 따른다. 7월 판매 정점을 놓치고 늦게 시장에 진입하면 8월부터 시작되는 시즌 말 할인 경쟁(보통 40-70% 할인)에 휩쓸리게 되어 애초 기대

---

20) ECR Community Shrinkage & OSA Group, 'Inventory Inaccuracy in Retailing: Does it Matter?', 2019

했던 수익성 확보가 어려워진다. 이것이 바로 계절성 제품에서 타이밍이 생명인 이유다.

　선행관리와 사후관리의 경제적 격차는 기업 경쟁력에 영향을 미친다. 사후 대응은 직접적인 문제 해결비용 외에도 긴급 대응팀 운영, 고객 보상, 평판 관리, 재발 방지 시스템 구축 등 다층적 비용이 연쇄적으로 발생하여 예방 투자를 상회한다. 반면 선행관리 체계는 문제 발생 이전에 리스크를 차단함으로써 운영 효율성을 개선한다. 예측 가능한 투자로 예측 불가능한 손실을 방지하는 구조적 우위를 갖는다.

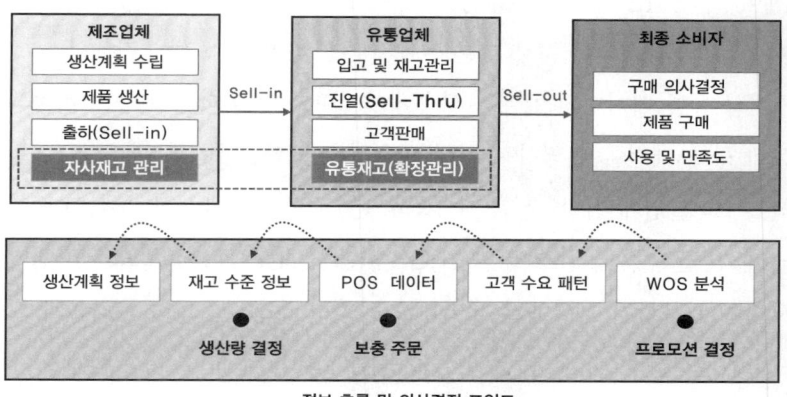

[그림 3-7] 유통재고 관리의 전체 프로세스

　[그림 3-7]은 유통재고 관리의 전체 프로세스를 보여 준다. 제조업체의 생산계획부터 최종 소비자 구매까지의 전 과정에서 정보 흐름과 의사결정 포인트를 제시하고 있다. 특히 글로벌 공급망 환경에서 리드타임이 길어질수록 선행관리의 가치는 증가한다. 수개월에 걸친 복잡한

조달 프로세스에서 초기 단계의 선제적 대응은 경쟁사들이 문제를 인식하고 대안을 모색하는 동안 이미 해결책을 실행에 옮겨 공급 안정성과 비용 효율성을 동시에 확보하는 경쟁 우위를 제공한다.

유통정보 수집체계 구축 전략

효과적인 유통재고 관리를 위해서는 체계적인 정보 수집과 분석 인프라가 필수적이다. 유통업체로부터 입수할 수 있는 핵심 정보는 실판매(셀아웃, Sell-out), 유통재고, 유통향 판매 데이터(셀인)로 구분되며, 각각의 데이터는 서로 다른 전략적 가치와 활용 목적을 갖는다.

핵심 유통 데이터의 체계적 활용에서 실판매 데이터는 최종 소비자의 실제 구매 패턴을 반영하는 가장 중요한 지표다. 제품별 판매량, 매출액, 지역별 판매 현황, 제품 카테고리 분석, 프로모션 효과 분석이 포함되며, 발달된 수집 환경에서는 POS 시스템, RFID 태그, 모바일 결제 시스템이 통합된 옴니채널 데이터로 진화하고 있다. 특히 온라인과 오프라인 판매 데이터의 통합 분석을 통해 소비자의 구매 여정 전반을 추적할 수 있게 되었다.

유통재고 데이터는 효율적인 물류 운영과 재고 최적화의 핵심 요소다. 상품의 수량, 보관 위치, 재고 회전율뿐만 아니라 IoT 기술의 발전으로 온도, 습도 등 보관 환경까지 실시간 모니터링이 가능해졌다. 이는 특히 신선 식품이나 의약품과 같은 민감한 제품군에서 변화를 가져오고 있다.

유통향 판매 데이터(셀인)는 제조업체의 출하 기록과 직접 연결되어 전체 공급망 가시성 확보의 기반이 된다. ERP 시스템과의 통합을 통해 거래의 투명성과 추적성을 강화하며, 블록체인 기술의 도입으로 데이터 무결성이 향상되고 있다.

데이터 품질 관리의 고도화는 유통정보 활용의 성패를 좌우하는 핵심 요소다. 유통정보 입수율은 전체 SKU 중 실제 데이터가 확보된 품목의 비율로 측정되며, 90% 이상이 체계적 의사결정의 신뢰성 확보를 위한 임계점으로 간주된다. 유통정보 정확도는 제조업체의 출하 기록과 유통업체의 판매 데이터 간 정합성을 검증하는 복합적 지표로, 95% 이상의 정확도가 확보되어야 체계적 분석에 활용 가능하다.

최근 정확도 관리 체계에서는 머신러닝 알고리즘을 활용한 이상 탐지가 도입되고 있다. 과거 데이터 패턴을 학습하여 비정상적인 데이터 포인트를 자동으로 식별하고, 조기 경보 시스템으로 기능한다. 특히 시계열 분석을 통한 트렌드 이탈 감지와 다차원 이상 탐지 기법이 효과적으로 활용되고 있다.

유통정보 활용과 WOS 전략적 분석

WOS(Week of Supply) 지표는 유통재고 효율성을 측정하는 핵심 성과지표로서, 현재 재고량을 주간 평균 판매량으로 나눈 값으로 계산된다. **WOS = 현재 재고량 ÷ 주간 평균 판매량**으로 표현되며, 주간 평균 판매량은 일반적으로 과거 몇 주간의 판매 데이터를 평균하여 산출한다.

WOS 계산의 정교화와 업종별 벤치마크에서는 단순한 평균값의 한계를 극복하기 위해 이동 평균, 가중 평균, 계절 조정 등 다양한 통계 기법을 활용한다. 수요 변동성이 큰 산업에서는 변동계수를 통합하여 조정된 WOS 지표를 사용하며, 이는 리스크 요소를 반영한 분석을 가능하게 한다.

업종별 최적 WOS 수준은 제품의 고유 특성에 따라 차별화되어야 한다. 유통기한이 짧고 신선도가 중요한 식품음료는 상대적으로 낮은 WOS를, 기술 변화가 빠른 전자제품은 중간 수준의 WOS를, 계절성과 트렌드 변화가 큰 패션제품은 상대적으로 높은 WOS를 유지하는 것이 바람직하다. 높은 WOS의 전략적 함의와 대응 방안에서 과도한 WOS는 재고 과다의 위험 신호로, 자본 효율성 저하와 진부화 리스크 증가를 의미한다. 이는 순운전자본 증가로 현금흐름을 압박하고, 창고 보관비, 보험료, 기회비용 등 보유 비용을 증가시킨다.

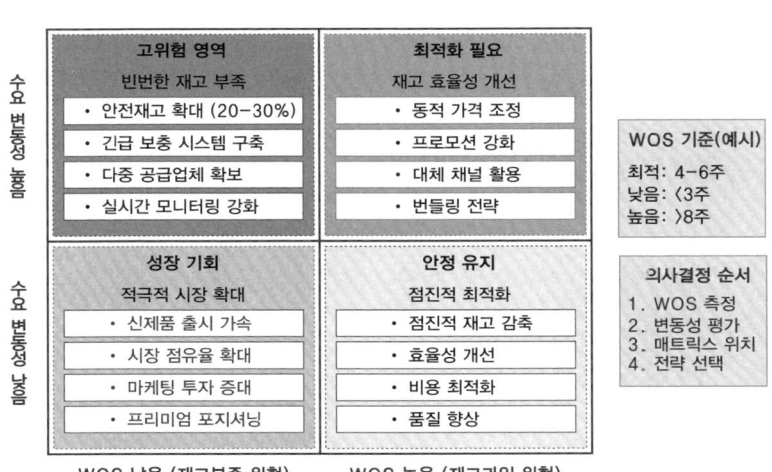

[그림 3-8] WOS 기반 의사결정 매트릭스

[그림 3-8]은 WOS 기반 의사결정 매트릭스를 제시한다. WOS 수준과 시장 상황에 따른 최적 대응 전략을 시각적으로 표현하고 있으며, 과도한 WOS는 마크다운 프로모션, 대체 유통 채널 활용, 또는 번들링 전략 등 적극적 재고 소진 전략을 요구한다.

WOS-4와 WOS+8의 통합 활용은 재고 관리의 시간 스펙트럼 양극단을 대표하는 보완적 지표다. WOS-4는 실현된 재고 상태의 실적 분석을, WOS+8은 예측 기반의 관리를 가능하게 하여, 과거의 교훈과 미래의 대응 전략을 유기적으로 연결하는 의사결정 프레임워크를 제공한다.

지난 4주간의 실제 재고 소진 패턴을 분석하는 WOS-4는 공급망 운영의 현실적 실태를 진단하는 미시경제적 지표다. 제품별 재고 회전율의 객관적 평가를 통해 포트폴리오 최적화가 가능하며, 최근 마케팅 캠페인이나 프로모션의 실제 효과를 정량적으로 평가할 수 있다.

향후 8주간의 예측 기반 WOS+8은 선제적 의사결정을 위한 예측 도구다. 안정적인 고객 서비스 수준 유지를 위한 안전 재고 최적화가 가능하며, 재고 과잉 리스크를 사전에 관리하여 운전 자본 효율성을 향상시킬 수 있다.

H&M 유통재고 대란[21]

2018년 3월, 스웨덴의 글로벌 패스트 패션 리더 H&M이 중요한 발표를 했다. 동사가 보유한 미판매 재고가 43억 달러에 달한다는 것이었

---

21) NPR, 'H&M Leaves $4.3 Billion In Unsold Inventory on The Racks', 2018

다. 이는 패스트 패션 비즈니스 모델의 구조적 한계를 보여 준 대표적 실패 사례로, 예측 오류가 어떻게 유통재고 악순환으로 이어질 수 있는지를 보여 주는 교훈적 사례다.

H&M의 위기는 시장 변화에 대한 근본적 예측 실패에서 비롯되었다. 밀레니얼 세대와 Z세대가 '수량보다 품질'을 중시하는 방향으로 소비 철학이 전환되고 있음을 간과했다. 온라인 쇼핑 급증과 함께 소비자들이 일회용 패스트 패션보다는 고전적이고 품질 좋은 제품을 선호하게 되었는데, 이는 H&M의 핵심 가치 제안과 정면으로 배치되는 변화였다.

수요 예측 오류는 곧바로 유통에 대규모 재고 적체로 이어졌다. 2018년 1분기 재고는 전년 동기 대비 7% 증가한 반면 매출은 수십 년 만에 처음으로 감소세를 기록했다. 할로윈 테마 티셔츠가 이듬해 3월까지 할인 판매되고, 크리스마스용 유아복이 70% 할인으로 처리되는 등 계절성 상품들이 대량 적체되었다.

더 큰 문제는 악순환 구조였다. 재고 처리를 위한 대규모 할인은 소비자들에게 'H&M은 언젠가 할인한다'는 인식을 심어 주었고, 이는 정가 구매 기피로 이어졌다. 전 세계 4,700여 개 매장들이 기존 재고 소화에 급급해 신제품 발주를 대폭 축소하면서 셀인이 사실상 차단되었다.

H&M의 주가는 2005년 이후 최저 수준으로 하락했고, 영업이익률은 과거 16년간 최저 수준을 기록했다. 영업이익은 62% 급락하여 십 년 만에 최악의 실적을 기록했다. 이 사례는 빠른 상품 회전에 의존하는 비즈니스 모델일수록 정확한 수요 예측이 생존을 좌우하며, 일단 형성된 재고 과잉의 악순환은 할인 판매만으로는 해결되지 않는다는 교훈을 제공한다.

요약

오늘날 비즈니스 환경에서 수요 예측과 유통재고 관리는 기업의 생존을 좌우하는 핵심 역량이 되었다. H&M 사례에서 보듯이 예측 실패는 단순한 재고 증가를 넘어 브랜드 가치 훼손과 유통채널 관계 악화로 이어지는 악순환을 초래할 수 있다. 특히 디지털 전환과 소비자 행동 변화가 가속화되는 환경에서는 전통적인 과거 데이터 기반 예측 방식의 한계가 명확해지고 있다. 효율적인 유통재고 관리를 위해서는 실시간 시장 신호를 포착할 수 있는 민감한 수요 감지 체계의 구축, 유통 파트너와의 투명한 정보 공유를 통한 협업적 계획, 그리고 WOS 등 선행 지표를 활용한 조기 경보 시스템과 신속한 대응 메커니즘이 통합적으로 작동해야 한다. 이런 관리 역량은 더 이상 부가적 옵션이 아닌 기업의 지속가능한 성장을 위한 필수 조건으로 자리매김하고 있다.

3-4

실판매 중심 운영으로
전환하라

"목표 달성을 위해 일단 밀어 넣자"는 전통적 영업 사고방식이 왜 더 이상 통하지 않는가? 분기 말이면 어김없이 들리는 영업팀의 다급한 목소리가 있다. "이번 달 목표가 아직 30% 부족합니다. 어떻게든 밀어 넣어서 달성해야 합니다." 하지만 이런 밀어내기 영업이 반복될 때마다 유통업체 창고에는 재고가 쌓이고, 브랜드 가치는 조금씩 훼손된다.

이런 상황이 왜 반복될까? 전통적인 셀인 중심 전략이 단기 매출 달성에만 집중하다 보니 유통재고가 얼마나 쌓이는지는 신경 쓰지 않기 때문이다. 최종 소비자가 실제로 얼마나 사는지와 상관없이 유통업체에 물량만 밀어 넣으면 된다고 생각한다. 그 결과 유통 단계에 과도한 재고가 쌓이고, 이를 처리하기 위해 마케팅 비용은 늘어나며, 수익성은 떨어진다.

더 큰 문제는 브랜드 가치 훼손이다. 재고 처리를 위해 할인을 반복하다 보면 소비자들은 '언젠가는 할인할 것'이라는 기대를 갖게 된다. 이렇게 되면 정가에 사려는 고객은 줄어들고, 브랜드가 쌓아 온 프리미엄 가치는 서서히 무너진다.

실판매 중심 전략은 이런 악순환을 끊어 내는 해답이다. 소비자가 실제로 얼마나 사는지 데이터를 정확히 파악하고, 이를 바탕으로 공급량을 결정하는 것이다. 유통재고를 적정 수준으로 유지하면서 유통업체와도 더 좋은 관계를 만들 수 있고, 결과적으로 지속가능한 성장을 이룰수 있다. 이는 단순히 영업 방식을 바꾸는 것을 넘어 회사 전체의 사고방식을 바꾸는 일이다.

전략적 핵심거래선 관리

실판매 중심 경영의 출발점은 자원과 역량을 효과적으로 집중할 수 있는 전략적 파트너의 선별이다. 아무리 정교한 분석 방법론을 보유하더라도 고품질의 실판매 데이터를 제공할 수 있는 핵심 거래선의 협력 없이는 그 효과를 기대하기 어렵다. 방대한 거래선 네트워크를 가진 제조업체는 현실적 제약을 고려한 선택과 집중 전략이 불가피하다.

핵심 거래선 선정의 기초 원리로 파레토 법칙의 활용이 효과적이다. 대부분의 산업에서 전체 거래선의 약 20%가 총매출의 80%를 담당하는 현상이 관찰된다. 이런 핵심 거래선에 대한 집중 관리는 자원 투입 대비 효과를 늘릴 수 있다. 그러나 이는 단순히 현재의 매출 기여도만으로 핵심 거래선을 선정하는 것을 의미하지는 않는다. 미래 지향적 관점에서는 성장 잠재력과 전략적 부합성도 동등하게 중요한 평가 기준이 되어야 한다.

다양한 거래선 포트폴리오를 효과적으로 관리하기 위해서는 ABC 분석을 활용한 세분화 전략이 필수적이다. 이는 단순히 파레토 원칙에 의한 이분법적 구분을 넘어, 보다 체계적인 자원 배분과 관리 전략 수립의 기반이 된다. A급 거래선에는 전담 관리팀과 고도화된 서비스를 제공하고, B급에는 표준화된 서비스와 성장 지원 프로그램을, C급에는 효율성 중심의 기본 서비스를 제공하는 차등적 접근법이 효과적이다.

핵심 거래선 선정을 위한 다차원적 평가 프레임워크는 정량적 지표와 정성적 요소를 균형 있게 고려해야 한다. 현재의 매출 규모와 수익성, 성장률 등의 경제적 지표는 기본적 선별 기준이 되지만, 이것만으로는 전략적 가치를 완전히 평가할 수 없다. 시장에서의 영향력, 채널 혁신성, 협업 역량, 디지털 전환 수준 등의 질적 요소를 종합적으로 고려한 평가 모델을 구축해야 한다.

디지털 전환 시대에는 거래선의 데이터 관리 역량이 핵심 평가 요소로 부상하고 있다. 고품질의 실판매 데이터를 제공할 수 있는 역량, 데이터 분석 및 활용 능력, 디지털 채널 경쟁력 등이 미래 지향적 파트너십의 중요한 기준이 된다. 특히 옴니채널 환경에서 온·오프라인 데이터를 통합적으로 관리하고 소비자 인사이트를 도출할 수 있는 거래선은 전략적 중요성이 높다.

핵심 거래선으로 선정된 파트너에 대해서는 차별화된 관리 체계가 적용되어야 한다. 일반적인 영업 관계를 넘어 전략적 파트너십 구축을 지향하며, 이를 위한 조직 구조와 프로세스를 설계해야 한다. 핵심 거래선 관리자는 단순한 영업 담당자가 아닌 전략적 관계 구축자로서의 역할을 수행해야 하며, 이에 필요한 권한과 역량을 갖추어야 한다.

핵심 거래선과의 파트너십은 공동 비즈니스 계획을 통해 구체화된다. 이는 단기적 판매 계획을 넘어, 카테고리 성장, 소비자 가치 창출, 공급망 최적화 등을 포괄하는 종합적 비즈니스 계획이다. 이 과정에서 양측의 경영진이 참여하는 고위급 비즈니스 리뷰는 전략적 방향성을 설정하고 협력 의지를 확인하는 중요한 기회가 된다.

실판매 기반 셀인 의사결정

핵심 거래선과의 파트너십이 구축되면, 이들로부터 확보한 고품질 실판매 데이터를 바탕으로 체계적인 셀인 의사결정 프로세스를 실행해야 한다. 앞 절에서 설명한 유통정보 수집체계와 WOS 분석 프레임워크를 바탕으로, 실제 셀인 의사결정에 활용하는 구체적 방법론을 체계화해야 한다.

의사결정의 핵심은 실판매 데이터에 내재된 복합적 신호를 체계적으로 해석하는 추세분석 역량에 있다. 많은 기업들이 WOS 지표의 수치 변화에만 주목하지만, 진정한 경쟁우위는 그 변화의 배경과 맥락을 정확히 읽어 내는 데서 나온다. 단순한 전월 대비 증감률 분석으로는 시장에서 일어나고 있는 구조적 변화나 소비자 행동 패턴의 미묘한 이동을 포착하기 어렵다.

실판매 데이터 해석에는 두 가지 상호 보완적 접근법이 필요하다. 첫 번째는 시계열 분해를 통한 추세분석이고, 두 번째는 재고회전 기반의 실시간 신호 포착이다. 각각은 서로 다른 관점에서 시장의 움직임을 읽어 내는 핵심 도구로 기능한다.

매출 데이터에 내재된 복합적 변동 요인을 정확히 이해하기 위해서는 시계열 분해 기법을 활용한 체계적 접근이 필요하다. 이는 관찰되는 매출 변동을 네 가지 핵심 요소로 분해하여 각각의 영향력을 정량화하는 과정이다. 기본 추세 분석을 통해 12주 이동평균 기반의 장기적 방향성을 파악하되, 단순한 상승세나 하락세가 아니라 그 가속도의 변화에 주목해야 한다.

계절성 분리는 52주 이력 데이터를 활용하여 업종별 고유한 패턴을 도출하고, 이를 현재 데이터에서 제거함으로써 계절 요인에 가려진 순수 성장률을 확인하는 과정이다. 순환성 요인은 경기변동과 연동된 중장기 사이클을 고려하는 것으로, 특히 내구재나 고가 제품군에서 중요한 의미를 갖는다. 마지막으로 불규칙 변동은 바이럴 마케팅, 품질 이슈, 경쟁사 활동 등 예측 모델로 설명되지 않는 외부 충격 요인을 즉시 식별하는 역할을 한다.

시계열 분석이 거시적 관점에서 시장의 흐름을 파악하는 도구라면, WOS 기반 분석은 미시적 관점에서 즉각적인 시장 반응을 감지하는 실시간 센서 역할을 한다. WOS-4 데이터에서 나타나는 재고 소진 패턴은 소비자 수요의 실제 변화를 직접적으로 반영하므로, 이를 통해 시장 상황의 변곡점을 조기에 감지할 수 있다.

업종별 WOS 임계값 기준을 활용하여 특정 SKU의 WOS-4가 업종 평균을 지속적으로 하회한다면, 이는 단순한 재고 부족이 아닌 수요 급증 신호로 해석해야 한다. 반대로 WOS-4가 임계값을 지속적으로 상회한다면 수요 둔화 또는 과도한 공급을 의미하므로 즉각적인 공급 조정이 필요하다.

분석을 통해 도출된 인사이트는 구체적인 셀인 결정으로 전환되어야 한다. 실판매 기반의 유통향 매출 결정 모델은 다음과 같은 기본 공식으로 구체화할 수 있다:

셸인 = (실판매 계획 + 목표 재고 수준) − 현재 재고

이 공식에서 각 구성 요소는 과학적 분석과 전략적 판단을 통해 결정되어야 한다. '실판매 계획'은 4단계 추세분석 프레임워크를 바탕으로 과거 데이터 분석, 시장 트렌드, 프로모션 계획, 경쟁 상황 등을 종합적으로 고려한 수요 예측의 결과물이다. '목표 재고 수준'은 서비스 수준 목표, 리드타임, 수요 변동성 등을 고려하여 통계적으로 산출되는 적정 안전재고량이다.

예외상황 감지와 신속 대응 프로세스는 실판매 중심 관리의 차별화 요소다. 정상 범위를 벗어나는 급격한 WOS 변화는 즉각적인 원인 분석과 대응 조치를 요구한다. 일일 변동률 20% 초과 시 1차 경고, 주간 변동률 30% 초과 시 2차 경고 체계를 통해 단계적 대응을 실행한다.

조직 문화와 KPI 체계의 근본적 전환

실판매 중심 경영으로의 전환은 기업의 근본적 경쟁력 강화를 가져온다. 가장 직접적인 효과는 유통재고 최적화를 통한 자본 효율성 향상으로, 과학적 수요 예측과 적정 재고 관리를 통해 일반적으로 평균 재고 수준을 20-30% 감소시키면서도 서비스 수준을 유지할 수 있는 것으로 알려져 있다. 이는 순운전자본 감소로 이어져 현금흐름을 개선하고, 재고 보유 비용 절감은 통상 연간 매출의 1-2% 수준에 달하는 직접적 수익성 개선을 가져올 수 있다.

과잉재고로 인한 무분별한 할인 판매 방지를 통해 브랜드 프리미엄 가치를 보호하며, 일반적으로 마크다운 프로모션 빈도를 50% 이상 줄여 소비자 가격 기준점 하락을 방지할 수 있다. 데이터 기반의 정교한 프로모션 계획을 통해 통상 마케팅 투자 효율성을 20-40% 향상시키는 것으로 알려져 있으며, 타겟팅된 프로모션 활동은 불필요한 마케팅 비용을 절감하면서도 실제 수요 창출 효과를 극대화한다.

공급망 전체의 운영 효율성도 향상된다. 정확한 수요 예측을 통해 생산 계획의 변동성을 줄이고 생산 효율성을 개선하며, 운송 최적화와 창고 운영 효율성 개선을 통해 다양한 연구에서 제시하는 바와 같이 물류 비용을 15-25% 절감할 수 있다. 유통업체와의 관계는 단순한 공급업체-고객 관계에서 전략적 파트너십으로 발전하여, 정확한 수요 예측과 적시 공급을 통해 상호 이익을 추구하는 윈-윈 관계를 구축한다.

이런 신뢰 관계는 신제품 출시 시 우선적 진열 기회 확보, 프로모션 협력 강화, 시장 정보 공유 등의 무형 가치로 전환되어 장기적 경쟁우위를 형성한다. 실시간 실판매 데이터 모니터링을 통해 소비자 트렌드 변화, 경쟁사 활동, 외부 환경 변화 등을 조기에 감지하여 2-4주 앞선 대응이 가능해져 기회 포착과 위험 회피 능력을 동시에 강화한다.

효과적인 전환을 위해서는 조직 차원의 체계적 접근이 필요하다. 최고경영진의 확고한 의지와 일관된 메시지 전달을 통해 셀인 중심의 단기 성과 추구 문화에서 실판매 기반의 지속가능한 성장 문화로 전환해야 한다. 변화 챔피언을 육성하고 조기 성과를 창출하여 변화에 대한 조직 내 신뢰를 구축하며, 특히 중간관리자 계층의 적극적 참여를 이끌어내기 위한 교육과 코칭 프로그램이 필수적이다.

실판매 중심 업무에 필요한 데이터 분석 역량, 고객 관계 관리 스킬, 프로젝트 관리 능력 등을 체계적으로 개발하고, 핵심거래선 관리 조직의 전문성 강화를 통해 단순한 영업 담당자에서 전략적 파트너십 관리자로의 역할 전환을 지원해야 한다. 기존의 셀인 중심 KPI에서 실판매 성장률, 유통재고 회전율, 예측 정확도 등 실판매 중심 지표로의 전환과 이에 연동된 평가 보상 체계 구축을 통해 조직 구성원들의 행동 변화를 유도하고 지속적 개선 동기를 제공할 수 있다.

아모레퍼시픽의 실판매 중심 옴니채널 강화[22]

글로벌 K-뷰티를 선도하는 아모레퍼시픽은 2020년 이후 급변하는 시장 환경에서 실판매 데이터 기반 경영 체계와 옴니채널 강화를 통한 영업 전환으로 디지털 시대 경영 혁신의 사례를 제시하고 있다. 30개 브랜드 포트폴리오를 운영하는 복잡한 사업 구조에서 실시간 실판매 현황 파악과 채널별 즉각적 대응이라는 과제를 성공적으로 해결한 본 사례는 제조업계의 실판매 중심 경영 전환에 중요한 시사점을 제공한다.

아모레퍼시픽이 직면한 구조적 과제는 코로나19 팬데믹 이후 급변한 시장 환경이었다. 전세계적으로 거리 두기 조치가 시행되고 글로벌 관광객이 급감하면서 면세, 백화점, 로드숍 등 오프라인 채널에서 매출이 크게 하락했다. 소비자 구매 패턴이 온라인으로 급속히 이동하면서 기존의 오프라인 중심 경영 체계로는 변화하는 시장 상황에 효과적으로 대응하기 어려웠다. 무엇보다 채널별로 분산된 판매 데이터로는 실시간 시장 변화를 포착하고 즉각적인 영업 전환을 실행하기 어려웠다.

---

22) 아모레퍼시픽 연차보고서, 2022-2024; 한국경제, '아모레퍼시픽그룹 2024년 3분기 경영 성과', 2024; 디지털데일리, '30개 브랜드 마케팅 성과 실시간 분석', 2024

이런 문제를 해결하기 위해 아모레퍼시픽은 세일즈포스의 마케팅 클라우드 인텔리전스를 활용해 실판매 데이터를 실시간으로 수집·통합·분석하는 체계를 구축했다. ERP 시스템, 온라인 쇼핑몰, 오프라인 매장에서 발생하는 실판매 데이터를 통합하여 30개 브랜드어 대한 실시간 성과 모니터링을 가능하게 했다. 특히 API를 제공하지 않는 국내 주요 미디어 플랫폼 데이터도 반자동으로 수집할 수 있는 차별화된 역량을 확보했다.

핵심은 실판매 데이터를 기반으로 한 옴니채널 영업 강화였다. 온라인과 오프라인 채널의 경계를 허물고 실판매 성과가 검증된 채널에 자원을 집중하는 전략을 추진했다. 디지털 마케팅을 강화하고 e-커머스 채널을 적극적으로 공략하면서 온라인 채널에서 유의미한 성과를 거두었다. 동시에 오프라인 채널의 어려움을 극복하기 위해 매장 수 최적화와 함께 MBS(멀티브랜드숍) 중심의 채널 재편을 통해 실판매 기반 옴니채널 전략을 실행했다.

특정 광고 캠페인 클릭율이 목표치에 도달하지 못할 경우 캠페인 진행 중에도 실시간으로 조치를 취할 수 있게 되어, 과거 캠페인이 끝난 후에 성과를 알게 될 때보다 훨씬 빠른 의사결정이 가능해졌다. 일일 단위 마케팅 성과 분석, 채널별 효율성 비교, 경쟁사 대비 소셜미디어 성과분석을 통해 실시간 영업 전환 체계를 구축했다.

실판매 중심 경영 체계와 옴니채널 영업 전환의 효과는 구체적 성과로 입증되었다. 2024년 3분기 기준 아모레퍼시픽의 영업이익이 전년 대비 278% 증가하고 해외 매출이 36% 성장하는 등 가시적 개선을 달성했다. 국내 영업이익도 151% 증가하여 실판매 데이터 기반 경영 의사결정과 옴니채널 영업 전환의 효과를 입증했다. 이는 추정이나 예측이 아닌 실제 시장에서의 판매 성과를 중심으로 한 경영 체계 전환과 채널별 실시간 대응 능력의 직접적 결과로 평가된다.

요약

실판매 추세를 보고 유통향 매출을 결정하는 것은 지속가능한 성장을 위한 필수 전략이다. 단기적 매출 목표 달성을 위한 밀어내기 영업은 유통재고 증가, 수익성 저하, 브랜드 가치 훼손이라는 부작용을 초래한다. 반면, 실판매 중심 접근법은 소비자 수요에 기반한 공급망 최적화를 통해 유통재고를 적정 수준으로 유지하고, 제품의 가치를 제고하며, 유통 파트너와의 신뢰 관계를 강화한다. 파레토 법칙에 기반한 핵심 거래선 관리, 데이터 기반 셀인 의사결정, 그리고 조직 문화의 근본적 전환이 결합될 때 진정한 변화가 가능하다. 아모레퍼시픽의 사례에서 보듯이 디지털 기술의 발전과 함께 정교해지는 실판매 관리는 미래 경쟁력의 핵심 요소가 될 것이다.

4

수요에 대응하는
공급망의 유연성을
길러야 한다

　오늘날 시장 변동성은 더 이상 예외적 현상이 아닌 구조적 상수로 자리 잡았다. 최근의 지정학적 갈등과 글로벌 공급망 충격을 경험하며, 기업들은 공급망 취약성의 전략적 비용을 직접 체감했다. 디지털 전환과 고객 기대 수준의 급속한 상승으로 시장 요구사항이 실시간으로 변화하는 환경에서, 앞선 기업들이 깨달은 것은 '유연성'이 단순한 운영 역량이 아닌 경쟁우위의 원천이라는 점이다.

　유연성(flexibility)이란 환경 변화에 대한 예측과 대응을 통합적으로 구현하는 메타 역량(meta-capability)으로, 불확실성을 위기가 아닌 기회로 전환하는 전략적 자산이다. 이는 공급망을 단순한 비용 중심 접근법(cost-centered approach)에서 가치 흐름 관점(value-flow perspective)으로 재해석하는 패러다임 전환을 요구한다. 그러나 진정한 유연성 확보는 단계적 접근을 통해서만 가능하다.

　공급망 유연성 구축의 첫 번째 단계는 재고 관련 의사결정의 속도를 획기적으로 높이는 것이다. 시장 변화에 즉시 대응해야 하는 재고 조정이 책임 공백으로 인해 늦어지면서 공급망 전체의 유연성이 저하된다. 구매팀, 생산팀, 영업팀, 물류팀 모두가 재고에 영향을 미치지만, 신속한 의사결정을 위한 명확한 책임자가 부재한 것이 문제다. 이런 책임 공백은 의사결정 지연을 초래하고, 궁극적으로는 시장 기회 상실과 경쟁력 저하로 이어진다.

명확한 재고 책임체계가 확립되면, 다음 단계는 조직 전체가 하나의 기준으로 움직이는 통합 계획 시스템을 구축하는 것이다. 대부분의 조직에서 발견되는 구조적 문제는 부서별 분산된 계획 체계이다. 영업팀은 공격적인 매출 목표를, 생산팀은 보수적인 운영 계획을, 구매팀은 독자적인 원가 최적화를 추진한다. 각 부서의 개별 논리는 합리적이지만, 전체적인 조직 성과는 기대에 미치지 못하며, 더 심각한 것은 이런 분산 구조가 급변하는 시장에서 요구되는 신속한 대응력을 근본적으로 저해한다는 점이다. 연동계획(Rolling Plan)을 통한 'One Single Number' 원칙 구현이 이 문제를 해결하는 하나의 방법론이다.

책임체계와 통합계획이 확립된 조직은 이제 시장 변화를 기회로 활용할 수 있는 진정한 유연성을 구축할 수 있다. 이러한 조직적 기반 위에서 기업들은 반응적 유연성(안전재고, 전략적 생산능력 확보)과 선제적 유연성(자재 공용화, 차별화 지연 전략)의 전략적 조합을 통해 변동성을 경쟁우위로 전환할 수 있다.

이런 3단계 접근법으로 구현된 사례가 아디다스의 재고 책임체계 혁신이다. 제품수명주기 단계별 글로벌 책임자 지정(1단계)과 S&OP 프로세스 강화를 통한 계획 통합(2단계), 그리고 실시간 재고 가시성 플랫폼 구축을 통한 시장 대응력 향상(3단계)을 체계적으로 추진한 결과, 재고 회전율 28% 개선, 예측 정확도 22%포인트 향상, 의사결정 리드타임 75% 단축이라는 가시적 성과를 창출했다.

다수의 실증 연구에 따르면, 공급망 유연성 역량이 고도화된 기업들은 변동성 높은 시장에서 수익성 우위를 지속적으로 유지하며, 이는 유연성이 단순한 운영 개선을 넘어 경쟁우위의 핵심 요소임을 시사한다.

특히 현금전환주기 최적화와 자본 효율성 향상 측면에서 그 효과가 두드러지게 나타난다.

이 장에서는 다음과 같은 내용을 다룬다:

- **재고 관련 의사결정의 신속성 확보를 통한 공급망 유연성 구축 방안:** RACI 모델을 활용한 단계별 책임 매트릭스 구축을 통해 의사결정 속도를 단축하는 실행 방안을 제시한다.
- **연동계획(Rolling Plan)을 통해 판매-생산-조달계획을 동기화하는 방법:** 명확한 책임체계를 기반으로 'One Single Number' 원칙을 구현하여 부서별 상이한 예측치 사용으로 인한 불필요한 재고와 생산 과부하 문제를 해결한다.
- **수요변동에 대응할 수 있는 유연성 확보 전략:** 책임체계와 통합계획이 확립된 조직이 반응적 접근법과 선제적 접근법을 체계적으로 조합하여 시장 변동성을 경쟁우위의 원천으로 전환하는 방법론을 탐구한다.
- **유연성 구축을 통한 기대효과와 글로벌 기업의 성공 사례:** 아디다스의 재고 책임체계 혁신을 통해 가시적 성과를 창출한 메커니즘을 분석한다.

4-1

재고 관련 의사결정의 신속성을 확보하라

공급망 유연성의 출발점은 재고 관련 의사결정의 속도다. 수요가 갑자기 증가하거나 공급에 차질이 생겼을 때, 3일 만에 대응하는 조직과 3주가 걸리는 조직의 시장 성과는 명확한 차이를 보인다. 그런데 현실은 역설적이다. 재고가 가장 많은 회사가 품절을 가장 자주 겪고, 시스템이 가장 좋은 회사가 의사결정은 가장 느리며, 재고 관리자가 가장 많은 조직에서 재고 관리가 가장 안 된다. 이 모든 역설의 중심에 '책임 공백'이 있으며, 이것이 바로 공급망 유연성을 가로막는 첫 번째 장벽이다.

또 다른 모순도 있다. 회의가 많을수록 결정은 늦어지고, 보고서가 많을수록 책임자는 모호해지며, 시스템이 정교할수록 사람들은 더 혼란스러워한다. 정보는 넘치는데 통찰은 부족하고, 데이터는 실시간인데 대응은 며칠씩 걸린다. 재고는 현금이 물질로 변한 형태인데, 그 현금을 책임질 사람은 없다는 것이다. 수십억 원짜리 자산이 조직 내 어디에도 속하지 않는 고아가 되어 떠돌아다닌다. 모든 부서가 관련되어 있지만, 아무도 책임지지 않는다.

문제의 핵심은 재고 관련 의사결정이 여러 부서에 분산되어 신속한 대응이 불가능하다는 점이다. 구매팀이 원자재를 얼마나 사올지, 생산팀이 언제 얼마나 만들지, 영업팀이 어떤 제품을 얼마나 팔지, 물류팀이 어떻게 배송할지 모든 결정이 최종 재고 수준에 영향을 미친다. 하지만 각 부서는 자신의 관점에서만 최적화를 추구하고, 전체적인 재고 성과에 대한 책임은 누구도 명확히 지지 않는다.

의사결정 지연이 만드는 조직 비효율

대부분의 기업에서 재고 문제가 발생하면 다음과 같은 패턴이 반복된다. 우선 문제를 발견한 부서에서 관련 부서들에 상황을 알린다. 각 부서는 자신들의 책임 범위를 최소화하려 한다. "우리는 계획대로 했는데 다른 팀에서 바뀐 것 같다"는 식의 설명이 이어진다. 회의를 열어 원인을 찾으려 하지만, 명확한 책임자가 없으니 결론이 나지 않는다. 결국 임시방편적인 해결책으로 넘어가고, 근본 원인은 그대로 남는다.

이런 상황에서 가장 큰 손실은 대응 속도다. 시장 변화 감지부터 재고 조정 실행까지 평균 1-2주가 걸리면서 공급망 유연성이 심각하게 저하된다. 이 기간 동안 재고 부족으로 인한 매출 기회 상실이나 과잉재고로 인한 자본 비효율성은 계속 누적된다. 더 심각한 것은 이런 패턴이 반복되면서 조직 문화 자체가 책임 회피 중심으로 변한다는 점이다.

실제로 재고 관련 의사결정에 참여하는 사람들을 조사해보면 이런 결과가 나온다. 평균적으로 5-7명이 관여하는데, 이 중에서 최종 책임자를 명확히 지목할 수 있는 경우는 전체의 3분의 1도 되지 않는다. 나머지는 "상황에 따라 다르다", "공동 책임이다", "명확하지 않다"는 식의 애매한 답변이 나온다.

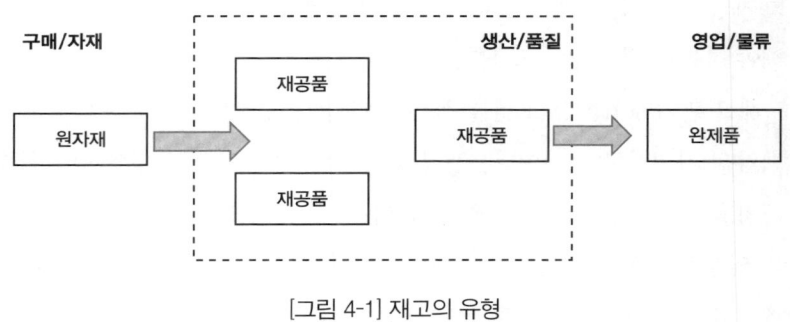

[그림 4-1] 재고의 유형

[그림 4-1]은 원자재 → 재공품 → 완제품으로 이어지는 재고 흐름과 각 단계별 책임 부서를 보여 준다. 원자재 단계에서는 구매팀과 자재팀이, 재공품 단계에서는 생산팀과 품질관리팀이, 완제품 단계에서는 영업팀과 물류팀이 각각 주도적 역할을 담당한다. 이런 다층적 책임 구조가 바로 의사결정 지연의 구조적 원인이다. 책임 공백의 또 다른 문제는 정보 공유가 제대로 이루어지지 않는다는 점이다. 책임이 명확하지 않으면 각 부서는 보수적으로 행동한다. 완전하고 정확한 정보를 제공하기보다는 자신들에게 불리할 수 있는 정보는 숨기거나 최소화하려 한다. 이런 정보 왜곡이 누적되면 전체적인 의사결정 품질이 떨어진다.

신속한 의사결정을 위한 책임 분담 체계 구축

이런 의사결정 지연 문제를 해결하여 공급망 유연성을 확보하기 위한 가장 체계적인 접근법이 RACI 모델의 활용이다. RACI는 Responsible(실행 책임), Accountable(결과 책임), Consulted(상의 대상), Informed(정보 제공 대상)의 줄임말로, 각 업무와 의사결정에 대해 누가 어떤 역할을 해야 하는지 정의하는 도구다.

재고 관리에 RACI 모델을 적용할 때 핵심은 의사결정의 성격에 따라 책임을 차별화하는 것이다. 전략적 수준의 재고 정책은 경영진이 최종 책임을 지되, 구체적인 실행은 각 기능 부서가 담당한다. 운영적 수준의 일상적 재고 관리는 현업 부서가 주도하되, 예외 상황에 대한 에스컬레이션 체계를 명확히 한다.

구체적으로 살펴보면, 원자재 조달 단계에서는 구매팀이 실행 책임(R)을 지고, 생산계획팀장이 최종 결과 책임(A)을 진다. 품질팀과 재무팀은 각각 품질 기준과 예산 범위에 대해 상의(C)를 받고, 재고관리팀과 경영진은 조달 결과에 대해 정보(I)를 제공받는다. 이런 식으로 각 단계별로 명확한 역할 분담을 정의하면 혼선을 줄일 수 있다.

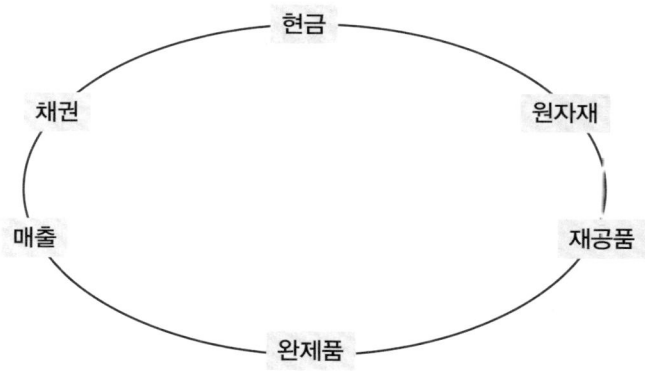

[그림 4-2] 운영 사이클

[그림 4-2]의 운영 사이클에서 보듯이, 재고는 현금이 물리적 자산으로 전환되었다가 다시 현금으로 회수되는 핵심 연결고리다. 이 과정에서 책임소재가 불분명하면 현금전환주기가 연장되고 자본 효율성이 저하된다. 명확한 책임 체계는 이런 비효율을 방지하는 핵심 메커니즘이다.

RACI 모델 적용의 핵심은 의사결정 속도 향상이다. 누가 결정하고, 누구와 상의하며, 누구에게 알려야 하는지가 명확하면 불필요한 회의와 조정 과정을 줄일 수 있다. 실제로 RACI 모델을 도입한 기업들은 재고 관련 의사결정 시간을 단축하고, 부서간 갈등을 대폭 감소시키는 효과를 거둔다.

디지털 시대의 책임 체계 혁신

전통적인 RACI 모델만으로는 오늘날의 복잡한 공급망 환경에 충분히 대응하기 어렵다. 디지털 기술을 활용한 책임 체계의 혁신이 필요하다. 실시간 데이터 공유, 자동화된 의사결정 룰, 예외 상황 감지 시스템 등을 통해 더욱 효과적인 책임 관리가 가능하다.

예를 들어, IoT 센서와 AI 기술을 활용하면 재고 수준을 실시간으로 모니터링하고 이상 징후를 조기에 감지할 수 있다. 미리 정의된 룰에 따라 특정 임계치를 벗어나면 해당 책임자에게 자동으로 알림이 가고, 상황에 따라 적절한 대응 방안이 제시된다. 이런 시스템이 있으면 사람의 판단이 필요한 의사결정에만 집중할 수 있다.

또한 블록체인 기술을 활용하면 재고 관련 모든 의사결정과 실행 과정을 투명하게 기록할 수 있다. 누가 언제 어떤 결정을 내렸는지, 그 결과가 어떻게 나타났는지를 추적 가능한 형태로 저장한다. 이는 책임 추궁을 위한 것이 아니라 지속적인 학습과 개선을 위한 것이다. 어떤 의사결정이 좋은 결과를 가져왔는지 분석해서 향후 유사한 상황에서 더 나은 결정을 내릴 수 있다

이런 디지털 기반 책임 체계의 핵심은 예방적 관리다. 문제가 발생하고 나서 책임을 따지는 것이 아니라, 문제가 발생하기 전에 미리 감지하고 대응하는 것이다. 이를 위해서는 조직 문화의 변화도 필요하다. 실수를 감추려 하기보다는 투명하게 공유하고, 개별 책임 추궁보다는 시스템 개선에 집중하는 문화를 만들어야 한다.

아디다스의 재고 책임체계 수립[23]

글로벌 스포츠웨어 시장에서 선도적 지위를 유지하고 있는 아디다스의 공급망 혁신 사례는 조직 차원의 책임체계 재설계가 어떻게 전사적 성과 향상으로 연결되는지를 보여 주는 사례다. 2015년부터 아디다스가 직면한 전략적 과제는 글로벌 공급망의 복잡성 심화와 디지털 커머스 채널의 폭발적 성장에 따른 고객 기대수준의 급격한 상승이었다. 이런 환경 변화는 기존의 제품 카테고리별 사업부 중심 운영과 지역별 분권화된 의사결정 구조에 주요한 한계를 드러내게 했다. 특히 재고 관련 책임 소재의 모호성으로 인해 의사결정 지연이 상시화되었고, 글로벌

---

23) o9 Solutions, 'Adidas' Retail Transformation: Scoring Big in Direct-to-Consumer Strategy', 2024; AWS, 'adidas Centralizes Global Core Business Operations through Innovative ERP on AWS', 2024.

본사의 전략 기획, 지역 법인의 시장 대응, 제품 카테고리별 사업부의 포트폴리오 관리가 각각 독립적으로 최적화를 추구하면서 전사적 관점에서의 재고 효율성은 부차적 고려사항으로 밀려났다.

아디다스의 핵심 대응 전략은 조직 아키텍처의 근본적 재설계를 통한 통합 거버넌스 체계 구축이었다. 가장 중요한 변화는 기존에 분산되어 있던 계획(planning) 기능과 거래(trading) 기능의 물리적 통합으로, 의사결정 권한과 책임의 명확한 재배치를 통해 크로스펑셔널 시너지를 극대화하려는 전략적 선택이었다. 이를 뒷받침하기 위해 o9 Solutions 와의 파트너십을 통해 기존에 수동으로 진행되던 allocation 및 replenishment 프로세스를 AI 기반의 자동화된 시스템으로 전환했다. 이는 조직 내부의 "고객"인 실행팀들이 단순 반복 업무에서 벗어나 전략 기획에 더 집중할 수 있게 했으며, 무엇보다 재고 관련 의사결정의 책임 소재를 명확히 했다.

동시에 2021년 발표된 'TRANS4RM' 프로젝트를 통해 SAP R3에서 S4/HANA로 대규모 ERP 업그레이드를 실시하여 글로벌 운영의 단일 정보원을 구축했다. 이는 재고 관련 데이터의 실시간 가시성을 확보하고 객관적 의사결정 체계를 가능하게 했다. 또한 중국 시장에서는 local-for-local 운영 모델을 구축하여 2023년까지 중국에서 판매되는 제품의 1/3을 현지에서 생산하는 체계를 확립하고, 시장 반응성을 극대화하기 위한 별도의 재고 책임 체계를 운영하기 시작했다.

이런 일련의 조직적, 기술적 개선은 의사결정 프로세스의 간소화와 속도 향상을 통한 커뮤니케이션 비용 절감, 재고 관련 회의 시간 단축과 부서 간 조정 업무 효율화라는 정량적 성과를 창출했다. 아디다스 사례의 핵심 교훈은 기술적 솔루션과 조직적 변화의 균형 잡힌 통합 접근법으로, 인적 자원의 역할 재정의, 권한과 책임의 명확한 재배치, 의사결정 메커니즘의 근본적 재설계를 포괄하는 전방위적 혁신이 지속가능한 변화의 핵심 동력이었다는 점이다.

명확한 책임체계 구축을 위한 경영진 체크리스트

경영진이 재고 책임체계를 점검하고 개선하려면 다음 다섯 가지 영역을 체계적으로 검토해야 한다. **첫째, 의사결정 구조다.** 각 수준의 재고 관련 의사결정에 대해 누가 최종 책임을 지는지 명확한가? **둘째, 정보 흐름이다.** 책임자들이 적시에 정확한 정보를 받고 있는가? **셋째, 성과 측정이다.** 책임과 연계된 명확한 KPI가 있고, 이것이 공정하게 평가되는가? **넷째, 인센티브 체계다.** 개별 최적화보다 전체 최적화를 추구하도록 동기 부여되어 있는가? **다섯째, 지속적 개선이다.** 의사결정의 결과를 분석하고 학습하는 체계가 있는가?

이 다섯 영역에서 모두 "예"라고 답할 수 있다면 조직의 재고 책임체계는 잘 작동하고 있는 것이다. 하나라도 "아니오"가 있다면 해당 영역부터 개선해야 한다. 특히 의사결정 구조와 성과 측정은 가장 기본적인 요소이므로 우선적으로 정비해야 한다.

요약

신속한 재고 관련 의사결정 체계는 공급망 유연성의 출발점이다. 아무리 좋은 시스템과 프로세스가 있어도 의사결정이 늦어지면 시

장 기회를 놓칠 수밖에 없다. RACI 모델을 활용한 체계적인 역할 분담, 디지털 기술을 활용한 실시간 모니터링, 성과와 연계된 인센티브 체계를 통해 의사결정 속도를 획기적으로 향상시킬 수 있다. 아디다스의 사례가 보여 주듯이, 명확한 책임체계는 단순한 운영 개선을 넘어 조직 전체의 경쟁력을 결정하는 핵심 요소다. 재고는 현금의 다른 형태이므로, 재고 책임체계의 효율성은 곧 기업의 자본 효율성과 직결된다.

4-2

동기화로
One Single Number를 만들어라

기업 경영진들이 공통적으로 경험하는 현실이 있다. 영업, 생산, 구매팀이 서로 다른 수요 예측치를 사용하고, 계획 수립과 변경에 과도한 시간이 소요되며, 재고 문제 발생 시 책임 소재가 불분명하다. 분기별 실적과 계획의 차이가 벌어지는 것이 일상이다. 실제로 이런 계획 동기화가 제대로 이루어지지 않은 기업들은 업계 평균보다 재고 회전율이 20-30% 낮다는 연구 결과가 있다.

이런 현실이 만드는 문제는 명확하다. 부서별로 제각각 움직이는 계획 체계다. 더 구체적으로는 각 부서가 서로 다른 시점에서 서로 다른 정보를 바탕으로 의사결정을 내린다는 점이다. 영업팀의 월별 시장 대응, 생산팀의 분기별 운영 계획, 구매팀의 연간 계약 체결이 각기 독립적으로 진행된다. 각 부서의 개별 논리는 합리적이지만, 전체적인 조직 성과는 기대에 미치지 못한다. 더 심각한 것은 이런 분산 구조가 급변하는 시장에서 요구되는 신속한 대응력을 근본적으로 저해한다는 점이다.

이런 분산된 계획 체계의 가장 치명적인 결과는 공급망의 유연성을 떨어지게 한다는 것이다. 시장에서 유연성은 생존의 조건이다. 고객 요구가 갑자기 바뀌거나, 경쟁사가 새로운 제품을 출시하거나, 공급업체에 문제가 생겼을 때, 2~3일 만에 대응할 수 있는 조직과 몇 주가 걸리는 조직의 운명은 완전히 다르다. 그런데 부서별로 다른 숫자를 보고 있는 조직은 애초에 신속한 대응이 불가능하다.

실제 상황을 보자. 영업팀이 "긴급 주문 1,000개"라고 외칠 때, 생산팀은 "우리 계획서에는 800개"라고 답하고, 구매팀은 "자재는 600개 분량만 있다"고 한다. 이런 상황에서 어떤 유연성을 기대할 수 있겠는가? 우선 숫자부터 맞춰야 한다. 회의를 열어 조정하고, 각자의 계획을 수정하고, 상호 영향을 재검토하는 시간이 필요하다. 이렇게 내부 조정에 쓰는 시간이 바로 시장 기회를 놓치는 시간이며, 결국 경쟁력 손실로 직결된다.

따라서 CEO들이 반복해서 던지는 질문이 있다. "도대체 우리 재고는 왜 항상 모자라거나 넘치는가?" 답은 명백하다. 회사 전체가 하나의 기준으로 움직이지 않기 때문이다. 이 문제를 해결하기 위한 체계적 접근법이 바로 동기화를 통한 통합 계획이다. 그 핵심은 모든 부서가 공유하는 하나의 기준 수치, 즉 One Single Number를 만드는 것이다. 모든 부서가 동일한 숫자를 기준으로 움직일 때만 진정한 조직 동기화가 실현되고, 시장 변화에 유연하게 대응할 수 있는 공급 역량을 확보할 수 있다.

통합 계획을 가로막는 장벽들

대부분의 경영진은 부서별 전문성이 높아지면 전체 성과도 좋아질 것이라고 생각한다. 하지만 현실은 정반대다. 각 부서가 자신만의 최적화를 추구할 때, 회사 전체로는 차선의 결과가 나온다.

One Single Number가 어려운 진짜 이유는 구조적 문제에 있다. **첫째, 부서별 성과지표가 서로 상충한다.** 영업팀은 매출액으로, 생산팀은 가동율로, 구매팀은 원가절감율로 평가받는다. 동일한 숫자를 쓰면 누군가는 손해를 본다고 생각한다. **둘째, 각 부서는 본능적으로 안전마진을 추가한다.** "혹시 모르니 10% 더"라는 심리가 누적되면 실제 필요량의 150%를 준비하게 된다. **셋째, 동일한 시스템을 사용해도 부서별로 다른 해석과 활용을 한다.** 같은 수요 데이터를 보면서도 영업팀은 "기회"로, 생산팀은 "리스크"로, 구매팀은 "비용 요인"으로 각기 다르게 해석한다. 시스템 통합은 되었지만 사고방식의 통합은 이루어지지 않은 것이다.

이런 분산된 계획의 진짜 문제는 정보가 끊어진다는 점이다. 영업팀이 파악한 중요한 시장 변화가 생산팀에 전달되려면 최소 2주가 걸린다. 생산팀의 품질 문제나 설비 이슈가 영업팀에 알려지는 것도 마찬가지다. 이런 지연은 고스란히 고객 불만과 기회 상실로 이어진다.

실제 조사 결과를 보면, 계획이 제대로 동기화되지 않은 회사들은 재고 회전율이 업계 평균보다 현저히 낮다[24]. 더 심각한 것은 이런 비효율이 시간이 지날수록 점진적으로 확대된다는 점이다. 처음에는 작은 차이였던 것이 1년 후에는 경쟁력 격차로 벌어진다.

---

24) Stadtler, H., 'Supply chain management and advanced planning: concepts, models, software and case studies', 2008

연동계획(Rolling Plan)의 전략적 개념

연동계획은 이런 문제를 해결하는 효과적인 방법이다. 전통적인 연간 계획과 달리, 연동계획은 계획을 살아 있는 문서로 만든다. 매주, 매월 또는 매분기마다 계획을 검토하고 업데이트하면서, 시장 변화에 민첩하게 대응할 수 있다.

연동계획의 핵심은 동기화다. 부서별로 따로 움직이던 계획들을 하나의 리듬으로 맞추는 것이다. 영업팀이 시장 변화를 감지하면, 동시에 생산팀과 구매팀도 그 정보를 공유받는다. 생산팀의 설비 문제가 발생하면, 영업팀과 구매팀이 함께 대응방안을 논의한다. 이런 동기화가 바로 One Single Number의 토대가 된다.

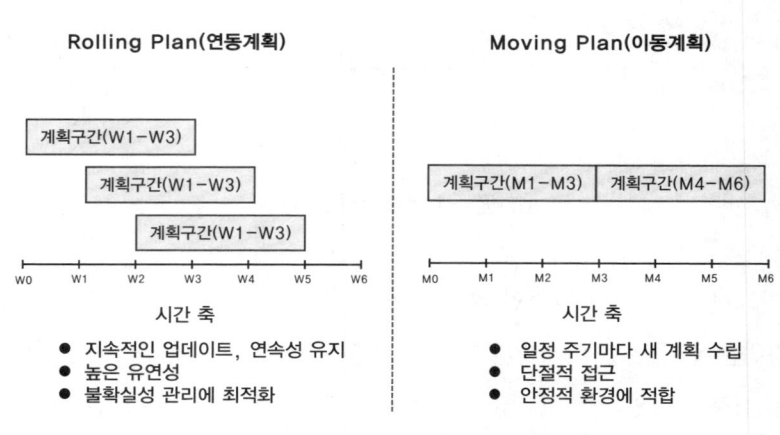

[그림 4-3] 연동계획과 이동계획의 비교

[그림 4-3]을 보면 연동계획과 이동계획의 차이가 명확하다. 이동계획은 기간이 끝나면 완전히 새로운 계획을 시작하는 반면, 연동계획은

기존 계획을 지속적으로 연장하고 수정한다. 이런 연속성이 바-로 연동계획의 핵심 가치다.

연동계획의 가장 큰 장점은 불확실성을 관리하는 능력이다. 1년 후의 시장 상황을 정확히 예측하는 것은 불가능하다. 하지만 3개월 후의 상황은 훨씬 명확하게 볼 수 있다. 연동계획은 이런 인간의 인지적 한계를 받아들이고, 그 안에서 최선의 계획을 만든다. 더 중요한 것은 이 과정에서 모든 부서가 동일한 시간 지평선과 가정을 공유하게 된다는 점이다.

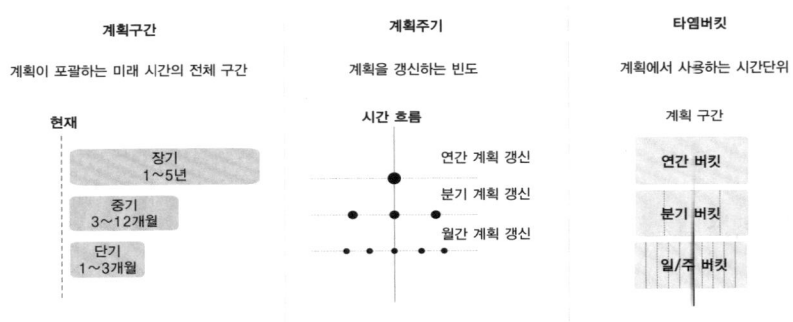

[그림 4-4] 계획의 구성요소

[그림 4-4]는 효과적인 계획 체계의 구성요소들을 보여 준다. 계획 범위는 얼마나 먼 미래까지 볼 것인가를, 계획주기는 얼마나 자주 계획을 검토할 것인가를, Time Bucket은 계획을 얼마나 세분화할 것인가를 결정한다. 이 세 요소의 균형이 연동계획 생성의 열쇠다. 그리고 이 균형 위에서 One Single Number가 탄생한다.

One Single Number 실행 방법론

연동계획의 핵심은 'One Single Number' 원칙이다. 전 조직이 하나의 수요 예측치를 기준으로 움직이는 것이다. 영업팀이 "이번 달 목표는 1,000개"라고 하면, 생산팀도 1,000개 생산을 준비하고, 구매팀도 1,000개 분량의 자재를 확보한다.

말은 쉽지만 실행은 어렵다. 각 부서마다 안전마진을 두고 싶어 하기 때문이다. 영업팀은 "혹시 모르니 10% 더 생산하자"고 하고, 생산팀은 "품질 문제에 대비해 15% 더 자재를 주문하자"고 한다. 이런 식으로 가면 결국 원래 계획의 130%를 준비하게 된다.

더 핵심적인 문제는 조직의 저항이다. 부서장들은 "우리 부서만의 특수성을 고려해야 한다"며 예외를 요구한다. 중간관리자들은 "위에서 목표를 바꾸면 우리가 책임져야 한다"며 보수적 계획을 고집한다. 실무진들은 "시스템이 복잡해져서 일이 더 어려워진다"며 불만을 토로한다.

One Single Number를 성공적으로 실행하려면 저항을 단계적으로 극복해야 한다. **첫 번째 단계는 인센티브 구조 개편**이다. 부서별 KPI를 전사 목표와 연결시켜야 한다. 영업팀도 재고비용을, 생산팀도 고객만족도를, 구매팀도 품질지표를 함께 평가받도록 해야 한다. **두 번째 단계는 정보 투명성 확보**다. 모든 부서가 동일한 데이터를 실시간으로 볼 수 있어야 한다. **세 번째 단계는 의사결정 권한의 명확화**다. 누가 언제 어떤 기준으로 숫자를 바꿀 수 있는지 명확히 정해야 한다.

수직적 동기화와 수평적 동기화가 모두 필요하다. 수직적 동기화는 전략 수준의 목표가 실행 수준의 활동으로 일관되게 이어지는 것이다. 수평적 동기화는 같은 시점에서 모든 부서가 동일한 정보와 목표를 공유하는 것이다.

[그림 4-5]는 이런 동기화가 어떻게 작동하는지 보여 준다. 연간 목
표에서 시작된 계획이 분기, 월, 주, 일 단위로 세분화되고, 동시에 일
일 실행 결과가 상위 계획을 검증하고 수정하는 피드백을 제공한다. 이
런 순환 구조가 계획의 정확성을 높이고 조직의 민첩성을 확보한다. 그
리고 이 모든 과정에서 One Single Number가 나침반 역할을 한다.

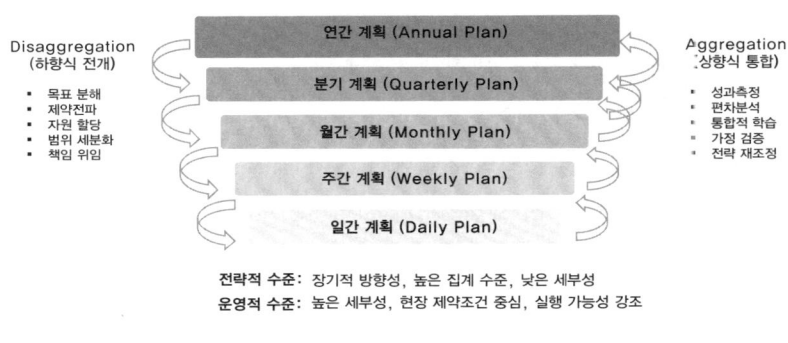

[그림 4-5] 시간적 계층간 구조도

실무적으로는 세 가지 체계가 필요하다. 첫째, 통합 수요예측 프로세
스다. 모든 부서가 동일한 시장 정보와 예측 방법을 사용해야 한다. 둘
째, 주간 통합 계획 회의다. 부서별 계획 현황을 공유하고 필요시 즉
시 조정한다. 셋째, 실시간 정보 공유 시스템이다. 계획 변경이 발생하
면 관련 부서에 자동으로 알려 주는 체계가 있어야 한다. 하지만 시스템
만으로는 부족하다. 사람들의 마음가짐과 행동양식이 바뀌어야 진정한
One Single Number가 가능하다.

동기화 실패의 교훈[25)]

시스템 간 동기화가 실패하면 어떤 일이 벌어지는지 허시의 사례가 잘 보여 준다. 1996년 허시는 회사의 공급망을 혁신하기 위해 1억 1200만 달러를 투자해 새로운 주문 관리, 계획, CRM 시스템을 구축하기로 결정했다. 목표는 완벽했다. 모든 시스템을 통합해서 판매부터 생산, 배송까지 하나의 플랫폼에서 관리하겠다는 것이었다.

문제는 실행 방식이었다. 허시는 모든 시스템을 한꺼번에 바꾸는 빅뱅 방식을 선택했다. 원래 계획된 4년의 구현 기간을 30개월로 단축하면서 1999년 7월 출시하기로 했다. 급박한 일정으로 인해 중요한 설계 과정이 충분히 이루어지지 못했다. 특히 시스템 간 동기화 메커니즘에 대한 세심한 검토가 부족했다. SAP R/3, Manugistics SCM, Siebel CRM 세 시스템이 어떻게 데이터를 주고받고, 언제 동기화할지, 충돌이 발생하면 어떻게 해결할지에 대한 설계 및 구현이 제대로 이루어지지 않았다.

빅뱅 방식의 특성상 세 시스템이 동시에 가동되면서 동기화 문제가 한꺼번에 터졌다. 1999년 7월 시스템이 가동되자마자 핵심 문제가 드러났다. 주문 관리 시스템과 생산 계획 시스템이 서로 다른 데이터를 참조했다. 영업팀이 받은 주문량과 생산팀이 인식한 생산량이 달랐다. 구매팀은 어떤 원자재를 얼마나 주문해야 할지 알 수 없었다. 각 시스템이 서로 다른 "진실"을 바탕으로 움직이면서 동기화가 완전히 실패한 것이다. 재고는 충분히 있었지만 시스템들이 이를 제대로 인식하지 못해 주문을 처리할 수 없는 상황이 발생했다.

---

25) 허시 사례는 공급망 계획 동기화 실패의 대표적 사례로, 다수의 경영 분석 연구에서 인용됨

만약 허시가 단계적 접근을 택했다면 어땠을까? 첫 번째 시스템을 순차적으로 개발하고 동기화 메커니즘을 검증한 후 두 번째 시스템을 연결하는 방식이었다면, 문제가 발생해도 범위를 제한하고 해결책을 찾을 수 있었을 것이다. 하지만 빅뱅 방식은 모든 동기화 문제를 한 번에 해결해야 하는 상황을 만들었다.

결과는 심각한 손실을 초래했다. Halloween 시즌 동안 허시는 1억 달러 상당의 주문을 제때 배송하지 못했다. 소매업체들은 경쟁사 제품으로 갈아탔고, 허시의 시장점유율은 급락했다. 분기 매출이 전년 대비 19% 감소했고, 주가도 8% 하락했다. 무엇보다 중요한 Halloween 성수기 진열 공간을 잃어버리는 치명적 결과를 낳았다.

허시의 실패는 동기화에 대한 세 가지 교훈을 준다. 첫째, 빅뱅 방식에서는 동기화 설계가 더욱 중요하다. 모든 시스템이 동시에 가동되기 때문에 사전에 완벽한 동기화 메커니즘이 구축되어야 한다. 둘째, 데이터, 프로세스, 타이밍의 동기화가 모두 이루어져야 한다. 하나라도 어긋나면 전체 시스템이 마비된다. 셋째, 동기화 실패의 영향은 기하급수적으로 확산된다. 한 부서의 문제가 전사로 번지고, 결국 그객과 시장에까지 피해를 준다.

요약

동기화로 One Single Number를 만드는 과정은 기술적 문제가 아니라 조직적 변화다. 부서별로 흩어진 계획들을 하나로 모으고, 서로 다른 목표들을 통일하며, 분산된 정보들을 동기화하는 것이다. 이 과정에서 가장 큰 걸림돌은 기술이 아니라 사람이다. 조직의 저항을 극복하고, 인센티브 구조를 바꾸며, 새로운 협업 문화를 만들어야 한다. 하지만 이 모든 노력의 결과로 탄생하는 One Single Number는 조직을 완전히 다른 차원으로 끌어올린다. 부서 간 갈등은 협력으로, 비효율은 최적화로, 혼란은 질서로 바뀐다. 동기화를 통한 One Single Number야말로 기업이 추구해야 할 궁극적 목표다.

4-3

변동성을 경쟁우위로 바꾸는
유연성을 구축하라

시장환경이 갈수록 수요는 예측 불가능하게 변하고, 고객 요구가 까다로워지며, 제품 수명주기는 점점 짧아진다. 안전재고를 아무리 쌓아도 부족한 품목이 생기고, 생산능력을 늘려도 놀리는 시간이 발생한다. 공급업체를 다변화해도 예상치 못한 중단이 일어나고, 리드타임을 줄여도 시장 변화 속도를 따라잡기 어렵다.

왜 이런 일이 벌어지는가? 과거처럼 6개월 전에 세운 계획대로 생산하고 판매하는 시대가 끝났기 때문이다. 디지털 전환과 고객 기대 수준 상승으로 시장의 요구사항이 실시간으로 변한다. 시장의 불확실성과 지정학적 충격을 겪으며 기업들은 기존 공급망의 취약성을 직접적으로 경험했다. 이제 수요 변동은 예외가 아닌 일상이 되었고, 불확실성은 관리해야 할 상수가 되었다.

그런데 여기서는 관점의 전환이 필요하다. 대부분의 기업은 변동성을 해결해야 할 문제로 본다. 하지만 선도기업들은 변동성을 활용할 수 있는 기회로 본다. 같은 시장 변화 앞에서 어떤 기업은 위기에 빠지고, 어떤 기업은 더 큰 성장을 이룬다. 그 차이는 바로 공급망 적응력에 있다.

적응력이 높은 기업은 변화를 기회로 전환하고, 그렇지 못한 기업은 변화에 떠밀려 다닌다.

수요 불확실성이 만드는 새로운 현실

수요 불확실성은 더 이상 일시적 현상이 아니다. 구조적 변화다. 과거에는 계절성이나 경기변동 정도가 주요 변수였다면, 이제는 소셜미디어 트렌드, 개인화 요구, 지정학적 리스크, 기후변화까지 모든 것이 수요에 영향을 미친다. 예측 모델의 정확도는 갈수록 떨어지고, 예측 주기는 갈수록 짧아진다.

이런 환경에서 전통적인 대응 방식은 한계를 드러낸다. 안전재고를 더 많이 쌓으면 자본 효율성이 떨어진다. 생산능력을 더 크게 확보하면 고정비 부담이 커진다. 공급업체를 더 많이 확보하면 관리 복잡성이 증가한다. 이런 식으로는 비용만 늘어나고 근본적인 해결책이 되지 않는다.

더 심각한 문제는 이런 방어적 접근이 조직의 사고방식을 경직시킨다는 점이다. "혹시 모르니 더 많이 준비하자"는 사고가 지배적이 되면, 조직 전체가 보수적이고 소극적으로 변한다. 새로운 기회가 와도 "리스크가 크다"며 주저하게 되고, 경쟁사가 먼저 시장을 선점하는 상황이 반복된다.

실제로 많은 기업들이 변동성 관리에 과도한 비용을 투입하고 있다. 다수의 연구에 따르면, 전통적인 방어 중심 접근법을 사용하는 기업들은 매출 대비 재고비용에서 현저한 비효율을 보이며, 기회비용까지 고려하면 그 격차는 더욱 벌어진다. 변동성을 막으려고 들이는 노력이 오히려 경쟁력을 갉아먹고 있는 것이다.

방어에서 공격으로의 전환

선도기업들은 완전히 다른 접근을 한다. 변동성을 막으려 하지 않고 활용하려 한다. 불확실성이 높은 시장일수록 기회도 크다는 것을 안다. 남들이 주저하는 사이에 빠르게 움직여서 시장을 선점한다. 이것이 바로 선제적 유연성의 핵심이다.

선제적 유연성은 세 가지 차원에서 구현된다. **첫째는 제품 아키텍처의 혁신이다.** 자재를 공용화하고 모듈화해서 다양한 제품을 빠르게 만들 수 있도록 한다. **둘째는 프로세스의 재설계다.** 차별화 시점을 최대한 늦춰서 최종 고객 요구가 확정된 후에 제품을 완성한다. **셋째는 파트너십의 활용이다.** 핵심 역량에 집중하고 나머지는 신뢰할 수 있는 파트너와 함께 한다.

휴렛팩커드(HP)의 프린터 사업이 대표적인 사례다. 과거에는 지역별로 다른 규격의 프린터를 만들어야 했다. 전원 규격, 언어 설정, 현지 인증 등이 모두 달랐기 때문이다. 이로 인해 재고 관리가 복잡하고, 예측이 어려웠으며, 기회비용이 컸다.

휴렛팩커드는 발상을 전환했다. 프린터 본체는 전 세계 공통으로 만들고, 지역별 차별화 요소는 최종 배송 직전에 추가하기로 했다. 전원 코드, 매뉴얼, 포장재만 현지에서 넣으면 되도록 제품을 재설계한 것이다. 이를 통해 글로벌 재고 효율성을 개선하면서도 고객 대응 속도를 향상시켰다.

패스트 패션의 선두주자 자라(Zara)는 더욱 혁신적인 접근을 했다. 의류를 염색하지 않은 상태로 만들어 놓고, 시장 반응을 보고 나서 염색한다. 어떤 색상이 인기를 끌지 미리 예측하지 않는다. 대신 시장에서 확인된 트렌드에 즉시 대응한다. 이런 방식으로 자라(Zara)는 업계 평균 6개월인 제품 개발 주기를 2-3주로 줄였다.

이런 사례들의 공통점은 무엇인가? 불확실성을 줄이려 하지 않고, 불확실성에 빠르게 적응할 수 있는 구조를 만든다는 것이다. 예측에 의존하지 않고, 현실에 기반해서 움직인다. 이것이 바로 선제적 유연성의 본질이다.

선제적 유연성의 구축 방법

선제적 유연성 구축에는 체계적인 접근이 필요하다. 무작정 시스템을 바꾼다고 되는 것이 아니다. 제품 설계, 생산 프로세스, 공급망 구조, 조직 문화까지 모든 것이 유기적으로 연결되어야 한다.

첫 번째 단계는 제품 플랫폼 전략이다. 기존의 개별 제품 중심 사고에서 벗어나 플랫폼 기반 사고로 전환해야 한다. 핵심 구성요소는 공통화하고, 차별화 요소는 모듈화한다. 이를 통해 적은 수의 부품으로 많은 종류의 제품을 만들 수 있게 된다. 자동차 업계에서 널리 사용되는 이 방식은 이제 모든 제조업으로 확산되고 있다.

두 번째 단계는 차별화 지연 전략이다. 제품의 공통 부분은 미리 만들어 놓고, 고객별 차별화는 주문 확정 후에 진행한다. 이를 위해서는 제품 설계 단계부터 어느 시점에서 차별화를 할지 결정해야 한다. 차별화 시점이 늦을수록 유연성은 높아지지만, 프로세스는 복잡해진다. 이 균형점을 찾는 것이 핵심이다.

세 번째 단계는 공급망 파트너십 혁신이다. 전통적인 거래 관계에서 벗어나 전략적 파트너십으로 발전시켜야 한다. 핵심 파트너와는 정보를 실시간으로 공유하고, 공동으로 계획을 수립하며, 위기 상황에서 함께 대응한다. 이런 파트너십이 있어야 진정한 유연성이 가능하다.

네 번째 단계는 디지털 기반 실시간 운영이다. 인공지능과 빅데이터를 활용해 시장 변화를 조기에 감지하고, 자동화된 시스템으로 즉시 대응한다. 사람이 판단하고 결정하는 시간을 최소화해야 진정한 속도가 나온다. 아마존이나 알리바바 같은 플랫폼 기업들이 이런 방식으로 전통 제조업체들을 앞서고 있다.

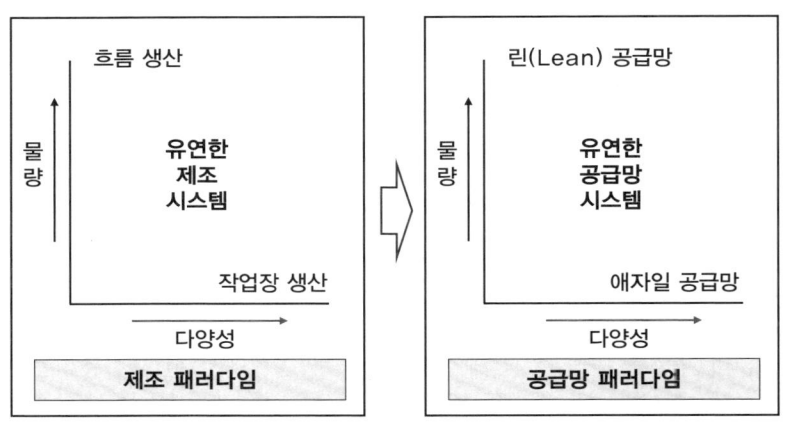

[그림 4-6] 유연한 공급망 시스템

[그림 4-6]은 전통적인 선형적 공급망에서 네트워크형 우연 공급망

으로의 진화를 보여 준다. 다중 공급업체, 유연한 생산능력, 다채널 배송체계가 유기적으로 연결되어 수요 변동에 즉시 대응할 수 있는 구조를 형성한다. 이런 시스템적 접근이 바로 변동성을 경쟁우위로 전환하는 핵심 메커니즘이다.

적응 역량 확보의 가치와 실행 전략

많은 경영진들이 적응 역량 확보를 주저하는 이유는 명확한 투자수익률(ROI)을 보기 어렵기 때문이다. 안전재고 투자는 계산이 쉽다. 얼마를 투입하면 얼마의 서비스 수준 향상을 얻을 수 있는지 명확하다. 하지만 적응 역량 확보는 다르다. 미래의 불확실한 상황에서 얻을 수 있는 기회의 가치를 미리 계산하기 어렵다.

하지만 선도기업들의 경험을 보면 적응 역량의 가치는 분명하다. 우선 리스크 관리 측면에서 보험 효과가 크다. 예상치 못한 시장 변화나 공급망 중단 상황에서 빠르게 회복할 수 있다. 코로나19 팬데믹 때 적응 역량이 뛰어난 기업들이 상대적으로 적은 피해를 입은 것이 좋은 사례다.

더 중요한 것은 기회 포착 능력이다. 시장에 새로운 기회가 생겼을 때 빠르게 대응할 수 있는 기업과 그렇지 못한 기업의 성과 차이는 크다. 연구에 따르면 적응력이 높은 기업들은 변동성이 큰 시장에서 뚜렷한 수익성 우위를 지속적으로 유지한다[26]. 실제 계산 방법도 있다. 옵션 이

---

26) Harvard Business Review, 'Supply Chain Resilience and Flexibility Research Series', 2022-2023

론을 활용하면 적응 역량의 가치를 정량화할 수 있다. 미래에 선택할 수 있는 권리의 가치로 적응 역량을 평가하는 것이다.

가장 확실한 증명은 경쟁사와의 성과 비교다. 동일한 시장에서 적응 역량이 뛰어난 기업과 그렇지 못한 기업의 장기 성과를 비교해 보면 답이 명확해진다. 단기적으로는 차이가 크지 않을 수 있지만, 3-5년 장기간으로 보면 격차가 벌어진다. 적응 역량은 복리 효과처럼 시간이 지날수록 그 가치가 지속적으로 증가한다.

그렇다면 적응 역량 확보를 성공시키려면 어떻게 접근해야 할까? 경영진이 세 가지 핵심 질문에 명확한 답을 가져야 한다. 첫 번째 질문은 "우리 업계에서 가장 큰 불확실성 요인은 무엇인가?"다. 모든 불확실성에 대응할 수는 없다. 핵심적인 몇 가지에 집중해야 한다. 두 번째는 "우리의 현재 대응 능력은 어느 수준인가?"다. 객관적인 현황 진단 없이는 올바른 투자 방향을 정할 수 없다. 세 번째는 "경쟁사 대비 우리의 적응 역량은 어떤 수준인가?"다. 절대적 수준보다 상대적 경쟁력이 더 중요하다.

이 세 질문에 대한 답이 명확해지면 투자 우선순위가 자연스럽게 정해진다. 가장 큰 불확실성에 대해 가장 취약한 부분부터 개선하되, 경쟁사보다 앞서갈 수 있는 영역에 집중한다. 이런 체계적 접근이 있어야 적응 역량 확보가 실질적 성과로 이어진다. 적응 역량 확보는 단순한 비용이 아니라 미래 경쟁력을 확보하는 전략적 선택이다.

요약

시장 변동성은 피할 수 없는 현실이다. 하지만 이를 위기로 볼 것인

가, 기회로 볼 것인가는 기업의 선택이다. 선제적 유연성을 구축한 기업들은 변동성을 경쟁우위의 원천으로 활용하고 있다. 제품 플랫폼 전략, 차별화 지연, 파트너십 혁신, 디지털 기반 실시간 운영을 통해 불확실성에 빠르게 적응하는 구조를 만들었다. 적응력은 비용이 아니라 투자다. 미래의 기회를 선점하기 위한 필수적인 역량이다. 변화의 속도가 가속화되는 시대에 적응력이야말로 기업 생존의 핵심 조건이 되었다.

5

전사 공급망 조율이
성장을 가속화한다

불확실성이 일상화된 현대 경영환경에서 공급망은 기업 경쟁력의 주요 동인이 되었다. 공급 중단 사태, 지정학적 위기, 급변하는 소비자 행동 등의 도전 속에서 공급망을 제대로 관리하지 못하면 기업이 살아남기 어렵기 때문이다. 효과적인 공급망 관리를 위해서는 세 가지 핵심 전략을 함께 실행해야 한다.

첫 번째 전략은 S&OP(Sales and Operations Planning)를 통한 의사결정 중복 제거이다. 기업의 주요 성장 제약 요인은 외부 경쟁이 아닌 내부의 의사결정 구조다. 판매팀과 운영팀이 재고 수준을 놓고 대립하고, 부서별 성과 지표가 서로 상충하여 전사 목표 달성을 방해하는 의사결정 중복이 연간 매출의 3-7%에 달하는 손실을 초래한다. 하지만 2024년 Gartner 보고서에 따르면 전 세계 기업 중 단 15%만이 S&OP 구현에 성공했다. S&OP는 제약 없는 수요 예측부터 프로세스 성과 측정까지 5단계 순환적 프로세스를 통해 영업, 마케팅, 생산, 구매, 재무 부서 간 통합 의사결정 체계를 구축한다.

두 번째 전략은 효율성과 민첩성을 동시에 확보하는 Push와 Pull의 이중전략이다. 전통적 경영에서는 비용 리더십과 차별화를 이분법적 선택으로 보았지만, 치열한 글로벌 경쟁에서는 두 목표를 동시어 달성해야 한다. Push 전략은 예측과 계획 기반으로 규모의 경제와 비용 효율성을 추구하고, Pull 전략은 반응·대응 기반으로 시장 대응력과 유연성을 확보한다. 핵심은 디커플링 포인트의 전략적 배치로, 상류에서는 Push로 효율성을, 하류에서는 Pull로 민첩성을 동시에 실현한다. 아마존은 이 하이브리드 모델을 통해 미국 인구의 72%를 대상으로 당일/익일 배송 서비스를 제공할 수 있게 되었고, 재고회전율 연간 10.9회(2019년 기준)를 달성하는 등 운영 효율성을 향상시켰다.

세 번째 전략은 공급망 가시성과 가독성을 통한 통제력 확보이다. 복잡한 글로벌 공급망에서 정보, 물자, 자금이 각각 다른 속도와 방향으로 움직이면서 경영진의 통제력이 점차 상실되고 있다. 공급망 가시성 부족으로 인한 손실은 연간 매출의 3-5%에 달한다. 진정한 가시성은 프로세스 가시성, 제품·자산 가시성, 성과 가시성의 삼차원에서 구축되어야 하며, 이를 의미 있는 행동으로 전환하는 가독성이 필수적이다. 공급망 이벤트 관리(SCEM)는 문서화된 상태, 관찰 상태, 예상 상태의 삼중 모델을 통해 가시성과 가독성을 연결한다. 맥킨지 연구에 따르면 가시성 성숙도가 높은 기업들은 공급망 비용을 15-20% 절감하고 재고 수준을 25-30% 개선한다.

이 세 가지 전략은 서로 독립적이면서도 상호 보완적이다. S&OP는 의사결정의 정합성을 확보하고, Push와 Pull 전략은 운영 모델의 최적 균형을 제시하며, 가시성과 가독성은 이러한 전략의 실행력을 강화한다. 또한 디커플링 포인트 설정에 핵심 정보를 제공한다. 동시에 공급망 가시성은 S&OP 회의에서 논의될 실시간 데이터와 성과 지표를 제공하여 의사결정의 품질을 높인다. Push와 Pull 전략의 효과적 실행을 위해서는 공급망 전반의 가시성이 필수적이며, 이를 통해 디커플링 포인트에서의 수요 신호 감지와 공급 대응이 가능해진다.

이 장에서는 다음과 같은 내용을 다룬다:

- **S&OP 5단계 순환 프로세스 구축과 의사결정 중복 제거 방법론:** 제약 없는 수요 예측부터 성과 측정까지 체계적 실햏으로 부서 간 갈등을 해소하고 한 방향으로 정렬한다.
- **Push와 Pull 하이브리드 전략과 디커플링 포인트의 전략적 설계:** 시장 예측가능성과 제품 표준화를 기준으로 효율성과 민첩성을 동시에 확보하는 균형점을 모색한다.
- **삼차원 가시성 구축과 사차원 가독성을 통한 공급망 통제력 강화:** 정보 구조화, 시각화, 분석적 해석, 지식 활성화의 통합적 접근으로 복잡성을 관리 가능한 통찰로 전환한다.
- **세 가지 핵심 전략의 통합적 실행을 통한 지속가능한 경쟁우위 확보:** 개별 전략의 독립적 가치를 넘어 상호 시너지를 창출하는 통합적 접근법으로 공급망 경쟁력을 강화한다.

5-1

S&OP 통합의사결정이
조직성장을 견인한다

경영진이라면 다음과 같은 상황을 한 번쯤 경험해 봤을 것이다. 판매팀과 운영팀이 재고 수준을 놓고 팽팽히 대립하고, 신제품 출시 계획이 생산 능력과 맞지 않아 마케팅 예산을 낭비하며, 물동 회의에서 수요 예측과 공급 계획이 따로 논의되어 결론이 나지 않는 상황 등이다. 더 심각한 것은 부서별 성과 지표가 서로 상충하여 전사 목표 달성을 방해하고, 정작 중요한 공급망 의사결정에는 최고경영진이 개입하지 않아 문제가 악화되는 경우다.

이런 현상의 본질은 바로 **의사결정의 중복**이다. 동일한 사안에 대해 여러 부서가 각자의 기준과 목적으로 서로 다른 판단을 내리면서 발생하는 조직적 비효율을 말한다. 판매 부서는 고객 만족을 위해 충분한 안전재고를 요구하고, 운영 부서는 비용 절감을 위해 최소재고를 주장한다. 마케팅은 제품 다양화를 추진하는 반면, 생산팀은 표준화를 선호한다. 겉으로는 각자 합리적인 판단을 내리는 것 같지만, 실제로는 같은 문제를 두고 상반된 결론을 도출하는 의사결정 중복이 반복되고 있는 것이다.

이러한 의사결정 중복은 기업의 가장 큰 성장 제약 요인이 되었다. 의외로 외부 경쟁이 아닌 내부의 의사결정 구조가 조직 전체의 성장 잠재력을 상당히 제약하고 있다. 부서별 목표 충돌과 중복된 의사결정이 만들어 내는 비효율성은 기업의 민첩성을 떨어뜨리고 시장 기회를 놓치게 만든다.

S&OP(Sales and Operations Planning)는 이러한 의사결정 중복을 해결하고 내부 분열을 통합된 성장 동력으로 전환하는 경영 프레임워크다. 부서 간 사일로를 허물고 전사적 관점에서 최적화된 의사결정을 내림으로써, 기업은 수요와 공급의 균형을 통해 지속가능한 경쟁 우위를 확보할 수 있다.

부서 간 갈등의 숨겨진 비용

전통적인 기능별 조직 구조는 전문성 추구 과정에서 예상치 못한 부작용을 만들어 냈다. 각 부서가 독자적인 목표와 성과 지표로 운영되면서 전사적 최적화보다는 부분 최적화에 집중하게 된 것이다.

매출 중심 기능과 비용 중심 기능의 구조적 갈등이 가장 일반적이다. 판매와 마케팅 부서는 고객 대응력 향상을 위해 충분한 안전재고를 선호하며, 시장 세분화를 통한 제품 포트폴리오 다양화를 추진한다. 반면 운영과 제조 부서는 비용 효율성을 위해 최소재고를 유지하고자 하며, 규모의 경제 실현을 위한 표준화를 선호한다.

[그림 5-1]은 마케팅/영업 조직과 운영 조직 간의 관점 차이를 보여준다. 이러한 갈등은 단순한 업무 조정 문제를 넘어서 기업의 핵심 자원 배분과 중요한 의사결정에 직접적인 영향을 미친다. 마케팅/영업 조직은 시장 기회 포착과 고객 만족을 최우선으로 하는 반면, 운영 조직은

비용 통제와 효율성 극대화에 초점을 맞춘다.

부서 간 조정 부족과 의사결정 중복으로 인한 비효율성은 기업 성장의 제약 요인으로 작용하고 있다. 특히 재고 과잉이나 품절로 인한 직접적 손실과 의사결정 지연으로 인한 기회비용이 상당한 것으로 평가된다. 이는 재고 과잉이나 품절로 인한 직접 손실뿐만 아니라, 의사결정 지연으로 인한 기회비용까지 포함한 수치다.

[그림 5-1] 마케팅/영업 vs 운영조직의 관점

S&OP의 전략적 의미와 실행 체계

S&OP의 본질을 가장 명확히 포착한 정의는 **"기업 전략과 운영 계획을 연결하고 회사가 수요와 공급의 균형을 맞출 수 있도록 하는 비즈니스 프로세스"**라는 것이다. 이 정의는 S&OP의 두 가지 핵심 측면인 경영적 연계성과 기능적 균형을 효과적으로 담아내고 있다.

현대적 의미에서 S&OP는 세 가지 주요 차원에서 정의될 수 있다. 첫째, 전략적 목표와 전술적 실행 간의 조정을 담당하는 고차원의 계획 프로세스로서의 역할이다. 둘째, 판매 및 마케팅 관점을 포함한 포괄적 시각을 제공하는 운영 전술 계획으로서의 기능이다. 셋째, 월간 혹은 주간 단위로 다양한 기능 부서 간 협업을 촉진하는 조정 메커니즘으로서의 특성이다.

S&OP는 순환적 특성을 가진 5단계 단계적 프로세스로 구성된다. 각 단계는 상호 연계되어 지속적인 개선과 학습을 가능하게 한다.

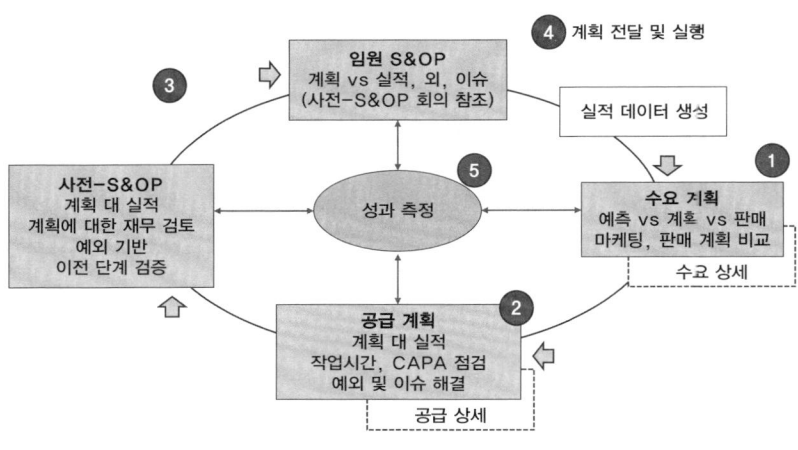

[그림 5-2] S&OP 실행구조

[그림 5-2]는 S&OP의 체계적인 실행 구조를 보여 준다. 5단계의 순환적 프로세스가 상호 연계되어 지속적인 개선과 학습을 가능하게 하는 구조를 명확히 제시한다. 각 단계는 독립적으로 기능하면서도 전체적으로는 하나의 통합된 의사결정 체계를 형성한다.

1단계: 제약 없는 수요 예측 생성에서는 생산 능력이나 자원 제약을 고려하지 않은 순수한 시장 수요를 예측한다. 영업 및 마케팅 부서가 주도하는 이 단계는 과거 판매 데이터, 시장 트렌드, 경쟁 환경 분석을 통합적으로 활용한다. 최근에는 빅데이터 분석과 머신러닝 기반 예측 모델을 활용하여 소셜 미디어 데이터, 검색 트렌드, IoT 센서 데이터 등 다양한 외부 신호를 예측에 통합하는 기업이 증가하고 있다.

2단계: 초기 공급 계획 수립에서는 수요 예측을 기반으로 현재 재고 수준, 생산 전략, 제조 역량, 물류 네트워크를 종합적으로 고려한 공급 전략을 수립한다. 이 과정에서 생산 능력 제약, 자재 가용성, 공급업체 역량, 리드타임 등 다양한 요소가 분석된다.

3단계: 최종 합의 운영 계획 수립은 S&OP 프로세스의 핵심으로, 다양한 기능 영역의 대표자들이 참여하는 협업 과정이다. 수요와 공급 계획 간의 갭을 식별하고 이를 해소하기 위한 다양한 대안을 평가하여 최적의 균형점을 모색한다.

4단계: 계획 전달 및 실행에서는 승인된 계획을 관련 부서에 효과적으로 전달하고 실행한다. 각 기능 영역은 합의된 계획을 자체 운영 계획으로 변환하고 구체적인 실행 전략을 수립한다.

5단계: 프로세스 성과 측정에서는 계획 대비 실적을 평가하고 프로세스 효율성을 지속적으로 개선한다. 예측 정확도, 재고 회전율, 서비스 수준, 생산 계획 준수율 등의 핵심 성과 지표를 통해 프로세스의 효과성을 측정한다.

이러한 S&OP의 성숙도가 높아지면서, 선도적 기업들은 더욱 포괄적인 IBP(Integrated Business Planning) 프레임워크로 진화시키고 있다. IBP는 S&OP의 계획 기간을 18-36개월로 확장하고 재무

계획을 통합하여, 전술적 의사결정을 넘어 거시적 의사결정까지 포괄하는 것이 특징이다.

S&OP 실행 실패사례: 의사결정 중복이 초래한 비즈니스 손실

이론적으로 완벽해 보이는 S&OP가 실제 기업 현장에서는 왜 자주 실패하는가? S&OP 구현은 여전히 많은 기업들에게 도전적인 과제로 남아 있다. 실제로 대부분의 기업들이 완전한 S&OP 시스템을 구축하지 못하고 있는 상황이다.

한 글로벌 소비재 기업의 재고 과잉 사례는 S&OP 실패의 전형적인 사례를 보여 준다. 이 기업은 아시아 지역에서 30개 브랜드를 운영하는 대형 소비재 회사였다. 전통적인 연간 예산 계획에 의존하고 있던 A사는 수요 계획 수립에 5일 이상, 배송 계획 수립에 2일 이상이 소요되는 느린 의사결정 구조를 가지고 있었다.

문제는 마케팅 부서와 운영 부서 간의 소통 부재에서 시작되었다. 마케팅 팀이 신제품 프로모션을 위해 대량 생산을 요청했지만, 운영팀은 기존 재고 수준과 창고 용량을 충분히 고려하지 않았다. 그 결과 특정 SKU의 재고가 평상시의 300% 수준까지 증가했고, 최종적으로 연간 매출의 2.5%에 해당하는 금액을 재고 폐기 손실로 처리해야 했다. 이는 의사결정 중복으로 인한 직접적인 재무 손실이었다.

한 자동차 부품 제조업체의 공급 중단 사례는 또 다른 실패 유형을 보여 준다. 이 회사는 자동차 부품을 생산하는 중견기업으로, 영업팀과 생산팀 간의 정보 공유 체계가 전혀 구축되어 있지 않았다. 영업팀이 주요 고객사로부터 받은 긴급 주문을 생산팀에 전달하는 과정에서 일주일의 지연이 발생했다. 생산팀은 기존 생산 계획을 변경해야 했지만, 원자재 조달에 추가로 2주가 소요되어 결국 고객사의 생산라인 중단을 초래했다. 이로 인해 B사는 적지 않은 배상금을 지급해야 했고, 해당 고객사와의 계약을 상실했다.

이러한 실패사례들의 공통점은 **최고경영진의 참여 부족, 부서 간 사일로 현상, 데이터 기반 의사결정 체계 부재**라는 세 가지 핵심 요인으로 수렴된다. 성공적인 S&OP는 이러한 구조적 문제를 구조적으로 해결할 때만 가능하다.

경영진 실행 가이드

S&OP의 성공적 구현을 위해서는 최고경영진의 적극적인 참여와 리더십이 필요하다. 다음은 CEO와 임원진이 점검해야 할 핵심 실행 요소들이다.

- **정기적인S&OP 회의 참석 의무화** 핵심 물동량과 판매목표에 대한 최종 의사결정은 사업 책임자 수준에서 이루어져야만 실무에서의 신속한 실행이 가능하다. 성공적인 S&OP 프로세스를 운영하는 기업들은 정기적(주, 월)인 1-2시간의 임원 회의를 통해 핵심 의사결정을 효율적으로 진행한다.
- **부서별 상충 KPI 통합 조정** '총 공급망 비용'이나 '완벽 주문 충족률'과 같은 통합 지표에 대한 공동 책임 체계를 수립한다. 판매 부

서의 매출 극대화와 운영 부서의 비용 최소화라는 상충된 목표를 전체 조직의 최적화 관점에서 재정렬한다.

- **의사결정 권한과 책임 명확화** S&OP 회의에서 논의된 사항에 대한 최종 의사결정 권한과 실행 책임을 명확히 정의한다. 실무진만의 회의는 결론에 도달하기 어렵고, 부서 간 갈등을 효과적으로 조정할 권한이 부족하다.

- **데이터 기반 의사결정 문화 정착** 레거시 시스템이 혼재하는 환경에서는 판매, 생산, 재고, 재무 데이터의 통합이 매우 도전적이다. 클라우드 기반 S&OP 솔루션 도입을 통해 글로벌 운영 데이터를 통합하고 인공지능 기반 데이터 검증을 활용한다.

- **인재 로테이션을 통한 통합적 리더십 육성** 다양한 관점을 이해하는 통합적 리더십을 육성하기 위해 핵심 인재들의 부서 간 순환 근무를 실시한다. 이를 통해 부서별 사일로 현상을 근본적으로 해소할 수 있다.

요약

성공적인 S&OP는 기업 경영의 핵심 요소로, 단순한 수요-공급 균형 도구를 넘어 경쟁우위를 창출하는 성장 엔진이다. 무엇보다 중요한 것은 공급망 의사결정이 결국 사람이 하는 것이라는 점이다. 최첨단 인공지능과 자동화 기술도 인간 중심의 체계적 의사결정 프로세스를 대체할 수는 없다. S&OP는 이러한 인간 중심 의사결정을 체계화하여 조직의 성장 잠재력을 실현하는 경영 혁신의 중심축이다.

5-2

효율성과 민첩성을 동시에 잡는
이중전략을 구사하라

"재고를 줄여서 비용을 절감하라"는 CFO의 압박과 "재고가 부족해서 고객을 잃고 있다"는 영업팀의 호소 사이에서 고민해 본 경영진이라면, 효율성과 민첩성의 딜레마가 얼마나 현실적인 문제인지 잘 알 것이다. 생산팀은 규모의 경제를 위해 대량생산과 표준화를 요구하지만, 마케팅팀은 시장 변화에 대응하기 위해 다양한 제품과 빠른 출시를 원한다.

전통적 경영 이론은 이를 선택의 문제로 보았다. 비용 리더십을 추구할 것인가, 차별화 전략을 택할 것인가? 효율성을 위해 민첩성을 포기할 것인가, 민첩성을 위해 비용을 감수할 것인가? 하지만 치열한 글로벌 경쟁 환경에서 이런 이분법적 선택은 더 이상 통하지 않는다. 시장에서 살아남으려면 효율성과 민첩성을 동시에 확보해야 한다.

Push와 Pull의 전략적 조합이 바로 이 불가능해 보이는 과제의 해결책이 될 수 있다. Push 전략은 예측 기반의 효율성을, Pull 전략은 수요 기반의 민첩성을 제공한다. 성공적인 공급망 설계의 핵심은 이 두 전략을 공급망의 적절한 지점에서 효과적으로 결합하는 것이다. 디커플링 포인트의 적절한 배치를 통해 기업은 규모의 경제와 시장 대응력이라는 상반된 목표를 동시에 실현할 수 있다.

Push와 Pull 전략의 이해

Push와 Pull 전략의 차이를 이해하는 것은 단순히 학술적 관심사가 아니다. 각 전략이 추구하는 가치와 운영 방식을 명확히 파악해야 자사의 상황에 맞는 최적 조합을 설계할 수 있다.

Push 전략의 핵심은 예측과 계획이다. 공급자가 시장 수요를 예측하고 이에 기반해 제품을 생산하여 시장에 공급하는 방식이다. 이 접근법에서 기업은 시장 니즈에 대한 분석을 바탕으로 제품을 선제적으로 개발하고, 이를 시장에 전략적으로 포지셔닝한다. 공급 의사결정의 주도권이 기업에 있어, 자원 배분과 생산 계획이 내부 역량과 전략적 목표에 기반하여 결정된다.

Push 전략의 가장 큰 장점은 규모의 경제와 비용 효율성이다. 예측 가능한 시장 환경에서는 대량생산을 통한 단위당 비용 절감과 표준화된 프로세스를 통한 품질 일관성 확보가 가능하다. 안정적인 수요 패턴을 바탕으로 장기 계획을 수립할 수 있어 공급업체와의 전략적 파트너십도 구축하기 용이하다.

Pull 전략의 핵심은 반응과 대응이다. 실제 소비자 수요가 공급 프로세스를 촉발하는 트리거 역할을 하며, 기업은 시장 신호에 따라 생산과 공급을 조정한다. 이 모델에서는 시장의 내재적 변동성과 불확실성을 인정하고, 완전정보의 비현실성을 받아들인다.

[그림 5-3]은 Push와 Pull 전략의 기본적인 가치흐름 메커니즘을 보여 준다. Push 전략에서는 기업에서 시장으로 향하는 일방향적 흐름이, Pull 전략에서는 시장에서 기업으로 향하는 역방향 흐름이 핵심이다. 각 전략이 시장과 기업 간의 상호작용에서 어떻게 차별화된 접근 방식을 취하는지를 보여 준다.

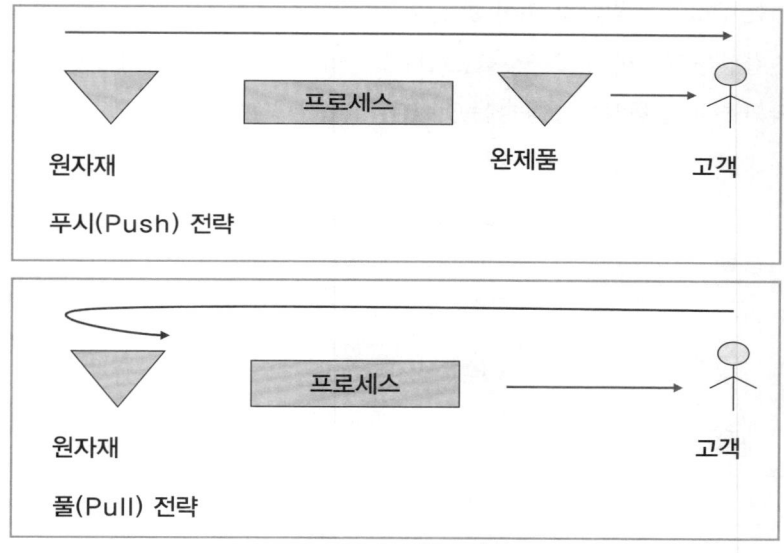

[그림 5-3] Push & Pull 전략

Pull 전략의 차별적 경쟁우위는 시장 변화 감지와 신속한 대응능력에 있다. 고객 맞춤화가 가능하고, 재고 리스크를 최소화할 수 있으며, 시장 트렌드 변화에 빠르게 적응할 수 있다. 특히 제품 생명주기가 짧고 수요 변동성이 큰 시장에서는 Pull 전략의 유연성이 중요한 경쟁우위로 작용한다.

디커플링 포인트로 효율성과 민첩성 확보

Push와 Pull 전략의 상충관계를 극복하는 개념이 바로 **디커플링 포인트(Decoupling Point)**다. 이는 공급망에서 예측 기반의 Push 시스템과 수요 기반의 Pull 시스템이 만나는 전략적 분기점을 의미한다.

디커플링 포인트의 의미는 매우 크다. 이 포인트를 기준으로 상류에서는 Push 전략으로 효율성을 추구하고, 하류에서는 Pull 전략으로 민첩성을 확보할 수 있다. 즉, 하나의 공급망 안에서 두 가지 상반된 전략의 장점을 동시에 활용하는 것이다.

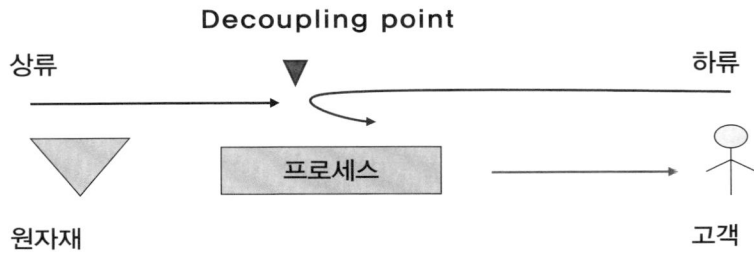

[그림 5-4] Push & Pull 디커플링 포인트[27]

[그림 5-4]는 공급망 내 디커플링 포인트의 다양한 위치 옵션과 그 전략적 함의를 제시한다. 디커플링 포인트가 상류에 위치할수록 Pull 전략의 비중이 증가하여 고객 맞춤화와 시장 대응력이 향상되지만, 동시에 운영 복잡성과 단위 원가가 상승한다. 반대로 하류에 위치할수록 Push 시스템의 경제성을 극대화하여 규모의 경제와 원가 경쟁력을 강화하지만, 수요 변동성에 대한 대응력은 제한된다.

---

27)　T. Blecker, G. Friedrich, 'Mass Customization: Challenges and Solutions', Springer, 2006

디커플링 포인트 위치 결정의 핵심 요소들

디커플링 포인트의 최적 위치는 여러 요소를 종합적으로 고려하여 결정해야 한다. 고객 주문 리드타임과 생산 리드타임의 비교를 통한 시간적 여유도 분석이 첫 번째 단계다. 고객이 기다릴 수 있는 시간보다 생산에 걸리는 시간이 길다면, 디커플링 포인트를 상류로 이동시켜 재고를 미리 확보해야 한다.

제품별 수요 변동성 분석도 중요하다. 수요 예측이 어려운 제품일수록 디커플링 포인트를 하류로 배치하여 실수요에 기반한 생산을 하는 것이 유리하다. 반대로 수요가 안정적인 제품은 상류에서 대량생산을 통해 비용 효율성을 추구할 수 있다.

재고 보유 비용과 기회손실 비용의 균형점도 고려해야 한다. 재고 비용이 높은 제품(예: 고가 전자제품)은 디커플링 포인트를 하류로 이동시켜 재고를 최소화하는 것이 좋고, 기회손실 비용이 큰 제품(예: 생필품)은 상류에서 충분한 재고를 확보하는 것이 유리하다.

아마존의 풀필먼트 센터 하이브리드 전략[28]

아마존의 풀필먼트 센터 운영은 Push와 Pull 하이브리드 전략의 가장 성공적인 사례로 평가받는다. 전통적인 소매업체들이 단순한 Push 중심 재고 관리에 의존하던 시기에, 아마존은 예측 분석과 실시간 수요

---

28) CNBC, 'Amazon can already ship to 72% of US population within a day', 2019; Amazon Science, 'How Amazon reworked its fulfillment network to meet customer demand', 2024

대응을 결합한 새로운 공급망 모델을 개발했다.

아마존의 전략은 상품 특성에 따른 이원화된 시스템 구축이었다. 고객 주문 패턴과 지역별 수요 특성에 대한 빅데이터 분석을 기반으로, 인기 상품에 대해서는 Push 전략을 통해 사전에 지역 풀필먼트 센터에 배치하고, 롱테일 상품에 대해서는 Pull 전략을 통해 중앙 허브에서 직접 배송하는 방식을 도입했다.

더 나아가 아마존은 Prime 회원의 주문 패턴을 학습하여 예측 배송(Anticipatory Shipping) 시스템까지 구현했다. 고객이 주문하기 전에 미리 지역 센터로 상품을 이동시키는 방식으로, Push와 Pull의 경계를 새롭게 재정의한 것이다.

아마존의 또 다른 혁신은 상품별 특성에 따른 디커플링 포인트의 차별적 운영이다. 일반 상품의 경우 지역 풀필먼트 센터를 디커플링 포인트로 설정하여 배송 속도를 극대화하고, 특수 상품이나 저빈도 상품의 경우 중앙 허브를 디커플링 포인트로 활용하여 재고 효율성을 추구했다.

아마존은 예측 배송과 지역 풀필먼트 센터 네트워크를 통해 배송 속도를 크게 개선하고 물류 효율성을 향상시켰다. 실제로 아마존은 8개 지역으로 구분된 네트워크를 통해 2023년 프라임 회원에게 70억 개의 제품을 당일 또는 익일 배송으로 제공했으며, 미국 패키지 시장에서 27%의 점유율을 차지하는 두 번째 대형 배송업체로 성장했다. 이러한 하이브리드 접근법은 고객 서비스 수준 향상과 동시에 운영 비용 최적화라는 두 목표를 동시에 달성하는 성공 사례로 평가받고 있다.

시장 상황별 최적 전략 선택 가이드

경영진이 직면한 가장 복잡한 전략적 과제 중 하나는 변화하는 시장 환경에서 Push와 Pull 전략의 최적 조합을 결정하는 것이다. 이러한 의사결정은 단순한 운영적 선택을 넘어 기업의 장기적 경쟁우위와 직결되는 전략적 선택이다.

Push와 Pull 전략 선택의 출발점은 시장 예측가능성과 제품 표준화 가능성을 축으로 하는 전략적 분석이다. 높은 예측가능성과 높은 표준화가 가능한 영역에서는 Push 전략이 우세하며, 낮은 예측가능성과 낮은 표준화 환경에서는 Pull 전략이 최적이다.

특히 주목할 점은 중간 영역에서의 하이브리드 접근법이다. 높은 예측가능성과 낮은 표준화 환경에서는 지연생산 방식의 혼합 전략이 효과적이다. 기본 플랫폼은 Push 방식으로 대량생산하고, 최종 맞춤화는 Pull 방식으로 처리하는 접근법이다. 반대로 낮은 예측가능성과 높은 표준화 환경에서는 모듈러 생산 방식의 하이브리드 모델이 유리하다.

성공적인 전략 실행을 위해서는 다섯 가지 영역에 대한 통합적 분석이 선행되어야 한다.

먼저 시장 **대응 여유도를 정확히 파악**해야 한다. 고객 주문 리드타임과 생산 리드타임을 비교하여 시간적 여유도를 분석하는 것이 출발점이다. 고객이 기다릴 수 있는 시간이 생산에 필요한 시간보다 짧다면, 재고를 미리 확보하는 Push 전략이 불가피하다. 반면 충분한 시간적 여유가 있다면 Pull 전략을 통해 비용 효율성을 추구할 수 있다.

다음으로 **수요 변동성의 정량적 평가**가 필요하다. 제품별 수요 변동 계수를 측정하여 예측 가능성을 객관적으로 평가해야 한다. 변동 계수가 높을수록 예측의 정확성이 떨어지므로 Pull 전략의 비중을 늘리는 것이 합리적이다. 이는 예측 실패로 인한 재고 과잉이나 품절 리스크를 최소화하는 방법이기도 하다.

경제성 분석은 전략 선택의 기준이다. 재고 보유 비용과 기회손실 비용을 정확히 비교하여 경제적 균형점을 도출해야 한다. 재고 티용이 높은 제품의 경우 Pull 전략이 유리하며, 품절로 인한 기회손실 비용이 큰 제품은 Push 전략이 효과적이다. 이러한 비용 구조 분석은 디커플링 포인트의 위치 결정에도 직접적인 영향을 미친다.

공급망 전체의 역량 수준도 중요한 고려사항이다. 공급업체의 대응 능력과 내부 생산 시스템의 유연성을 종합적으로 진단하여 상하류 제약 요인을 파악해야 한다. 아무리 이론적으로 종합적인 전략이라도 실행 역량이 뒷받침되지 않으면 무용지물이다.

마지막으로 **투자 우선순위와 재무적 고려사항**을 반영해야 한다. Push 시스템은 고정비 증가를 수반하지만 규모의 경제를 통한 단위 원가 절감을 추구하고, Pull 시스템은 변동비 구조를 통해 시장 대응 속도 향상을 목표로 한다. 하이브리드 시스템의 경우 단계적 투자를 통해 위험을 분산시키면서 점진적으로 역량을 확대해 나가는 접근법이 효과적이다.

요약

공급망에서 Push와 Pull 전략의 효과적인 조합은 기업의 시장 경쟁력을 결정하는 중요한 요소다. 디지털 기술의 발전과 글로벌 경영 환경의 불확실성 증가는 두 전략의 균형점을 끊임없이 변화시키

고 있다. 성공적인 기업은 제품 특성과 시장 상황에 맞게 디커플링 포인트를 전략적으로 배치하여 효율성과 대응성이라는 상충되는 목표를 동시에 달성한다. 이러한 균형 잡힌 공급망 관리 능력은 앞으로도 기업의 지속가능한 경쟁우위의 원천이 될 것이다.

5-3

공급망을 통제할 수 있는
조직만이 살아남는다

효율성과 민첩성을 동시에 확보하는 이중전략도 결국 공급망 전반에 대한 실시간 가시성 없이는 실행이 불가능하다. 경영진이 다음과 같은 상황에서 느끼는 무력감이 바로 그 증거다. 중요한 고객사에서 납기 지연을 문의했는데 정확한 답변을 주기까지 하루가 걸리고, 공급업체에서 원자재 공급 차질을 통보했는데 이것이 최종 제품 생산에 어떤 영향을 미칠지 즉답할 수 없으며, 재고 현황을 파악하기 위해 여러 부서에 문의해야 하는 상황 말이다. 더 심각한 것은 시장에서 긴급 상황이 발생했을 때 현재 상태를 정확히 파악하지도 못한 채 대응책을 수립해야 하는 경우다.

이런 현상의 본질은 **공급망에 대한 통제력 상실**이다. 복잡한 글로벌 공급망에서 정보, 물자, 자금의 흐름이 각각 다른 속도와 방향으로 움직이면서 전체적인 가시성이 점차 떨어지고 있다. 국경을 초월한 시장 통합과 경쟁 심화는 공급망의 복잡도를 크게 증가시켰으며, 이제 복잡성은 단순히 관리해야 할 운영상의 난제를 넘어 기업의 전략적 민첩성과 시장 대응력을 근본적으로 제약하는 구조적 장벽으로 진화했다.

[그림 5-5]는 공급망의 복합적 흐름 구조를 보여 준다. 공급망에서 정보는 상류에서 하류로, 물자는 공급업체에서 고객으로, 자금은 고객에서 공급업체로 각각 다른 속도와 타이밍으로 흐르면서 발생하는 가시성 격차와 복잡성을 보여준다. 이러한 다층적 흐름에서 가시성의 부재는 곧 통제력의 상실을 의미하며, 결과적으로 기업의 경쟁력 약화로 이어질 수밖에 없다.

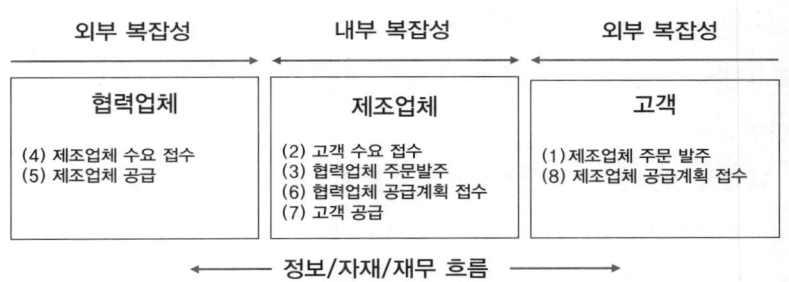

정보 흐름(1, 2, 3, 4).
자재 흐름(5, 6, 7, 8).
1부터 8까지의 숫자는 각각 작업의 순서 임

[그림 5-5] 공급망 흐름의 복잡성

공급망 통제력 확보의 핵심은 가시성과 가독성이다. **가시성으로 현재 상태를 파악하고, 가독성으로 이를 실행 가능한 행동으로 전환해야 한다.** 두 역량이 결합될 때 진정한 공급망 통제력이 완성된다.

공급망 복잡성이 기업 경쟁력을 위협한다

　오늘날 공급망은 본질적으로 정보, 물자, 자금의 삼위일체적 흐름으로 구성된 복잡한 네트워크 시스템이다. 이 시스템 내에서 파트너 간 정보 비대칭성과 데이터 왜곡은 리드타임 증가, 불필요한 안전재고 유지, 자원 낭비의 악순환을 초래한다.

　복잡성의 증가는 기업 공급망 전반에 걸쳐 다차원적인 도전을 야기한다. 운영 측면에서는 비용 구조의 비효율성과 재고 최적화의 어려움으로 나타나며, 고객 측면에서는 서비스 수준 저하와 시장 대응력 약화로 이어진다.

　복잡한 글로벌 공급망에서 정보 부족으로 인한 비효율성과 대응 지연은 기업 경쟁력을 크게 저해하는 요인으로 작용하고 있다. 이는 직접적인 재고 손실뿐만 아니라 의사결정 지연, 고객 서비스 저하, 기회비용까지 포함한 수치다.

　더 심각한 문제는 복잡성이 조직의 학습 능력을 저해한다는 점이다. 원인과 결과의 연결고리가 복잡해질수록 경험으로부터 학습하기 어려워지고, 동일한 실수를 반복할 가능성이 높아진다. 이는 조직의 적응력과 진화 능력을 근본적으로 약화시키는 요인이다.

　복잡계 이론의 관점에서 현대 공급망은 수많은 이질적 요소들이 상호 의존적 네트워크를 형성하며 끊임없이 진화하는 적응형 시스템이다. 이러한 시스템 내에서는 개별 구성요소의 단순 합산 이상의 창발적 속성이 발현되며, 작은 변화가 예측할 수 없는, 때로는 기하급수적인 결과로 증폭될 수 있다.

공급망 가시성 확보를 위한 접근법

복잡해지는 공급망에서 경쟁우위를 확보하려면 전체 과정을 투명하게 볼 수 있는 가시성이 핵심이다. **공급망 가시성이란 가치 사슬 전반에 걸친 모든 활동과 자산의 실시간 상태를 투명하게 파악하는 역량**으로 정의된다.

경영 실행 관점에서 공급망 가시성은 가치 사슬의 모든 단계에서 발생하는 변동성에 대한 즉각적인 통찰과 대응력으로 구현된다. 이는 고객 주문의 납기 정밀도, 공급 중단 상황에서의 대체 소싱 속도, 수요 급증에 대응할 수 있는 재고 탄력성, 물류 비용 최적화를 위한 동적 경로 재구성 등 핵심 오퍼레이션 지표에 대한 실시간 응답 능력으로 측정된다.

공급망 가시성의 가치를 온전히 실현하기 위해서는 그 다차원적 구성 요소를 체계적으로 이해하고 구축하는 것이 중요하다. 효과적인 가시성 체계는 세 가지 핵심 차원에서 통합적으로 접근해야 한다.

첫 번째 차원인 **프로세스 가시성**은 공급망 전반에 걸친 핵심 활동과 이벤트의 실시간 포착 및 모니터링 메커니즘을 의미한다. 이는 단순한 마일스톤 추적을 넘어, 이상 상황 감지를 위한 예외 기반 알림 시스템과 파트너십 조율을 위한 협업 플랫폼의 토대를 형성한다. 주문 접수부터 배송 완료까지의 모든 단계에서 발생하는 활동을 실시간으로 추적하고, 계획 대비 편차를 즉시 감지할 수 있는 체계를 구축하는 것이 핵심이다.

두 번째 차원인 **제품 및 자산 가시성**은 프로세스 가시성과 상호 보완적 관계에 있으면서도 물리적 영역에 초점을 맞춘다. 공급망 내 모든 물리적 자원의 위치, 상태, 이력에 대한 실시간 추적 및 모니터링 체계를 구축하는 것이 이 차원의 목표다. 규제 준수와 품질 보증을 위한 제품 이력 관리부터, 자본 자산의 생애주기 전반에 걸친 효율적 활용까지 포괄하는 개념이다. RFID, IoT 센서, GPS 추적 등 다양한 기술을 활용하여 물리적 자산의 디지털 트윈을 구현하는 것이 이 영역의 핵심 과제다.

세 번째 차원인 **성과 가시성**은 앞의 두 차원에서 수집된 정보를 의미 있는 경영 인사이트로 전환하는 역할을 담당한다. 객관적 지표와 분석을 통해 공급망 운영의 효과성을 지속적으로 측정하고 평가하는 역량이 바로 성과 가시성의 본질이다. 목표와 실제 성과 간의 괴리를 실시간으로 파악하고, 원인 분석을 통해 개선 방향을 도출하는 피드백 루프를 형성한다. KPI 대시보드, 예외 보고서, 트렌드 분석 등을 통해 의사결정자에게 실행 가능한 지능형 정보를 제공하는 체계가 완성될 때 진정한 성과 가시성이 구현된다.

가독성을 통한 실행력 확보

공급망에서 가시성을 확보했다고 해서 자동으로 가독성이 보장되는 것은 아니다. **가시성이 '정보를 볼 수 있는' 능력이라면, 가독성은 '정보를 이해하고 해석할 수 있는' 능력**이다. 복잡한 공급망 구조 속에서 발생하는 활동과 정보를 명확하게 이해하고 해석할 수 있게 만드는 체계적인 접근법이 바로 가독성 향상의 핵심이다.

가독성이 높은 공급망은 데이터와 정보의 의미를 쉽게 파악할 수 있어 신속하고 효과적인 의사 결정이 가능해진다. 이는 단순히 정보를 가시적으로 만드는 것을 넘어, 해당 정보를 적절히 해석하고 활용할 수 있는 능력까지 포함한다.

[그림 5-6]에서 제시된 공급망 이벤트 관리 프레임워크는 가시성과 가독성을 연결하는 메커니즘으로 기능한다. 이 체계는 문서화된 상태, 관찰 상태, 예상 상태라는 세 가지 상보적 상태 모델을 통해 구조화되며, 계획과 실행 간의 괴리를 모니터링하고 변동성에 선제적으로 대응하는 체계를 제공한다.

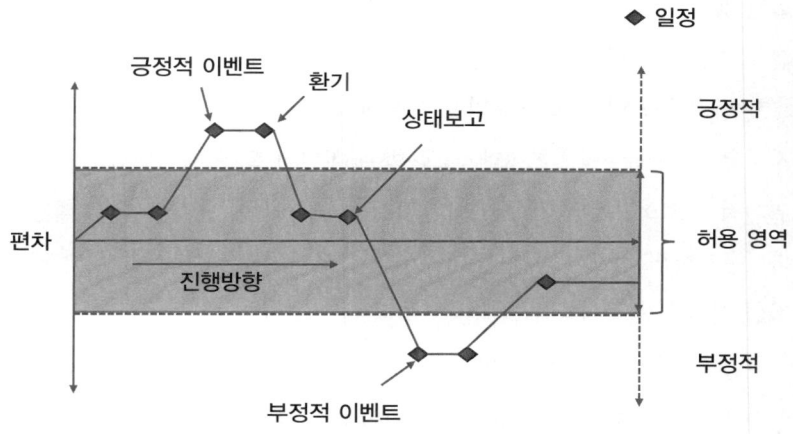

[그림 5-6] 공급망 이벤트 관리(SCEM)[29]

문서화된 상태는 공식적 프로세스 설계와 예측에 기반한 이상적 참조점으로, 계획된 활동과 그 책임 주체 간의 명확한 연계를 제공한다. 관찰 상태는 실제 운영 환경에서 포착된 현실적 프로세스 상황을 반영하며, 실시간 추적 시스템을 통해 지속적으로 업데이트된다. 예상 상태는 현재의 운영 데이터와 과거 패턴을 기반으로 한 단기 예측 모델로, 정보

---

29)   Raschid Ijioui · Heike Emmerich Michael Ceyp, 'Strategies and Tactics in Supply Chain Event Management', 2006

지연이나 불완전성을 보완하는 예측적 요소를 제공한다.

이러한 삼중 상태 모델의 핵심은 각 상태 간의 격차를 지속적으로 모니터링하여 의미 있는 신호를 추출하는 데 있다. 문서화된 상태와 관찰 상태의 차이는 계획 실행의 효율성을 나타내며, 관찰 상태와 예상 상태의 차이는 시장 변화의 조기 신호를 제공한다.

효과적인 가독성 향상을 위해서는 네 가지 핵심 차원이 유기적으로 연결된 통합적 접근이 필요하다. 이 체계는 데이터로부터 행동에 이르는 전 과정을 포괄하는 구조적인 변환 메커니즘을 구성한다.

첫 번째 차원인 **정보 구조화**는 복잡한 공급망 데이터를 체계적으로 조직하고 분류하는 방법론이다. 표준화된 데이터 분류 체계 수립, 정보의 위계적 구조화, 메타데이터 관리 시스템 구축이 이 단계의 핵심 활동이다. 구조화된 정보는 후속 단계에서의 효율적 처리와 분석을 위한 안정적인 기반을 제공한다.

두 번째 차원인 **정보 시각화**는 구조화된 데이터를 시각적 형태로 변환하여 인지적 이해도를 높이는 과정이다. 인간의 인지 능력을 고려한 직관적 표현 방식과 상황별 맞춤형 대시보드 설계가 이 영역의 핵심이다. 효과적인 시각화는 복잡한 데이터 패턴을 즉각적으로 인식할 수 있게 하여 의사결정 속도를 크게 향상시킨다.

세 번째 차원인 **분석적 해석**은 시각화된 정보를 유의미한 인사이트로 변환하는 프레임워크다. 패턴 및 추세 분석, 인과관계 파악, 예측 및 시나리오 분석을 활용하여 데이터 뒤에 숨겨진 의미를 발굴한다. 이 단계에서는 단순히 '무엇이 일어났는가'를 넘어 '왜 일어났는가'와 '앞으로 무엇이 일어날 것인가'에 대한 깊이 있는 이해를 제공한다.

마지막 차원인 **지식 활성화**는 분석된 정보를 실제 행동과 의사결정으로 연결하는 체계다. 의사결정 지원 프로토콜과 자동화된 대응 메커니즘을 구축하여 인사이트가 구체적인 비즈니스 성과로 전환되도록 한다. 이 단계에서는 지속적인 학습과 개선을 통해 공급망의 적응력과 회복탄력성을 강화하는 피드백 루프가 완성된다.

실행 전략과 경영진의 역할

공급망 가시성과 가독성 확보는 기술적 과제이기 이전에 경영진의 전략적 의지와 종합적 접근이 요구되는 변혁 과제다. 제한된 자원의 최적 배분을 위해서는 비즈니스 임팩트와 구현 복잡도를 기준으로 한 우선순위 설정이 핵심이다. 재고 가시성, 주문 추적, 공급업체 성과 모니터링과 같은 기본 요소에서 출발하여 점진적으로 예측 분석과 자동화된 대응 시스템으로 발전시켜 나가는 단계적 접근이 바람직하다.

성공적인 구현을 위해서는 6개월 단위의 단기 성과 창출과 중장기 역량 구축의 균형이 중요하다. 초기 단계에서는 기존 시스템의 데이터 통합과 기본 대시보드 구축을 통해 즉각적인 가시성을 확보하고, 이후 실시간 추적 시스템과 예외 관리 체계를 도입하여 능동적 대응력을 강화한다. 최종적으로는 인공지능 기반 예측 분석과 자동화된 의사결정 지원 시스템을 구축하여 선제적 공급망 관리 역량을 완성해야 한다.

성과 측정에서는 재고 회전율 개선, 주문 이행 정확도 향상 등의 정량적 지표와 의사결정 속도 향상, 위험 대응력 강화 등의 정성적 지표를 종합적으로 평가해야 한다. 맥킨지 글로벌 연구에 따르면, 가시성 성숙도가 높은 기업들은 공급망 비용을 15-20% 절감하고 재고 수준을

25-30% 개선하는 성과를 달성한다[30].

조직 변화 관리는 기술 도입만큼이나 중요한 성공 요인이다. 데이터 기반 의사결정 문화 조성과 부서 간 협업 체계 구축, 그리고 디지털 역량 강화가 동시에 진행되어야 하며, 특히 중간 관리층의 저항을 최소화하기 위한 명확한 역할 정의와 인센티브 체계가 필요하다. 기술 파트너 선정에서는 기존 시스템과의 통합성과 확장 가능성을 중시하되, 단일 벤더 솔루션보다는 각 영역별 최적 솔루션을 조합하는 접근법이 효과적이다.

요약

성공적인 공급망 가시성과 가독성 확보는 단순한 IT 프로젝트가 아닌 기업의 디지털 변혁 여정의 중요한 요소다. 경영진의 강력한 리더십과 체계적인 실행 계획, 그리고 지속적인 개선 의지가 결합될 때 유의미한 성과를 창출할 수 있다. 복잡성과 불확실성이 증가하는 글로벌 비즈니스 환경에서 공급망의 투명성과 이해도는 더 이상 선택이 아닌 생존의 필수 조건이 되었다.

---

30)   McKinsey & Company, 'Supply Chain 4.0 - the next-generation digital supply network', 2016

6

고객 중심 물류가
새로운 성장동력이다

　글로벌 경영환경에서 물류는 단순한 비용 센터가 아닌 전략적 차별화 요소로 부상하고 있다. 창고 중심 물류에서 직배송으로, 출발기준 납기에서 도착기준 납기로, 비용 중심에서 가치 중심으로의 전환은 기업의 핵심 경쟁력이 되었다. 이러한 패러다임 전환의 성공은 세 가지 핵심 영역의 통합적 혁신을 통해 실현된다.

　첫째, 물류 프로세스의 재설계를 통한 효율성과 고객 가치의 동시 추구이다. 전통적인 창고 중심 물류 모델은 18세기 산업혁명 이후 생산-소비 불균형을 조정하는 핵심 인프라로 기능해 왔으나, 21세기 디지털 경제와 급격한 소비자 행동 변화는 이 모델의 변화를 요구하고 있다. 직배송 전략을 통해 창고 운영을 최소화하고 고객 가치를 극대화하는 '흐름의 경제학' 구현이 새로운 경쟁력의 원천이 되고 있다.

　둘째, 고객 관점에서의 납기 관리 체계 구축이다. 많은 제조기업들이 여전히 '출하 = 납기 완료'라는 기존 사고방식에 머물러 있는 반면, 성공하는 기업들은 고객이 요구한 시간과 장소에 제품이 도착하는 시점을 진정한 납기 완료로 인식하고 있다. 역설계 접근법과 운송방식별 차별화 전략을 통해 고객 도착 시점 기준의 납기 관리 체계를 구축하는 것이 고객 신뢰를 매출 성장으로 전환하는 동력이다.

　셋째, 총소유비용 관점에서의 전략적 투자 결정이다. 물류 의사결정의 핵심은 비용 효율성과 고객 서비스 품질 사이의 균형을 찾는 것이지만, 이 균형점은 더 이상 양자택일의 문제가 아니다. 물류를 단순한 비용 센터가 아닌 가치 창출의 전략적 자산으로 인식하고, 모든 물류 의사결정을 '이것이 고객에게 어떤 가치를 창출하는가'라는 질문에서 출발할 때, 비로소 고객 중심 물류가 실현될 수 있다.

물류 부문에서 "고객에게 물류는 브랜드와의 마지막 접점이다"라는 격언이 보여 주듯, 물류는 기업이 고객에게 전달하는 최종 경험을 좌우한다. 도착기준 납기 관리가 효과적으로 이루어지지 않으면, 아무리 우수한 제품과 마케팅 전략도 고객 경험을 저해할 수 있다. 애플의 팀 쿡 CEO가 말했듯이, "공급망은 비용 센터가 아니라 전략적 차별화 요소"이다.

이 장에서는 다음과 같은 내용을 다룬다:

- **직배송 전략을 통한 창고 운영 최소화와 고객 가치 극대화:** 창고 중심 물류의 숨겨진 비용을 빙산 모델로 분석하고, 직배송을 통한 리드타임 단축과 총 물류비용 절감 방안을 알아보고, 실시간 주문 처리, 재고 가시성, 경로 최적화 등 핵심 역량을 다룬다.
- **출발기준 납기에서 도착기준 납기로의 패러다임 전환:** 고객 도착 시점 기준의 납기 관리 체계 구축 방법을 다루고, 해상·육상·항공·멀티모달 운송 특성별 차별화 전략과 엔드투엔드 가시성 확보 방안을 살펴본다.
- **물류 의사결정에서 비용효율과 고객만족의 최적 균형점 찾기:** 업종별 특성에 맞춘 차별화된 물류 전략 수립법을 이해하고, TCO 프레임워크를 통해 3PL·4PL·5PL 등 다양한 운영모델의 선택과 최적화 방안을 알아본다.

6-1

직배송으로 고객 가치와 수익성을 동시에 잡아라

　직배송(Direct Delivery)이란 제품이 생산 현장에서 최종 고객 또는 판매 지점까지 중간 창고를 거치지 않고 직접 운송되는 물류 방식이다. 전통적인 창고 중심 물류가 생산-창고-유통-고객이라는 다단계 경유 구조를 갖는다면, 직배송은 생산-고객으로 이어지는 최단 거리 연결을 구현한다. 직배송의 핵심 철학은 **'저장보다 흐름'**에 있으며, 제품을 창고라는 정적 공간에 보관하는 대신 생산 완료와 동시에 목적지를 향해 이동시키는 동적 프로세스다.

　그런데 이러한 직배송의 잠재력을 실현하기 전에, 대부분의 기업들이 놓치고 있는 물류 현실부터 파악해야 한다. 제품이 공장을 떠난 후 고객에게 도착하기까지 거치는 창고의 수, 전체 물류비용에서 창고 운영비가 차지하는 비중, 그리고 창고에서 발생하는 재고 손상율과 보관비용에 대한 파악이 바로 그것이다. 이러한 기본 정보가 불분명한 기업들은 창고 중심 물류 운영의 비효율성을 경험하고 있을 수 있다.

　오늘날 글로벌 환경에서 물류는 단순한 비용 센터가 아닌 전략적 차별화 요소로 부상하고 있다. 창고 중심 물류에서 직배송으로, 출발기준 납기에서 도착기준 납기로, 비용 중심에서 가치 중심으로의 전환은 현대 기업의 핵심 경쟁력이 되었다. 물류비가 기업 수익성에 상당한 영향을 미치지만, 더 중요한 것은 물류 성과가 고객 관계에 미치는 전략적 영향이다.

창고 중심 물류의 숨겨진 비용 함정

공급망관리의 역사적 발전 과정에서 창고는 핵심적 인프라로 기능해 왔다. 18세기 산업혁명은 창고의 역할을 기본적으로 변화시켰다. 대량생산의 등장과 함께 창고는 생산—소비의 불균형을 조정하는 완충 장치이자 규모의 경제를 구현하는 전략적 자산으로 부상했다. 생산 영역에서 포드의 컨베이어 벨트가 '효율적 생산'의 상징이었다면, 유통 영역에서 창고는 '효율적 배분'의 핵심 인프라로 자리매김했다.

그러나 21세기 디지털 경제와 소비자 행동의 변화는 이 모델의 재검토를 요구하고 있다. 창고는 과거의 해결책이 현재의 문제가 되는 대표적인 사례다. 시장의 변화 속도와 기업의 대응 민첩성 간 불일치가 점점 명확해지고 있다.

[그림 6-1]은 전통적 창고중심 물류 구조를 보여 주며, 제조업체에서 최종 소비자까지 다단계 경로에서 발생하는 복잡성과 비효율성을 시각적으로 드러낸다. CDC(Central Distribution Center), RDC(Regional Distribution Center), LDC/FDC(Local/Fulfillment Distribution Center)로 이어지는 다층적 구조는 각 단계마다 시간 지연과 비용 증가를 유발한다.

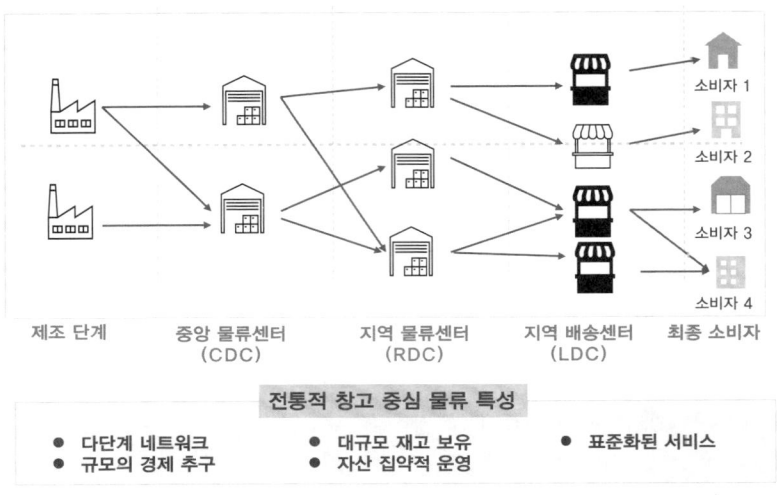

제조 단계   중앙 물류센터   지역 물류센터   지역 배송센터   최종 소비자
(CDC)   (RDC)   (LDC)

전통적 창고 중심 물류 특성

- 다단계 네트워크
- 규모의 경제 추구
- 대규모 재고 보유
- 자산 집약적 운영
- 표준화된 서비스

[그림 6-1] 전통적 창고중심 물류

창고 네트워크 확장은 기업의 성장 전략으로서 표면적 정당성을 갖는다. 시장 확대에 따른 지리적 커버리지 강화, 공급망 리스크 헤징, 규모의 경제 실현을 통한 운영 효율화, 고객 서비스 수준 향상 등이 기업의 물류 인프라 투자를 견인한다. 특히 팬데믹 이후 공급망 회복탄력성이 강조되면서, 분산된 창고 네트워크가 위기 상황에서의 복구 시간을 크게 단축시킨다는 분석은 이러한 투자 결정에 타당성을 부여한다.

그러나 이러한 단기적 합리성은 장기적 관점에서 기업 가치의 침식 요인으로 작용할 수 있다. 창고 확장 전략은 비용 구조의 경직화, 자본 효율성 저하, 운영 복잡성 증가라는 세 가지 측면에서 기업 가치에 부정적 영향을 미친다.

[표 6-1]은 창고 운영 비용 구조와 최근 수년간의 급격한 상승 추이

를 보여 준다. 가장 주목할 만한 변화는 부동산 임대료와 인건비를 중심으로 한 비용 구조의 악화다. 창고 운영비의 핵심을 차지하는 인건비는 전체 운영예산의 40-60%를 차지하며, 2021년 한 해 동안 11% 이상의 급격한 상승률을 기록했다. 공급망 중단 사태로 인한 '대퇴사' 현상과 물류업계의 구조적 인력 부족이 복합적으로 작용한 결과다.

비용 항목	비중	주요 변화 추이	출처
인건비	40-60%	• 2021년: 연간 11% 이상 상승 • 2022-2023년: 지속적 상승세	Symbia Logistics (2021)
부동산 임대료	20-30%	• 2020-2022년: 평방 피트당 비용 2배 증가 • 2022년: 기록적 상승 • 2023년: 완만한 상승 지속	Warehouse Quote (2023)
유지보수/운영비	15-20%	• 2021년: 목재 19% 이상 상승 • 팬데믹 이후: 건설자재 급등	CBRE (2023-2024)
에너지/유틸리티	8-12%	• 인플레이션에 따른 지속적 상승	업계 일반
보험/기타	5-10%	• 보험료 상승세 지속	업계 일반

[표 6-1] 창고 운영 비용 구조 및 상승 추이 분석[31]

부동산 임대료의 상승은 더욱 현저하다. 2020년부터 2022년까지 평방 피트당 창고 임대 비용이 2배 가까이 증가했으며, 이는 전자상거래 급성장으로 인한 창고 공간 수요 폭증과 역대 최저 수준의 공실률(3.5%)이 맞물린 결과다. 유지보수 및 운영비 역시 팬데믹 이후 건설 자재 가격 급등의 직격탄을 받았다. 2021년 목재 가격만 19% 이상 상승했으며, 전체 건설비용은 소비자물가지수(CPI) 상승률의 약 2.5배에 달하는 증가율을 보였다.

이러한 비용 상승은 2018년부터 시작된 지속적인 상승세가 팬데믹을

---

31) Symbia Logistics, 'Understanding the Increasing Costs of Warehousing', 2021; WarehouseQuote, 'Q1 2023 Warehouse Pricing Index Report', 2023; CBRE, 'Warehouse & Distribution Construction Cost Trends 2023-2024', 2023.

계기로 가속화된 것으로, 창고 중심 물류 모델의 구조적 취약성을 드러낸다. 창고라는 고정 자산에 의존하는 전통적 물류 방식은 부동산 시장의 변동성과 노동시장의 불안정성에 직접적으로 노출되어 있으며, 이는 기업의 물류비용 예측가능성을 저해하는 요인으로 작용하고 있다.

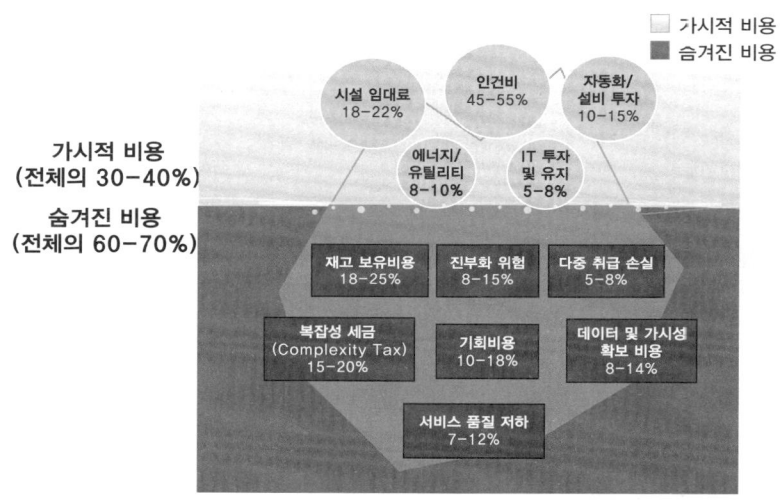

[그림 6-2] 창고중심 물류비용 빙산 모델

[그림 6-2]가 드러내는 중요한 현실은 많은 경영진들이 오해하고 있는 물류비용의 실체다. 대부분의 기업이 물류비용으로 인식하는 창고 임대료, 운영 인건비, 운송비 등 눈에 보이는 비용은 실제로는 빙산의 일각에 불과하다. 이러한 가시적 비용이 전체 물류비용에서 차지하는 비중은 겨우 30~40% 수준이며, 진짜 문제는 수면 아래 숨어 있는 거대한 비용 덩어리에 있다.

수면 아래 잠재된 60~70%의 숨겨진 비용은 기업 수익성을 조용히

잠식하는 보이지 않는 적이다. 연간 재고가치의 20-30%에 달하는 재고유지비용은 기업의 현금흐름을 방해하고, 창고에 묶인 자본의 기회비용은 다른 성장 투자 기회를 제한한다. 보관 과정에서 발생하는 제품 손상과 진부화는 매출 손실로 직결되며, 다중 거점을 관리하는 복잡성은 조직의 민첩성을 저해한다. 무엇보다 재고 과잉과 부족이 반복되는 예측 불가능성은 기업의 경쟁력 자체를 위협한다.

이 빙산 모델이 시사하는 바는 명확하다. 창고 중심 물류에 안주하는 기업은 보이는 비용만 관리하며 진짜 출혈 지점을 놓치고 있다는 것이다. 진정한 물류 혁신은 수면 위 비용이 아닌, 수면 아래의 숨겨진 비용을 제거할 때 비로소 시작된다.

직배송이 창출하는 핵심 가치

직배송은 단순히 물류 방식을 바꾸는 것이 아니라, 공급망이 가치를 만드는 방식 자체를 새롭게 정의하는 것이다. 이는 기존의 다중 노드 기반 저장-이동 체계에서 벗어나, 생산 지점과 소비 지점을 직접 연결함으로써 가치 흐름의 최적화를 실현하는 전략적 접근법이다.

직배송의 '흐름의 경제학'은 전통적 '규모의 경제'와 다른 가치 창출 방식이다. 규모의 경제가 집중화와 대량화를 통한 단위 비용 절감에 초점을 맞춘다면, 흐름의 경제학은 속도, 유연성, 정확성을 통한 가치 창출에 중점을 둔다.

직배송의 가치는 세 가지 차원에서 발현된다. **첫째, 전례 없는 속도 경쟁력이다.** 직배송은 물류 프로세스에서 비부가가치 활동을 제거함으로

로써 전체 리드타임을 평균 46% 단축시킨다. **둘째, 제품 무결성의 상당한 보전이다.** 취급 빈도 최소화로 손상율을 최대 67%까지 절감시키며, 특히 신선식품과 정밀 제품에서 그 효과가 두드러진다. **셋째, 물류비용구조의 효율적인 최적화다.** 다계층 취급 및 보관 비용을 제거함으로써 총 물류비용을 12~23% 절감할 수 있다.

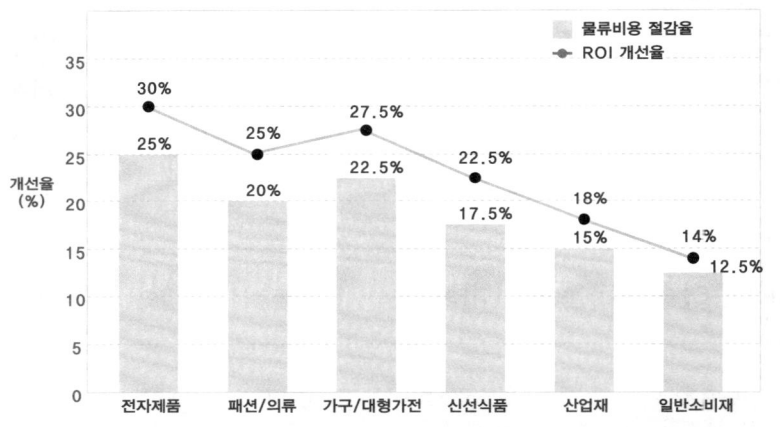

[그림 6-3] 산업별 직배송 도입에 따른 경제적 효과 비교[32]

[그림 6-3]은 산업별 직배송 도입에 따른 경제적 효과 비교를 보여주며, 제품 특성에 따른 차별화된 성과를 시각적으로 제시한다. 전자제품과 정밀기기 분야에서 특히 높은 효과를 보이는 것은 제품 가치 대비 부피가 작고, 손상에 민감한 특성 때문이다.

---

32) Mordor Intelligence, 'Electronics Manufacturing Services Market Report', 2024를 바탕으로 저자 재구성

직배송 전략의 가치는 기업 재무구조 전반에 걸쳐 종합적으로 발현된다. 손익 측면에서 직배송은 '이동 중인 재고'를 통해 재고회전율을 최대한 향상시키며, 연간 재고유지비용을 대폭 절감한다. 또한 대차대조표 관점에서는 직배송 선도 기업들이 ROA 2.7%포인트 상승과 운전자본 회전율 1.8배 향상을 기록했다.

직배송은 운영 효율성 너머 고객 경험의 전략적 혁신을 가능케 한다. 중간 단계 제거를 통해 배송시간을 대폭 단축시켜 고객 만족도를 크게 향상시킨다. 또한 브랜드-소비자 간 직접 접점 창출을 통해 즉각적 피드백 수집, 실시간 인사이트 획득, 일관된 브랜드 메시지 전달의 기회를 제공한다.

성공적 직배송 구현의 핵심 역량

직배송 모델의 성공적 전환은 단편적 프로세스 개선이 아닌 전반적 조직 역량의 재설계를 요구한다. 상위 성과 기업들이 공통적으로 보유한 핵심 조직 역량은 다섯 가지로 구분된다.

실시간 주문 처리 시스템은 주문 접수부터 배송 지시까지의 종단 간 프로세스를 몇 분 이내로 처리하는 역량으로, 직배송의 시간적 우위를 결정짓는 핵심 요소다. 이를 위해서는 ERP와 WMS의 완전한 통합, 자동화된 주문 검증 시스템, 실시간 재고 할당 알고리즘이 구현되어야 한다.

재고 가시성은 높은 재고 정확도가 필수적이며, RFID와 IoT 센서 기술로 구현된다. 직배송 환경에서는 중간 창고의 완충 기능이 없기 때문에 재고 정확성이 더욱 중요하다. 실시간 재고 추적을 통해 고객 주문 시점에서 즉시 배송 가능 여부를 확인할 수 있어야 한다.

다변수 경로 최적화 역량은 인공지능 기반 동적 경로 최적화를 통해 운송비를 절감한다. 교통 상황, 기상 조건, 배송 지역 특성, 고객 수령 시간 등 다양한 변수를 실시간으로 고려하여 최적 경로를 산정하는 시스템이 필요하다.

파트너 생태계 통합은 "정보가 제품보다 먼저 흐르게 하라"는 원칙하에 공급자-운송사-고객 간 API 기반 데이터 통합을 구축한다. 직배송 성공을 위해서는 모든 이해관계자가 실시간으로 정보를 공유하고 협력할 수 있는 디지털 플랫폼이 필요하다.

마지막으로 **예외 관리 역량**은 직배송의 높은 변동성 환경에서 예측적 알림 시스템을 통한 선제적 문제 해결을 담당한다. 교통 지연, 제품 품절, 고객 부재 등 다양한 예외 상황에 대한 표준화된 대응 프로세스와 실시간 커뮤니케이션 체계가 필요하다.

이러한 역량들은 개별적으로 개발되기보다 통합 디지털 플랫폼을 통해 시너지를 창출할 때 그 효과가 극대화된다. 성공적 직배송 전환의 본질은 기술 그 자체보다 "프로세스, 인적 자원, 기술 역량의 삼위일체적 통합"에 있다.

LG전자-LX판토스 협력 기반 글로벌 직배송 모델[33]

LG전자는 글로벌 시장에서의 물류 효율성 향상을 위해 전문 물류기

---

33) LX판토스 및 LG전자 공개자료를 기준으로 저자 재구성.

업 LX판토스와의 협력을 통한 직배송 운영모델을 구축하고 있다. 이는 전통적인 판매법인 중심의 다단계 유통구조에서 벗어나, 생산지에서 해외 주요 유통업체로 직접 배송하는 시스템이다.

기존 모델에서는 한국 생산기지에서 출고된 제품이 각국 판매법인의 창고를 거쳐 현지 유통업체에 공급되는 방식이었다. 이 과정에서 상당한 추가 리드타임이 발생했으며, 판매법인 창고 운영비용과 이중 취급에 따른 물류비용이 지속적으로 증가하고 있었다. 이러한 한계를 극복하기 위해 LG전자는 LX판토스의 글로벌 네트워크를 활용한 공장-유통업체 직배송 모델을 구축했다. 이 모델의 핵심은 국내외 주요 생산기지에서 생산된 제품을 판매법인 창고를 경유하지 않고, 현지 주요 유통업체의 배송센터로 직접 운송하는 체계다.

이를 위해 양사는 통합 물류 관리 체계를 구축하여 LG전자의 생산 계획 시스템과 LX판토스의 글로벌 물류 네트워크를 체계적으로 연결했다. 주요 유통업체의 주문 정보가 생산 계획에 직접 반영되도록 하고, 데이터 분석을 통한 수요 예측으로 지역별 배송 루트를 최적화한다. 또한 유통업체별 특화된 포장 및 라벨링 서비스를 제공하여 현지 유통 요구사항에 맞춤화된 서비스를 구현하고 있다.

이러한 협력 모델을 통해 글로벌 주요 시장에서 배송 리드타임이 크게 단축되었으며, 중간 단계 제거로 인한 비용 절감과 제품 품질 향상을 동시에 달성했다. 통합 추적 관리를 통한 가시성 확보로 재고 관리 정확도도 대폭 향상되었다. 현재 LG전자는 이 모델을 글로벌 차원으로 확산시키고 있으며, 향후 운영 프로세스의 지속적인 개선을 통해 글로벌 직배송의 효율성을 더욱 높여 갈 계획이다.

직배송 전략은 단순한 물류 옵션이 아닌 기업 경쟁력의 핵심 요소로 부상하고 있다. 물류 비용 구조 개선, 고객 경험 향상, 자산 효율성 증대라는 세 가지 중요한 가치를 동시에 창출할 수 있는 이 접근법은 디지털 기술의 발전과 함께 더욱 강력한 옵션이 되고 있다. 성공적인 직배송 구현을 위해서는 제품 특성에 따른 최적 모델 선택, 핵심 디지털 역량 구축, 그리고 점진적이고 체계적인 전환 접근법이 요구된다. "소유에서 흐름으로, 저장에서 이동으로"라는 패러다임 전환을 통해 미래 공급망의 경쟁력을 확보해야 한다.

6-2

도착기준 납기로
고객 신뢰를 매출 성장으로 전환하라

21세기에 접어든 지 25년이 지난 현재에도 많은 제조기업들이 '제품이 공장 문을 나서면 납기 완료'라는 전통적 관점을 유지하고 있다. 이러한 출발기준 사고방식은 운영 효율성뿐만 아니라 기업의 경쟁력과 고객 관계에도 영향을 미치는 중요한 개선 과제가 되고 있다.

출발기준 납기(Departure-based Delivery)는 제품이 공장이나 창고를 떠나는 시점을 납기 달성의 기준으로 삼는 공급자 중심적 관점이다. 이 방식에서 기업의 책임과 통제는 '출하 완료' 순간에 종료되며, 이후 발생하는 모든 변수는 운송업체나 외부 요인의 몫으로 간주된다. 출발기준 사고의 핵심 논리는 "우리가 약속한 날짜에 제품을 보냈으니 납기를 지켰다"는 것이다.

반면 도착기준 납기(Arrival-based Delivery)는 고객이 요구한 시간과 장소에 제품이 실제로 도착하는 시점을 납기 달성의 기준으로 삼는 고객 중심적 관점이다. 이 패러다임에서 기업의 책임은 고객이 제품을 완전히 수령할 때까지 지속되며, 전체 공급망 프로세스에 대한 엔드투엔드 관리를 요구한다. 도착기준 사고의 핵심 명제는 "고객이 원하는 시간에 원하는 장소에서 완전한 제품을 받았을 때 비로소 납기가 완료된다"는 것이다.

이 두 관점의 차이는 단순한 측정 기준의 문제가 아니다. 출발기준은 기업 내부 효율성에 최적화된 시스템이고, 도착기준은 고객 가치 창출에 최적화된 시스템이다. 전자는 통제 가능한 범위 내에서의 성과 달성에 집중하는 반면, 후자는 고객 경험 전체에 대한 책임을 수용한다.

한국 제조업체들의 현황을 살펴보면 이러한 과제가 실제로 존재함을 확인할 수 있다. 적지 않은 국내 제조기업들이 출하 시점을 납기 관리의 주요 지표로 사용하고 있으며, 최종 고객 도착까지의 프로세스 가시성은 개선 여지가 있는 상황이다. 특히 중소 제조기업의 경우 물류 파트너에 대한 의존도가 높아 제품이 공장을 떠난 후의 상황을 실시간으로 파악하는 데 어려움을 겪고 있다.

오늘날 고객의 기대치는 이미 출발기준 사고를 뛰어넘었다. 아마존, 쿠팡과 같은 플랫폼이 정의한 새로운 배송 표준은 '언제 출발했는가'가 아닌 '언제 도착하는가'에 모든 가치를 집중한다. 고객에게는 제품이 창고에서 출발한 시점이나 운송 중인 상태보다 자신의 손에 정확한 시간에 온전한 상태로 도달하는 것만이 의미 있는 성과다.

이는 단순한 고객 경험의 문제가 아니라 비즈니스 생존의 문제다. 배송 경험에 실망한 고객의 상당수가 해당 브랜드와의 재거래를 중단하는 것으로 나타났으며, 부정적 배송 경험은 기업의 연간 매출에 상당한 손실을 초래한다. 반면 도착기준 납기 관리를 통해 배송 예측 정확도를 높인 기업들은 고객 생애가치가 평균 28% 증가하는 성과를 보이고 있다.

출발기준 사고가 초래하는 경영 리스크

출발기준 납기 관리의 문제는 고객 경험과 내부 성과 지표 간의 괴리다. 기업 내부에서는 출하율 100% 달성으로 성공적인 납기 관리라고 평가하지만, 정작 고객은 지연된 배송으로 불만을 제기하는 상황이 빈번하게 발생한다. 이러한 인식 격차는 고객 불만의 근본 원인을 파악하기 어렵게 만들고, 결과적으로 지속적인 고객 이탈로 이어진다.

출발기준 사고의 두 번째 함정은 물류 프로세스에 대한 제한적 통제력이다. 제품이 공장을 떠난 후 발생하는 모든 변수들, 즉 운송 지연, 중간 경유지에서의 대기 시간, 최종 배송 과정에서의 문제들에 대해 기업이 직접적으로 관리하거나 대응할 수 있는 여지가 제한적이다. 특히 다중 운송업체를 활용하는 복잡한 공급망에서는 각 단계별 책임 소재가 불분명해져 문제 해결이 더욱 어려워진다.

세 번째 리스크는 예측 가능성의 부족이다. 출발 시점만을 관리하는 시스템에서는 고객에게 정확한 도착 시간을 약속하기 어렵다. 이는 불확실한 배송 정보로 인한 고객 불안감을 증대시키고, 결과적으로 고객 경험 전반을 저해하는 요인이 된다. 특히 B2B 거래에서는 이러한 불확실성이 고객사의 생산 계획이나 재고 관리에 직접적인 영향을 미쳐 더 큰 문제로 확산될 수 있다.

마지막으로 경쟁력 상실의 위험이다. 도착기준 납기 관리를 통해 정확하고 신뢰할 수 있는 배송 서비스를 제공하는 경쟁사에 비해 상대적으로 열위에 놓이게 된다. 특히 고객 만족도가 재구매 결정에 직접적인 영향을 미치는 시장에서는 이러한 격차가 시장 점유율 하락으로 직결될 수 있다.

운송방식별 도착기준 납기 전략

글로벌 공급망에서 제품이 생산 현장에서 최종 고객에게 전달되는 여정은 해상, 육상, 항공, 그리고 이들의 전략적 조합인 멀티모달 운송을 통해 이루어진다. 각 운송 방식은 고유한 특성과 제약을 가지고 있으며, 도착기준 납기 패러다임에서는 이러한 특성을 정확히 파악하고 시간가치와 비용효율성의 최적 균형점을 찾는 것이 중요하다.

해상물류는 글로벌 무역의 동맥 역할을 하며, 한국 수출의 대부분이 해상을 통해 이루어지는 현실에서 그 중요성은 매우 크다. 해상물류의 본질적 가치는 대량 화물의 장거리 운송을 저비용으로 실현할 수 있다는 점이지만, 도착기준 납기 관리 측면에서는 세 가지 구조적 과제에 직면한다.

첫째는 장기적 운송 기간으로 인한 예측 불확실성이다. 한국-미국 동부 간 약 30일, 한국-유럽 간 약 35일이라는 긴 리드타임은 기상, 항만 혼잡, 통관 지연 등 다수의 변수 개입 가능성을 증가시킨다. 둘째는 복합 프로세스와 다중 이해관계자의 개입이다. 해상물류는 원산지 내륙 운송부터 최종목적지 배송까지 평균 20개 이상의 조직이 관여하는 복잡한 생태계다. 셋째는 외부 변수에 대한 취약성으로, 수에즈 운하 봉쇄나 최근의 홍해 위기가 보여 주듯 단일 지점의 문제가 전체 공급망에 연쇄적 파급효과를 미칠 수 있다.

해상물류의 도착기준 납기 관리를 위해서는 충분한 버퍼 타임 확보, 실시간 위치 추적 시스템 구축, 항만-내륙 연계 가시성 확보가 요구된다. 특히 아시아-유럽 노선의 경우 5-7일, 아시아-북미 노선의 경우 3-5일의 버퍼를 반영한 계획 수립이 필요하며, AIS(선박자동식별시스템)와 IoT 센서를 활용한 실시간 모니터링 체계 구축이 중요하다.

육상물류는 글로벌 공급망의 첫 출발점이자 마지막 연결고리로서, 전체 물류 프로세스의 시작과 끝을 담당한다. 한국 내 물류의 대부분이 육상운송을 통해 이루어지며, 특히 라스트마일 단계에서 고객 경험에 가장 직접적인 영향을 미친다. 육상물류의 도착기준 납기 관리에서 핵심은 경로 유연성의 실시간 최적화다. 광범위한 도로 네트워크는 교통 체증, 기상 악화, 도로 폐쇄 등의 상황에서 대체 경로 활용 가능성을 제공하며, 동적 경로 최적화 시스템 도입 시 평균 운송 시간 12-18% 단축 효과를 얻을 수 있다.

라스트마일 전략의 고도화는 육상물류에서 가장 중요한 차별화 요소다. 전체 물류 비용의 28%를 차지하는 라스트마일은 배송지 특성, 교통 상황, 고객 수령 가능 시간 등 미시적 변수들로 인해 표준화가 어려운 영역이다. 그러나 바로 이 단계가 고객 경험을 결정하는 결정적 순간이므로, 정확한 도착 시간 예측과 실시간 정보 제공이 중요하다.

항공물류는 글로벌 공급망의 속도 경쟁이 심화되면서 시간 민감성이 높은 제품 운송의 전략적 수단으로 그 가치가 증대되고 있다. 한국-미국 동부 간 약 14시간, 한국-유럽 간 약 11시간으로 해상운송 대비 리드타임이 약 1/60로 단축되는 압축된 시간 가치를 제공한다. 시장 출시 시간 25% 단축 시 제품 생애주기 수익이 평균 50% 증가한다는 연구 결과는 항공물류의 전략적 가치를 명확히 보여 준다.

항공물류의 높은 정밀도와 신뢰성은 JIT 생산방식을 채택한 기업이나 계절성이 강한 패션 업계에 결정적 가치를 제공한다. 항공화물의 정시 도착률은 평균 85%로 해상운송(65%)이나 국제 육상운송(75%)보다 높다. 다만 항공운송은 해상운송 대비 10-15배 높은 비용과 톤-킬

로미터당 25배 높은 탄소 배출량을 수반하므로, 시간가치와 연계한 정교한 비용-편익 분석이 필요하다.

멀티모달 전략은 다양한 운송 수단의 전략적 조합을 통해 단일 모드의 한계를 극복하는 통합적 접근법이다. 전략적으로 설계된 멀티모달 체계는 단일 수단 대비 운송 비용 15-25% 절감, 총 리드타임 10-20% 단축 효과를 제공한다. 장거리 구간은 해상운송의 비용 효율성을, 내륙 간선은 철도의 안정성을, 최종 배송은 도로운송의 유연성을 활용하는 모드별 최적화가 핵심이다.

역설계 접근법과 엔드투엔드 가시성

도착기준 납기 관리의 철학적 핵심은 물류 시스템의 중심축을 공급자에서 고객으로 전환하는 것이다. 이러한 패러다임 전환을 실질적으로 구현하는 핵심 방법론이 바로 역설계(Backward Planning) 접근법이다. 역설계는 전통적인 공급자 중심의 푸시(Push) 방식 계획과 달리, 고객의 요구 시점에서 출발하여 거꾸로 전체 공급망을 설계하는 풀(Pull) 방식의 전략이다.

[그림 6-4]는 도착기준 패러다임의 역설계 프로세스를 보여 준다. 고객의 요구 도착 시점을 고정점으로 설정하고, 이로부터 역산하여 모든 선행 단계의 일정과 소요 시간을 산정하는 체계적 접근법이다. 역설계의 출발점은 단순한 질문에서 시작된다. "고객이 언제, 어디서, 어떤 상태로 제품을 받기 원하는가?" 이 질문에서 시작하여 물류 계획자는 목표 도착 시점으로부터 역으로 모든 선행 단계의 일정과 소요 시간을

산정한다.

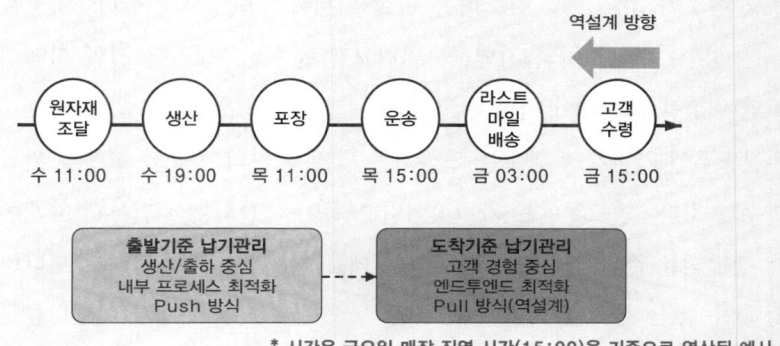

[그림 6-4] 도착기준 패러다임의 역설계

실무적 관점에서 역설계 프로세스는 여러 단계로 구체화된다. 먼저 고객 도착 요구 시점의 명확한 정의가 필요하다. 유통업체의 매장 진열 시간과 같은 구체적 시점이 전체 계획의 고정점이 된다. 도착 시간을 1시간 단위로 구체화한 기업은 일자 단위 관리 기업보다 납기 준수율이 15% 높다는 연구 결과는 이러한 정밀성의 중요성을 보여 준다.

다음으로 공급망 세분화와 구간별 리드타임 산정이다. 최종 도착지에서부터 모든 선행 단계의 소요 시간을 역산한다. 예를 들어, 금요일 오후 3시 매장 도착을 위해서는 매장 내 하역(1시간), 배송(12시간), 출하 준비(4시간), 포장(2시간), 생산(8시간), 원자재 준비(6시간)를 역산하여 수요일 오전 11시에 원자재 준비를 시작해야 한다는 구체적 계획이 수립된다.

운송 모드별 특성을 고려한 리드타임 조정도 중요하다. 해상물류는 긴 리드타임과 변동성을 고려한 충분한 버퍼 시간이 필요하며, 육상물류는 시간대별 교통 패턴을 반영해야 한다. 서울 출퇴근 시간대의 경우 평균 속도가 30-50% 감소하는 현실을 계획에 반영해야 한다. 항공물류는 성수기 화물 처리 지연을, 멀티모달 운송은 모드 간 전환 지점의 지연 위험을 고려해야 한다.

엔드투엔드 가시성 확보는 도착기준 납기 관리의 성공적 실행을 위한 필수 요소다. 엔드투엔드 가시성이란 제품이 생산되는 순간부터 고객에게 전달되는 순간까지 모든 이동과 상태를 실시간으로 추적하고 모니터링할 수 있는 능력을 의미한다. 이는 단순한 기술적 문제가 아닌, 공급망 전체를 통합적으로 바라보는 관점의 전환에서 시작된다.

엔드투엔드 가시성을 확보한 기업은 공급망 지연을 감소시키고 고객 만족도를 향상시킬 수 있는 것으로 나타났다. 가시성 확보를 위한 핵심 요소는 크게 세 가지로 구분된다. 첫째, 데이터 수집을 위한 센싱 기술(RFID, IoT 센서, 텔레매틱스 등)의 구축이다. 둘째, 수집된 데이터를 분석하고 의미 있는 인사이트로 변환하는 분석 시스템이다. 셋째, 이러한 정보를 모든 이해관계자가 쉽게 접근하고 활용할 수 있는 통합 플랫폼 구축이다.

성과 측정 방식의 전환도 필요하다. 기존의 출하 준수율, 생산 계획 달성율과 같은 내부 효율성 중심의 지표에서 약속 시간 내 도착률, 완전 배송률, 고객 주문 리드타임, 배송 상태 가시성 지수와 같은 고객 경험에 직접 연결된 성과 지표로의 전환이 필요하다. 내부 중심적 KPI만을 사용하는 기업의 68%는 고객 만족도와 내부 성과 지표 사이의 괴리를 경험하고 있다는 연구 결과는 이러한 전환의 필요성을 명확히 보여준다.

KFC의 내부 효율성 중심 접근이 초래한 공급망 위기[34]

2018년 2월, 영국 전역의 KFC 매장에서 일어난 사건은 내부 운영 효율성만을 추구하는 접근방식(출발기준 사고와 무관하지 않은)이 어떻게 브랜드 신뢰도와 비즈니스 연속성에 혼란을 줄 수 있는지를 보여 주는 사례다.

발단은 KFC가 기존 물류 파트너 Bidvest Logistics의 6개 지역 배송센터를 DHL Supply Chain의 단일 중앙 물류센터로 통합한 결정이었다. 이는 물류센터 내부의 운영 효율성과 비용 절감에 집중한 결과였다. 물류센터에서 제품이 출고되는 순간 핵심 업무가 완료된다고 보는 관점에서, 내부 프로세스의 효율성만 고려한 것이었다. 고객 중심적 접근이었다면 고객(영업점)이 치킨을 받을 때까지의 전체 과정에서 리스크 분산과 시스템 안정성을 우선 고려했을 것이다.

2018년 2월 14일 DHL이 업무를 시작한 첫날부터 문제가 발생했다. Rugby 인근 교통사고로 배송 차량 출발이 지연된 데다, DHL의 냉장 식품 물류 경험 부족과 새로운 IT 시스템 버그가 겹치면서 주문 처리와 배송 스케줄링에 혼란이 발생했다. 결과는 심각했다. 2월 18일까지 영국 내 870개 KFC 매장 중 단 266개만 정상 운영되었고, 나머지 700개 이상이 문을 닫았다. 상당량의 치킨이 온도 관리 실패로 상했으며, 1분기 동종 매장 매출 2% 감소, 영업이익 5% 하락이라는 직접적 타격을 입었다.

KFC 사태의 근본 원인은 내부 효율성 중심 사고에 기인한 세 가지 오판이었다. 첫째, 내부 운영 효율성만 고려한 단일 물류센터 의존으로

---

34)　Supply Chain Dive, 'KFC recovers from DHL disruption', 2018

단일 실패점을 생성했다. 둘째, 내부 프로세스 완료를 성공으로 보는 시각으로 인해 이후 과정, 특히 온도 유지 같은 품질 보장 요소를 간과했다. 셋째, 내부 운영 최적화에만 집중하여 충분한 검증 없이 성급한 전면 전환을 시도했다.

이 사례는 내부 효율성만 추구할 때 놓치기 쉬운 위험을 보여 줬다. 고객 중심적 접근이었다면 다중 거점 유지, 파트너의 전체 역량 검증, 단계적 전환을 통한 안정성 확보 등 고객 경험까지의 전체 여정을 보장하는 다른 전략을 택했을 것이다. KFC는 이후 물류 파트너를 다변화하고, 고객 경험 기준의 성과 지표를 도입하여 이러한 참사를 방지하기 위한 시스템을 구축했다.

요약

도착기준 납기 관리는 공급망관리에서 기업 경쟁력의 핵심 요소다. 제품이 공장을 출발하는 시점이 아니라 고객에게 도착하는 시점을 기준으로 성과를 측정하고 관리하는 이 패러다임 전환은 단순한 관점의 변화가 아닌, 공급망 관리 철학과 실행 체계의 혁신을 요구한다. 이는 역설계 접근법을 통한 고객 중심의 공급망 재설계, 운송 방식의 전략적 통합, 고객 중심 성과 지표로의 전환, 그리고 엔드투엔드 가시성 확보를 통해 실현될 수 있다.

6-3

TCO 기반 물류 투자로
지속적인 경쟁우위를 구축하라

물류 담당 임원들이 직면하는 가장 어려운 딜레마가 있다. 한쪽에는 물류비용 절감을 통한 수익성 확보라는 재무적 압박이 있고, 다른 한쪽에는 납기준수를 통한 고객만족이라는 서비스 요구가 있다. 이 두 목표는 마치 시소의 양 끝처럼 하나가 올라가면 다른 하나는 내려가는 관계로 인식되어 왔다. 그러나 이제 오늘날 경쟁 환경에서는 이러한 이분법적 접근이 더 이상 유효하지 않다.

물류비용은 일반적으로 기업 매출의 8-10% 수준을 차지하며, 업종별로는 소비재 포장업계 6-8%, 전자상거래 12-20% 등으로 상이하다. 납기 성과는 고객 유지율과 직접적인 상관관계를 가지며, 배송 지연은 고객 이탈의 주요 요인 중 하나로 작용한다. 납기준수가 고객 유지와 매출 안정성에 중요한 요소임을 보여 준다[35].

이런 딜레마 속에서 많은 기업들이 양자택일적 접근을 시도해 왔다. 비용 중심 기업은 물류비용 절감에 초점을 맞추어 시장에서 가격 경쟁

---

35) Council of Supply Chain Management Professionals (CSCMP), '2023 State of Logistics Report', 2023; Bain & Company, 'Are Your Distribution and Transportation Costs Out of Control?', 2018.

력을 확보하는 전략을 취했고, 서비스 중심 기업은 고비용 구조를 감수하며 우수한 납기서비스로 프리미엄 시장을 공략했다. 그러나 고객들은 합리적인 가격과 우수한 서비스를 동시에 요구하고 있으며, 이에 부응하지 못하는 기업은 시장에서 도태되고 있다.

여기서 우리는 물류 관리의 중요한 원칙을 재발견하게 된다. 물류의 궁극적 목적은 무엇인가? 그것은 단순히 비용을 줄이거나 서비스 수준을 높이는 것이 아니라, 고객에게 가치를 전달하는 것이다. 물류비용 절감과 납기준수 사이의 선택에서 기준점은 언제나 '고객'이어야 한다. 고객 가치 창출이라는 렌즈를 통해 물류를 바라볼 때, 우리는 비용과 서비스 사이의 이분법을 넘어서는 통합적 접근법을 발견할 수 있다.

고객 중심 물류의 개념과 가치

고객 중심 물류란 물류 활동의 설계와 운영에서 고객의 요구와 가치를 최우선으로 고려하는 접근법이다. 전통적인 물류 관리가 내부 효율성에 초점을 맞추었다면, 고객 중심 물류는 고객 경험과 가치 창출에 초점을 맞춘다. 이는 단순히 고객이 원하는 서비스 수준을 제공하는 것을 넘어, 고객의 비즈니스 성공에 기여하는 방향으로 물류 활동을 재구성하는 것을 의미한다.

고객 중심 물류의 핵심은 **고객 세분화와 차별화된 가치 제안**에 있다. 모든 고객이 동일한 물류 서비스를 원하는 것은 아니며, 같은 고객이라도 상황에 따라 다른 요구사항을 가질 수 있다. 예를 들어, 자동차 제조업체에 부품을 공급하는 협력사는 정시 납품의 신뢰성이 가장 중요한 반면, 계절성 소비재를 취급하는 유통업체는 유연한 물류 대응력이 더 중요할 수 있다.

고객 중심 물류 전략을 성공적으로 실행한 기업들은 평균적인 기업들보다 상대적으로 높은 이익 성장률을 보인다. 이는 고객 중심 물류가 단순한 서비스 개선 이상의 비즈니스 가치를 창출할 수 있음을 보여 준다. 고객 중심 물류의 가치는 수익 증대, 비용 최적화, 전략적 협력, 시장 인사이트라는 네 가지 측면에서 나타난다.

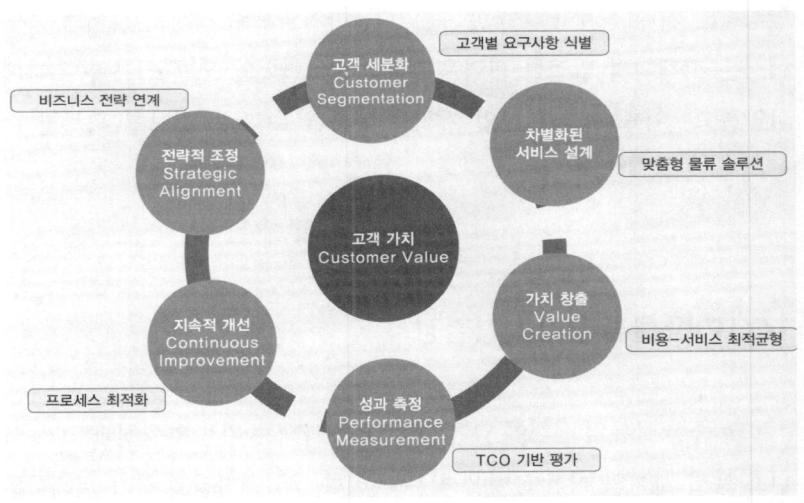

[그림 6-5] 고객 중심 물류의 가치 창출 모델

[그림 6-5]는 고객 중심 물류가 어떻게 고객 요구사항을 출발점으로 하여 차별화된 물류 서비스를 설계하고, 이를 통해 고객 만족과 비즈니스 성과를 동시에 달성하는 선순환 구조를 보여준다. 이 모델에서 핵심은 고객 가치가 모든 물류 의사결정의 중심에 위치한다는 점이다.

수익 증대 측면에서 고객 중심 물류는 고객 만족도 향상을 통한 재구매율 증가, 프리미엄 서비스를 통한 가격 경쟁력 확보, 신규 고객 확보를 위한 차별화 요소 제공 등의 가치를 창출한다. 비용 최적화 관점에서는 고객별 맞춤형 서비스를 통해 불필요한 과잉 서비스를 제거하고, 고객 협력을 통한 물류 프로세스 효율화를 실현할 수 있다.

전략적 협력 차원에서 고객 중심 물류는 단순한 공급업체-고객 관계를 넘어 전략적 파트너십으로 발전시킬 수 있는 기반을 제공한다. 고객의 비즈니스 성공에 기여하는 물류 서비스를 제공함으로써 장기적이고 안정적인 거래 관계를 구축할 수 있다. 마지막으로 시장 인사이트 측면에서는 고객과의 밀접한 협력을 통해 시장 변화와 고객 니즈를 조기에 파악하고, 이를 새로운 사업 기회로 전환할 수 있는 정보를 획득할 수 있다.

TCO 기반 물류 투자 의사결정

고객 중심 물류의 실현에 있어 핵심 도전 과제는 비용 효율성과 고객 서비스 품질 사이의 최적 균형을 찾는 것이다. 이 균형점을 찾기 위해서는 기존의 단편적 비용 분석을 넘어선 총체적 관점이 필요하다. **TCO(Total Cost of Ownership) 접근법**은 물류 활동과 관련된 모든 직접적, 간접적 비용과 가치를 포괄적으로 고려하는 프레임워크를 제공한다.

TCO 관점에서 물류 비용은 단순히 운송비, 창고비, 인건비와 같은 가시적인 직접 비용에 국한되지 않는다. 여기에는 재고 유지에 따른 자본 비용, 서비스 실패로 인한 고객 이탈 비용, 물류 지연으로 인한 기회

손실, 공급망 리스크 관리 비용 등 모든 관련 비용이 포함된다. 이러한 총체적 접근은 특정 물류 의사결정이 기업 전체와 고객 가치에 미치는 실질적 영향을 더 정확히 평가할 수 있게 한다.

TCO 접근법의 원칙은 가치 기반 의사결정에 있다. 고객 중심 물류가 '고객에게 어떤 가치를 제공할 것인가'에 초점을 맞춘다면, **TCO 접근법은 '이 가치를 가장 효율적으로 창출하는 방법은 무엇인가'를 고민한다.** TCO는 비용을 단순한 지출이 아닌 가치 창출의 수단으로 인식하며, 모든 비용 요소를 고객 가치 창출에 대한 기여도 관점에서 평가한다.

고객 세그먼트별 차별화된 TCO 전략을 통해 각 고객 세그먼트의 가치 요구에 맞춰 비용 구조를 최적화할 수 있다. 예를 들어, 자동차 제조업체와 같이 정시 납품이 중요한 고객 세그먼트에는 운송 신뢰성 향상을 위한 추가 비용이 정당화될 수 있다. 반면, 비용 민감성이 높은 고객 세그먼트에는 일부 서비스 유연성을 희생하더라도 비용 효율성을 극대화하는 접근이 더 적합할 수 있다.

TCO 접근법의 가장 큰 가치는 비용 절감과 서비스 향상이라는 두 목표를 대립적이 아닌 상호 보완적인 관계로 재정의한다는 점이다. 시스템 사고를 통한 전체 최적화를 통해 한 영역의 의사결정이 다른 영역에 미치는 파급 효과를 고려하여 부분 최적화가 아닌 전체 시스템의 최적화를 추구한다. 또한 가치 없는 비용의 제거와 가치 있는 투자의 확대를 통해 고객 가치 창출에 기여하지 않는 활동의 비용은 적극적으로 제거하되, 고객 가치 창출에 필수적인 활동에는 오히려 투자를 확대하는 선별적 접근을 가능하게 한다.

디지털 기술의 발전은 전통적인 비용–서비스 상충관계를 본질적으로 재설계할 수 있는 기회를 제공한다. 클라우드 기반 물류 플랫폼, IoT

센서, 예측 분석, 자동화 기술 등은 비용을 절감하면서도 서비스 품질을 향상시킬 수 있는 잠재력을 가지고 있다. TCO 관점에서는 이러한 디지털 혁신에 대한 투자를 단순한 비용이 아닌 전략적 가치 창출 기회로 평가한다.

업종별 물류 차별화 전략

제조업 내에서도 업종별로 물류 요구사항과 성공 요인이 크게 다르다. 효과적인 물류 TCO 전략을 수립하기 위해서는 이러한 업종별 특성을 명확히 이해하고 이에 맞춤화된 접근법을 개발해야 한다.

자동차 산업의 경우 Just-In-Time(JIT) 생산 방식으로 인해 정시 납품이 절대적 우선순위를 갖는다. 생산 라인 중단은 시간당 상당한 손실로 이어지기 때문에, 자동차 부품 공급업체는 높은 운송비를 감수하더라도 납기 신뢰성을 확보해야 한다. 따라서 자동차 업종의 TCO 전략은 운송비 절감보다는 공급 안정성과 유연성에 중점을 둔다. 다중 운송 경로 확보, 전용 운송망 구축, 실시간 추적 시스템 투자 등이 핵심 요소가 된다.

전자 및 반도체 산업은 제품 수명주기가 짧고 기술 변화가 빠르다는 특성을 갖는다. 신제품 출시 시기를 맞추지 못하면 시장 기회를 놓칠 수 있어 신속성이 핵심 성공 요인이다. 또한 제품 가치가 높고 부피 대비 가격이 비싸기 때문에 항공 운송의 비중이 높다. 전자 업종의 TCO 전략은 글로벌 시장 진입 속도 최적화, 재고 회전율 향상, 기술 변화 대응 유연성 확보에 초점을 맞춘다.

화학 산업은 안전성과 규제 준수가 가장 중요한 고려사항이다. 위험물 운송 규정, 환경 규제, 품질 보증 등 복잡한 요구사항을 충족해야 하며, 이로 인해 전문화된 물류 인프라와 인력이 필요하다. 화학 업종의 TCO 전략은 규제 준수 비용을 포함한 리스크 관리, 전문 인력 및 장비 투자, 안전성 확보를 위한 추가 비용을 고려한 통합적 접근을 취한다.

소비재 산업은 계절성과 트렌드 변화에 민감하며, 소비자 직접 접점이 많아 서비스 품질이 브랜드 이미지에 직접적 영향을 미친다. 피크 시즌 대응력, 반품 처리 효율성, 마지막 단계 배송 품질이 경쟁 우위의 핵심이다. 소비재 업종의 TCO 전략은 수요 변동성 대응, 유통 채널 다변화, 고객 경험 향상을 위한 투자에 중점을 둔다.

구분	3PL	4PL	5PL
서비스 범위	운송, 창고, 배송 등 특정 물류 기능	물류 전반의 총괄 관리 및 전략적 컨설팅	다중 공급망의 디지털 통합 관리
통합 수준	낮음~중간	높음	매우 높음
자산 소유	자산 기반	자산 경량화	디지털 플랫폼 기반
디지털 활용도	기본적 IT 시스템	고급 시스템 통합	AI, 빅데이터, 블록체인 등 첨단 기술
적합한 기업	비핵심 물류 아웃소싱 기업	글로벌 공급망 관리 기업	디지털 커머스, 복잡한 다채널 유통 기업
주요 업체	DHL, Kuehne+Nagel, UPS	Accenture, Deloitte, XPO	Cainiao, Flexport, Project44

[표 6-2] 외부업체 비교표

[표 6-2]는 3PL, 4PL, 5PL의 서비스 범위와 특성을 비교하여 보

여 준다. 각 모델은 기업의 물류 복잡성과 전략적 중요도, 내부 역량 수준에 따라 선택되어야 한다. 기업 규모별로도 물류 전략의 차별화가 필요하다. 대기업은 규모의 경제를 활용한 비용 효율성과 글로벌 일관성이 중요한 반면, 중소기업은 유연성과 전문화가 핵심 경쟁 요소가 된다.

물류 운영모델을 평가할 때는 직접적인 비용뿐만 아니라 통제력 상실로 인한 기회비용, 파트너 관리 비용, 서비스 품질 리스크 등을 종합적으로 고려해야 한다. 특히 고객 중심 물류 전략 하에서는 각 운영모델이 고객 가치 창출에 미치는 영향을 핵심 평가 기준으로 삼아야 한다.

IKEA 플랫팩 모델의 물류 TCO 혁신사례[36]

1943년 스웨덴에서 시작된 IKEA가 오늘날 세계 최대 가구업체로 성장할 수 있었던 이유 중 하나는 물류 총비용(TCO) 관점의 새로운 접근에 있다. 1956년 한 직원이 승용차에 테이블을 싣기 위해 다리를 분리한 사건은 IKEA로 하여금 기존 가구업계의 문제를 인식하게 했다. 조립된 가구의 운송과 보관은 결국 많은 양의 '공기'를 운반하는 것이었으며, 이는 물류비용 낭비를 의미했다.

IKEA의 플랫팩 혁신은 물류비용의 세 가지 요소(운송비, 보관비, 취급비)를 동시에 최적화하는 접근을 보여 준다. 평면 포장은 동일한 운송수단에 더 많은 제품을 적재할 수 있게 했고, 그 결과 IKEA는 경쟁사

---

36) Harvard Business School, 'IKEA: Cutting Costs, Creating Value', 2015; IKEA Museum, 'How IKEA took flatpacks to a whole new level', 2023

대비 가격 우위를 실현할 수 있었다. 창고에서 플랫팩 제품의 공간 효율성은 보관비용을 절감시켰으며, 표준화된 평면 포장재는 자동화된 하역 시스템과의 호환성을 높여 인건비 절감에 기여했다.

혁신은 플랫팩 모델을 중심으로 한 공급망 전체의 최적화에 있다. 제품 설계 단계부터 물류 효율성을 고려하는 것은 IKEA 디자이너들의 과제가 되었으며, 새로운 파티클보드 개발을 통해 원자재를 절약하고 트럭 운송량을 줄인 결과를 거두었다. 더 나아가 IKEA는 셀프 서비스 매장 운영과 고객 직접 조립 방식을 통해 전통적인 배송 및 설치 서비스 비용을 제거했다.

IKEA의 물류 혁신은 단기적 비용 절감을 넘어 장기적 지속가능성까지 고려한다. 2030년까지 운송량당 온실가스 배출량을 70% 감소시키겠다는 목표는 환경 비용을 TCO 계산에 포함하는 접근을 보여 준다. 특히 기존 목재 팔레트를 대체하는 OptiLedge 시스템은 폴리프로필렌 소재로 제작되어 연료비 절감, 취급 편의성 향상, 손상 방지 등 TCO 개선을 실현했다.

IKEA의 플랫팩 모델이 창출한 경쟁우위는 포장 기술 자체보다는 설계-제조-물류-판매가 통합된 전체 시스템의 최적화에서 나온다. 경쟁사들이 평면 포장을 도입하더라도 IKEA와 같은 수준의 비용 효율성을 달성하기는 어렵다. 현재 IKEA는 약 480개의 매장을 63개국에서 운영하며 지속적인 가격 인하를 통해 시장 점유율을 확대하고 있다. 이는 물류 TCO 혁신이 단순한 비용 절감을 넘어 성장동력으로 작용하고 있음을 보여 주며, 총비용 관점에서의 공급망 혁신이 어떤 경쟁우위를 창출할 수 있는지를 보여 준다.

요약

물류 의사결정의 핵심은 비용과 서비스 사이의 균형점을 찾는 것이다. 고객 중심 물류는 이 균형점을 '고객 가치'라는 기준으로 정의하며, TCO 관점은 이를 실현하기 위한 체계적 프레임워크를 제공한다. 업종별 특성을 반영한 차별화된 물류 전략과 통합적 비용 분석을 결합할 때, 기업은 비용 효율성과 고객 만족이라는 두 마리 토끼를 모두 잡을 수 있다. 결국 물류 혁신의 성공은 고객 가치 창출이라는 명확한 기준점을 중심으로 모든 의사결정을 정렬하는 데 있다.

7

일하는 방식은
스마트해야 된다

　급변하는 디지털 환경에서 기존 업무 방식으로는 경쟁력을 확보하기 어렵다. 이에 따라 스마트한 업무 방식의 도입이 필요하다.

　많은 경영자들이 "공급망관리는 IT부서의 일이다" 또는 "최신 시스템을 도입하면 공급망 문제가 해결된다"고 생각한다. 이는 공급망관리의 본질을 오해한 것이다. 스마트한 업무로의 전환은 화려한 기술이 아닌 올바른 원칙과 철학에서 출발한다.

　스마트하게 일하는 방식의 핵심은 네 가지 전략적 전환에 있다. 첫째, **단순한 시스템 연결(Interface)에서 체계적인 통합(Integration)으로의 패러다임 변화**다. 각 부서가 서로 다른 데이터를 보고 있다면, 그것은 통합이 아닌 단순한 연결에 머물고 있는 것이다. 실제적인 Integration은 모든 기능과 시스템이 통합된 시스템처럼 작동하는 환경을 의미한다.

　둘째, **핵심 기능과 부가 기능의 명확한 구분**이다. 정보시스템 도입에서 가장 치명적인 함정은 완벽함에 대한 욕망이다. 'Must have'(필수 요소)와 'Nice to have'(선택 요소)를 구분하지 못하면 기업은 불필요한 복잡성이 증가한다. P&G는 핵심 기능 20개에만 집중하는 '최소주의' 원칙으로 예산의 30%를 절감하고 구현 기간도 대폭 단축했다.

　셋째, **성과 지표의 선택과 집중**이다. "측정할 수 없으면 관리할 수 없다"는 격언은 중요하지만, 과도한 지표는 오히려 '분석 마비' 현상을 초래한다. 업계 연구에 따르면 기업들이 다수의 공급망 지표를 추적하고 있지만, 주요한 소수의 지표에 집중한 기업들이 더 나은 성과를 보였다.

넷째, **신기술에 대한 가치 중심 접근**이다. 2012년 아마존이 로봇 기업 키바를 인수했을 때, 목표는 자동화 그 자체가 아니라 '고객 중심'이라는 원칙을 실현하는 수단이었다. 신기술 도입에서 중요한 것은 기술 자체가 아니라 비즈니스 가치와의 연계이다. 맥킨지 연구에 따르면 공급망의 평균 디지털화 수준은 43%에 불과해 조사된 5개 비즈니스 영역 중 가장 낮은 수준을 보이고 있으며, 경영진의 단 2%만이 공급망을 디지털 전략의 주요 영역으로 인식하고 있다.

최고경영자라면 자문해 보라. "우리 기업은 부서간 단절을 통합으로 전환하고 있는가?" "핵심 기능과 부가 기능을 명확히 구분하고 있는가?" "우리의 KPI는 간결하고 행동 지향적인가?" "신기술은 기술 자체가 아닌 비즈니스 가치를 중심으로 도입되고 있는가?" 이 질문들에 확신을 가지고 답할 수 있는 기업만이 공급망 위기에서 경쟁우위를 확보할 것이다.

이 장에서는 다음과 같은 내용을 다룬다:

- **실제적 Integration 실현 전략:** Interface와 Integration 의 차이를 이해하고, 물리적 흐름·업무 프로세스·정보 시스템의 삼중 통합을 통해 스마트 조직으로 전환하는 체계적 접근법과 실무 구현 방안에 대한 알아본다.
- **전략적 우선순위 설정:** 'Must have'와 'Nice to have'를 구분하는 의사결정 프레임워크와 성과 중심의 단계적 구현 전략을 통해 핵심 기능에 집중하는 방법론을 다룬다.

- **효과적인 성과 관리 체계:** KPI 인플레이션의 위험을 방지하고 주요 성과 지표의 7가지 속성을 기반으로 한 선택과 집중의 성과 측정 체계 구축 방법을 설명한다.
- **가치 중심의 디지털 전환:** 신기술 도입의 실패 요인을 분석하고, 비즈니스 가치 창출에 초점을 맞춘 공급망 디지털화 전략과 지속적 혁신을 위한 실무 접근법을 알아본다.

7-1

Interface를 버리고
Integration을 선택하라

대부분의 기업들이 스스로를 디지털 선진 조직이라고 여기지만, 실상은 다르다. 영업팀이 고객 주문을 변경했을 때 생산팀이 이를 인지하고 계획을 조정하는 데 몇 시간에서 하루가 걸린다면, 그 조직은 여전히 옛날 방식으로 운영되고 있다. 각 부서가 서로 다른 데이터를 보고 있다면, 그것은 통합이 아닌 단순한 연결에 머물고 있는 것이다.

디지털 시대에서 지속적 성장을 위해서는 Interface 방식을 넘어서야 한다. 2021년 글로벌 반도체 부족 사태에서 도요타는 Integration[37]된 공급망 관리 시스템을 통해 공급업체 네트워크를 실시간으로 파악하며 신속한 대체 공급업체 확보가 가능했다. 반면 다른 경쟁사들은 부서별로 분리된 정보 시스템으로 인해 공급망 전체 상황을 파악하는 데 상당한 시간이 소요되어 대응이 지연됐다. 시스템을 연결하는 것과 실제적인 Integration은 전혀 다른 차원의 문제이기 때문이다.

많은 경영자들이 "공급망관리는 IT부서 소관이다" 또는 "최신 시스템만 도입하면 된다"고 생각한다. 하지만 이는 기본적으로 오해다. 가트

---

37)　통합이라는 용어보다는 이 절에서는 Integration이라는 용어로 통일해서 사용함.

너 조사에 따르면, 공급망관리 디지털 전환 프로젝트의 78%가 실패했으며, 그 원인은 기술 부족이 아니라 Interface 사고에서 벗어나지 못한 데 있었다.

Interface 방식은 부서 간 정보 흐름을 단절시키고, 의사결정을 지연시키며, 조직 전체의 민첩성을 저해한다. 실제로 한 글로벌 자동차 제조사는 수십 개 시스템을 연결했지만 판매 계획 변경이 생산 계획에 48시간이나 지연되어 반영되는 문제를 겪었다. 이것이 Interface 방식의 한계다. Integration으로 나아가야 할 이유가 여기에 있다.

연결 방식의 패러다임 변화

Interface 방식은 디지털 시대의 새로운 요구를 충족하기 어려운 구조적 한계를 갖고 있다. 전통적인 Interface 방식은 산업화 시대의 분업과 계층적 사고에 기반한 접근법으로, 변화 속도가 빨라진 현재에는 조직 효율성을 제약하는 요인이 되고 있다. 각 부서와 시스템이 독립적으로 운영되면서 필요시에만 정보를 주고받는 이 방식은 정보 전달 시 변환과 검증 과정을 거쳐야 하므로 시간 지연이 발생하고, 여러 시스템을 거치면서 데이터 정확성에 영향을 미칠 수 있다.

Interface 방식의 주요 제약사항은 구조적 경직성에 있다. 각 시스템의 담당자가 부재하거나 오류가 발생하면 전체 프로세스가 중단되며, 각 부서가 독립적으로 최적화를 추구하다 보면 전체 최적화는 어려워진다. 급변하는 시장 환경에 신속하게 대응하는 것도 제한적이다. 기업들이 평균 수백개의 서로 다른 소프트웨어를 사용하는 상황에서, Interface 방식으로는 이들 간의 연결과 관리가 복잡해질 수밖에 없다.

반면 Integration을 적용한 조직들은 다른 결과를 얻고 있다. Integration 방식은 모든 기능과 시스템이 하나의 통합된 환경에서 실시간으로 연결되어 작동하는 진보된 접근법이다. 영업팀이 고객 주문을 입력하는 순간 생산계획이 자동으로 조정되고, 구매시스템이 필요 자재를 발주하며, 물류시스템이 배송 준비를 시작하는 '실시간 대응' 환경이 구현된다. 인공지능과 자동화 기술이 결합되어 사람의 개입을 최소화하면서도 최적화된 의사결정이 이루어지며, 모든 구성원이 동일한 실시간 정보를 공유하여 협업 효율성이 크게 향상된다.

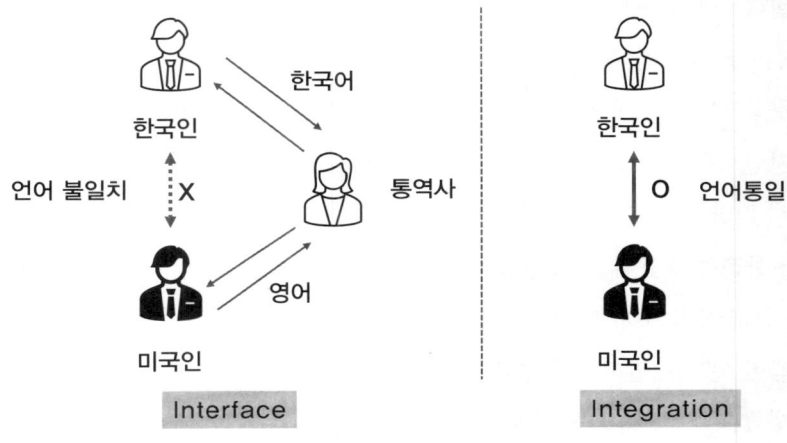

[그림 7-1] Interface와 Integration 비유

[그림 7-1]은 Interface와 Integration의 본질적 차이를 언어의 소통 방식으로 보여 준다. 왼쪽의 Interface 방식에서는 각 부서가 서로 다른 "언어"(시스템)를 사용하여 중간 변환 과정이 필요하며, 오른쪽

의 Integration 방식에서는 모든 부서가 동일한 "언어"(통합 플랫폼)로 직접 소통한다. 이러한 차이가 조직 운영 방식의 주요한 변화 방향을 제시한다.

스마트한 조직을 위한 Integration 전략

Integration을 구현한다는 것은 조직 운영 방식의 근본적 변화를 의미한다. **성공적인 Integration을 위해서는 물리적 흐름, 업무 프로세스, 정보 시스템이라는 세 가지 핵심 영역에서 동시에 변화를 추진해야 한다.** 이 중에서도 시스템 Integration은 조직 전체의 디지털화를 촉진하는 주요한 동력 역할을 수행한다. Integration된 정보 시스템이 구축되면 물리적 흐름의 실시간 가시성이 확보되고, 부서간 프로세스가 자연스럽게 연결되며, 전체 조직이 하나의 지능적 네트워크처럼 작동하게 된다.

물리적 흐름의 Integration에서는 정보, 물질, 자금의 삼중 흐름이 실시간으로 동기화되어 움직이도록 설계한다. 전통적 방식에서는 각 흐름이 별도로 관리되어 재고 과잉, 자금 압박, 정보 지연 등의 문제가 발생했다. 그러나 스마트 조직에서는 시스템을 통해 고객 주문 정보가 실시간으로 생산계획에 반영되고, 자재 소요량이 자동으로 계산되며, 필요 자금이 즉시 산출되는 지능적 환경이 구현된다. Forrester(1958)의 산업 동태론에서 언급한 흐름들의 상호 증폭 효과가 디지털 기술을 통해 현실화되고 있다.

[그림 7-2]는 공급망 내 세 가지 흐름을 보여 준다: ① 정보 흐름 (Information Flow) – 실시간 데이터와 신호, ② 물질 흐름(Material Flow) – 원자재부터 완제품까지의 물리적 이동, ③ 자금 흐름(Financial Flow) – 결제와 자금 순환. 이 삼중 흐름의 동기화가 공급망 효율성의 핵심이다.

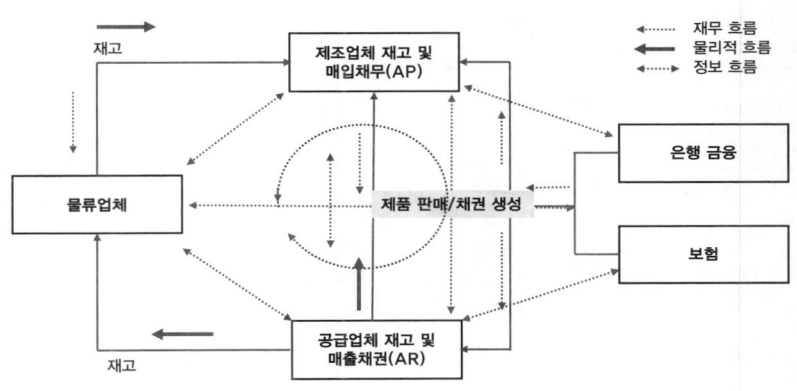

[그림 7-2] 공급망 흐름(Supply Chain Flows)

업무 프로세스의 Integration은 비즈니스 프로세스 지향(BPO)을 넘어 AI와 자동화가 결합된 지능형 프로세스로 진화시키는 것이다. Lockamy와 McCormack(2004)이 제시한 공급망관리 성숙도 모델[38]에서 최고 단계는 모든 프로세스가 실시간으로 연결되고 자동 최적화되는 단계이다. 스마트 조직은 이 모델을 디지털 기술로 구현하여 예측적 분석, 자동화된 의사결정, 그리고 적응적 프로세스 조정을 실현한다.

[그림 7-3]의 Lockamy-McCormack의 5단계 공급망 성숙도 모델을

---

38) Lockamy, A. & McCormack, K., 'Supply Chain Management Process Maturity Model', 2004

보여 준다: Level 1(Ad-hoc) - 임시방편적 대응, Level 2(Defined) - 기본 프로세스 정의, Level 3(Linked) - 부서 간 연결, Level 4(Integrated) - 통합 운영, Level 5(Extended) - 파트너사 확장으로, 각 단계별로 프로세스 예측성과 통제 수준이 점진적으로 향상된다.

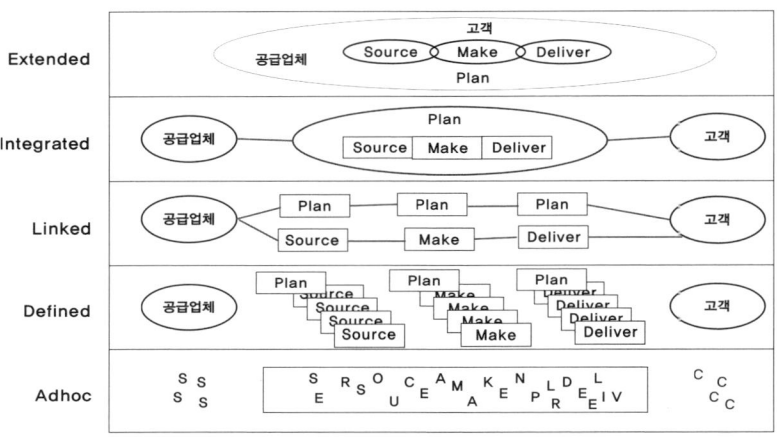

[그림 7-3] 공급망관리 성숙도 모델

시스템 Integration은 스마트 조직 구현의 주요한 인프라이다. ERP와 공급망관리의 Integration을 넘어 CRM, HRM, BI 등 모든 기업 시스템이 하나의 플랫폼에서 작동하는 환경이 구축되면, 조직 전체가 하나의 지능적 신경망처럼 반응한다. 영업팀의 고객 접촉이 즉시 생산팀의 일정 조정으로 이어지고, 품질 이슈가 발생하면 관련 부서가 동시에 알림을 받아 신속하게 대응하는 것이다.

Venkatraman과 Henderson(1998)이 제시한 가상 조직 모델[39]

---

39)   Venkatraman, N. & Henderson, J.C., 'Real Strategies for Virtual Organizing', 1998

의 핵심인 고객 상호작용, 자산 구성, 지식 활용이 시스템을 통해 실시간으로 최적화가 되는 것이다. 클라우드 기반 SaaS 모델의 확산으로 중소기업도 대기업 수준의 통합 시스템을 구축할 수 있게 되어, 이제 Integration 구현의 기회가 모든 기업에게 열려 있다.

스마트 조직의 시스템 Integration에서는 API 기반 연계, 마이크로서비스 아키텍처, 실시간 데이터 스트리밍이 주요 기술로 활용된다. 이를 통해 기존의 배치 처리 방식을 벗어나 실시간 조직(Real-time Organization) 환경이 구현되고 있다. 특히 AI와 머신러닝이 시스템에 내장되면서 예측적 분석, 자동화된 예외 처리, 적응적 최적화가 가능해져 조직 전체의 지능 수준이 향상된다.

Integration의 실무적 구현 방안

조직을 Integration 환경으로 전환시키기 위해서는 체계적인 접근과 리스크 관리 전략이 뒷받침되어야 한다. 성공적인 Integration은 **기술적 연결과 조직 문화 혁신을 동시에 추진하면서, 기업의 규모와 특성에 맞는 차별화된 전략**을 수립하는 것이다.

중소기업과 대기업은 서로 다른 접근법을 요구한다. 중소기업은 상대적으로 단순한 조직 구조라는 장점을 활용하여 클라우드 기반 솔루션으로 신속한 전환이 가능하다. 월 구독 방식의 SaaS 솔루션을 통해 초기 투자 부담을 최소화하면서도 대기업 수준의 시스템을 구축할 수 있는 기회가 확대되고 있다. 반면 대기업은 복잡한 레거시 시스템과 다양한 사업부 간의 이해관계를 고려한 단계적 접근이 현실적이다. 특히 기업별 맞춤화된 시스템과 이질적 플랫폼 간의 Integration은 상당한 기술적 도전을 제기하므로, 기존 투자를 보호하면서 점진적으로 통합 수준을 높여 가는 하이브리드 전략이 리스크를 최소화하면서도 확실한 성과를 보장하는 방법이다.

Integration 구현을 위한 체계적 로드맵은 네 단계로 구성되며, 각 단계에서 조직 저항 관리가 주요 고려사항이다. 첫 번째 단계인 '**기반 구축**'에서는 시스템 간 기본 연결과 실시간 데이터 공유 환경을 조성하면서, 기존 업무 방식에 익숙한 직원들의 변화 저항을 최소화하기 위한 충분한 교육과 단계적 적용이 필요하다. 두 번째 '**자동화 확산**' 단계에서는 반복적 업무의 자동화와 부서 간 워크플로우 Integration을 통해 가시적인 효율성 개선을 실현하며, 도구들이 업무를 더 쉽고 효율적으로 만든다는 점을 구체적 사례로 보여주는 것이 효과적이다. 세 번째 '**지능화**' 단계에서는 AI와 분석 기능을 합쳐서 예측적 의사결정 체계를 구축한다. 마지막 '**생태계 완성**' 단계에서는 파트너사와의 Integration을 통해 전체 가치사슬의 최적화를 달성한다.

투자 우선순위 측면에서는 예를 들어, 플랫폼 구축에 전체 예산의 40%를 배분하고, 프로세스 재설계와 자동화에 30%, 교육과 변화 관리에 20%, AI와 고급 분석 기능에 10%를 투입하는 것이 균형 잡힌 접근이다. 특정 벤더에 대한 과도한 의존은 미래 유연성을 제약할 수 있으므로, 검증된 솔루션과 파트너를 선택하되 벤더 다변화를 고려해야 한다. 특히 클라우드 기반 솔루션을 활용하면 초기 인프라 투자를 대폭 줄이면서 운영비 중심의 유연한 예산 구조로 전환할 수 있다.

성과 측정과 지속적 개선을 위해서는 주요 지표들을 체계적으로 모니터링해야 한다. 프로세스 처리 시간 단축률, 수작업 감소율, 의사결정 속도 개선, 고객 응답 시간 단축 등의 정량적 지표와 함께 직원 만족도, 부서 간 협업 수준, 혁신 아이디어 창출 빈도 등의 정성적 지표를 균형 있게 평가해야 한다. 통합 환경에서는 한 지점의 데이터 오류나 보안 취약점이 전체 시스템으로 확산될 수 있으므로, 데이터 정확성 검증과 제로 트러스트 보안 모델 구축이 필연적이다. 이러한 지표들을 실시간 대시보드로 가시화하여 전 조직이 진전 상황을 공유하고, 지속적 개선 동기를 유지하는 것이 성공의 열쇠다.

글로벌 기업의 경우에는 지역별 특성을 고려한 유연한 모델이 요구된다. 비즈니스 로직과 데이터 표준은 글로벌하게 통일하되, 현지 법규와 문화적 특성은 지역별로 수용하는 'Think Global, Act Local' 원칙을 적용함으로써 글로벌 효율성과 로컬 적응성을 동시에 확보할 수 있다.

요약

신기술 도입에서도 Interface 사고의 한계가 반복되고 있다. Integration을 통해 조직 내 모든 기능과 시스템이 하나의 지능적 생명체처럼 작동할 때 체계적인 디지털 조직이 완성된다. Interface에서 Integration으로의 전환은 단순한 기술적 개선이 아니라 조직 전체의 스마트화를 실현하는 동력이다. 성공적인 Integration 구현을 위해서는 체계적인 로드맵, 리스크 관리, 그리고 지속적인 성과 모니터링이 필수적이며, 무엇보다 최고경영진의 강력한 의지와 조직 구성원의 변화 의지가 뒷받침되어야 한다. Integration으로의 전환은 조직이 나아가야 할 필수적인 방향이다.

7-2

'Must have'와
'Nice to have'를 구별하라

정보시스템 도입에서 위험요소는 완벽함에 대한 욕망이다. 최신 기술과 화려한 기능에 현혹되어 정작 비즈니스 운영의 핵심을 놓치는 순간, 기업은 상당한 투자 손실과 운영 혼란이라는 대가를 치르게 된다. 성공적인 공급망관리 구현의 출발점은 'Must have'(필수 요소)와 'Nice to have'(선택 요소)를 명확히 구분하는 실용적 사고에서 시작된다.

많은 조직에서 프로젝트 진행 중 '이것도 있으면 좋겠다'는 요구사항들이 끊임없이 추가되고, 핵심 기능보다 화려한 기능에 더 많은 시간과 예산이 투입되며, 새 시스템 도입 후 오히려 업무 효율성이 떨어지는 역설적 상황을 맞게 된다.

Must have 요소는 기업 운영의 주요한 기반이다. ERP의 주요 모듈인 재무회계와 구매관리, 재고추적과 생산계획, SCM의 기본 기능인 수요예측과 공급계획, 데이터 보안과 백업 체계 등이 포함된다. 반면 Nice to have 요소는 통계적 예측 분석, 고급 자동화 도구, 모바일 앱과 고급 대시보드 등으로, 미래 성장에 기여할 수 있으나 즉각적인 ROI를 보장하지는 않는다.

맥킨지를 비롯한 주요 컨설팅 기관들의 연구에 따르면, 대규모 전환 프로젝트의 약 70%가 당초 기대했던 비즈니스 가치를 충분히 실현하지 못하며, 그 주요 원인은 기업의 실제 필요와 우선순위를 면밀히 검토하지 않은 채 과도한 기능 구현에 중점을 둔 것으로 나타났다.[40]

대표적 실패 사례로 2014년 시작된 밀러쿠어스의 SAP 통합 프로젝트는 7개의 서로 다른 ERP 인스턴스를 단일 시스템으로 통합하려는 야심찬 계획이었다. 그러나 2015년 첫 번째 구현에서 8개의 치명적 결함과 47개의 고위험 결함이 발견되는 등 심각한 문제가 드러났고, 결국 2017년 1억 달러 규모의 소송으로 이어졌다. 이러한 실패의 공통 분모는 프로젝트 관리의 기본기 소홀과 충분하지 않은 요구사항 분석이다. 적절한 인력 배치, 체계적인 테스팅, 명확한 계약 조건 등 프로젝트 성공에 필요한 Must have를 갖추진 못한 결과였다.

시스템 기능의 전략적 분류 체계

기업 정보시스템의 기능들을 'Must have'와 'Nice to have'로 구분하는 작업은 단순한 기술적 분류를 넘어서는 전략적 의사결정 과정이다. 이러한 구분은 비즈니스 연속성 확보와 경쟁력 유지라는 두 가지 축을 중심으로 이루어져야 하며, 투자 우선순위 결정과 구현 로드맵 수립의 토대가 된다.

'Must have' 시스템 기능들은 기업 운영의 골격을 이루는 필수 요소들로 구성된다. 핵심 업무 처리 영역에서는 주문 접수와 처리, 재고 관

---

40)   McKinsey & Company, 'Unlocking success in digital transformations', 2020.

리와 추적, 생산 계획과 실행, 품질 관리와 검증 등이 포함되며, 이들은 일상적인 비즈니스 운영이 마비되는 것을 방지하는 생명선 역할을 한다. 규제 준수 기능은 세무 신고와 회계 관리, 안전 관리와 환경 규제 대응, 업계별 특수 규제 준수 등을 포괄하며, 이를 소홀히 할 경우 법적 제재나 영업 정지라는 위험에 노출된다.

'Nice to have' 시스템 기능들은 경쟁 우위 창출과 운영 혁신을 추진하는 부가가치 요소들로 구성된다. 고급 분석 및 통계적 기능은 예측 분석과 패턴 인식, 머신러닝 기반 최적화, 실시간 빅데이터 마이닝 등을 통해 더욱 정교하고 선제적인 의사결정을 가능하게 하지만, 기본적인 데이터 품질과 조직의 분석 역량이 충분히 뒷받침되지 않으면 그 효과가 현저히 제한된다.

핵심은 각 기능의 도입 시기와 구현 순서를 조직의 현재 성숙도와 비즈니스 우선순위에 정확히 맞춰 결정하는 것이다. Must have 기능들은 프로젝트 초기 단계에서 즉시 구현하여 안정적인 운영 기반을 확보해야 하며, Nice to have 기능들은 기본 시스템이 충분히 안정화되고 조직이 변화에 적응한 후 체계적이고 단계적으로 도입해야 한다.

제조업에서 ERP와 SCM의 필수적 역할

[그림 7-4]는 ERP의 주요 구조를 보여 준다. 중앙의 통합 데이터베이스를 중심으로 재무(Finance), 구매(Procurement), 생산(Manufacturing), 영업(Sales), 인사(HR) 등 모든 기능 모듈이 실시간으로 연결되어 정보의 일관성과 투명성을 확보한다.

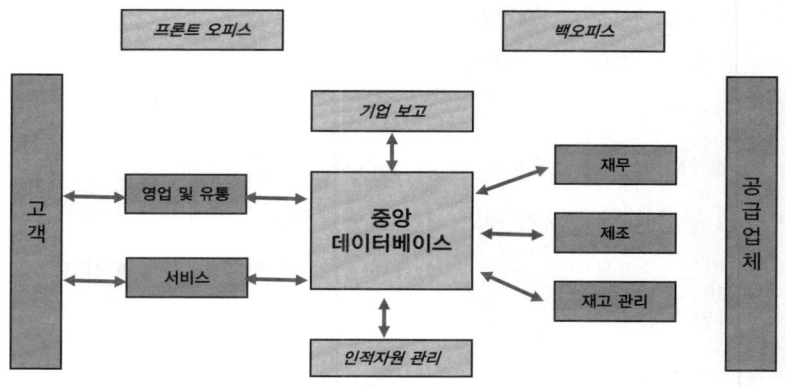

[그림 7-4] 전사자원관리 시스템 개념

　제조업에서 ERP와 SCM이 선택 사항이 아닌 생존 필수 요소로 자리 잡은 배경에는 산업 구조의 변화와 경쟁 환경의 급격한 진화가 있다. 전사자원관리 시스템은 제조업의 디지털 중추신경계로서 기업 운영의 모든 측면을 조율하고 통제하는 역할을 수행한다. 과거 기업들이 구매와 조달, 자재 관리와 재고 통제, 생산 계획과 실행, 영업과 고객 관리, 회계와 재무 관리 등의 업무를 위해 각각 독립적이고 분산된 시스템을 운영했던 것과는 달리, 현재는 이 모든 기능이 통합된 ERP 시스템이 제조업 운영의 주요 표준으로 자리 잡았다.

　SCM(공급망관리 시스템)은 ERP의 자연스러운 확장선상에서 제조업의 성패를 좌우하는 결정적 요소로 발전해 왔다. 글로벌 경쟁의 심화와 고객 요구의 급속한 다양화, 그리고 예측 불가능한 글로벌 위기를 겪으면서 공급망의 회복탄력성과 적응력이 기업 생존의 핵심 역량으로 부각되었다. SCM은 더 이상 단순한 물류 효율화나 비용 절감 도구가 아니라 기업의 전략적 경쟁 우위를 창출하고 시장 변화에 민첩하게 대응하는 중요한 무기가 되었다.

제조업에서 ERP-SCM 통합의 가치는 원자재 조달부터 최종 고객 인도까지 전 과정에 걸친 엔드-투-엔드 가시성과 의사결정의 연속성 확보에 있다. 공급업체부터 최종 소비자까지 끊임없이 연결된 데이터 흐름은 전체 가치 사슬에 대한 실시간 통찰력을 제공하며, 이는 수요 예측의 정확도를 높이고 공급 리스크를 조기에 식별하여 선제적 대응을 가능하게 한다.

제조업의 고유한 특성상 생산 중단은 곧바로 막대한 직접적 손실과 브랜드 신뢰도 하락이라는 결과로 이어지기 때문에, ERP와 SCM 시스템의 안정적이고 지속적인 운영은 단순한 선택 사항이 아니라 기업 생존의 전제조건이다. 정밀한 재고 관리와 최적화, 효율적인 생산 계획과 실행, 엄격한 품질 관리와 지속적 개선, 전략적 공급업체 관리와 협력 등 제조업의 프로세스들은 모두 실시간 정보 공유와 신속한 조정 능력을 기본 전제로 한다.

독일의 지멘스는 공급망 디지털화로 ERP와 SCM의 통합의 대표적 사례를 보여 준다. 스카우트비(Scoutbee)와의 협업을 통해 인공지능 기반 공급업체 발굴 시스템을 구축했으며, 2021년 인수한 서플라이프레임의 DSI 플랫폼을 자사 Xcelerator 포트폴리오와 통합하여 실시간 공급망 인텔리전스를 제공하고 있다. 특히 UiPath AI 센터 솔루션의 도입을 통해 구매 주문 승인 프로세스에서 세금 코드의 정확도를 95% 이상으로 향상시켰다[41].

따라서 제조업에서 ERP와 SCM은 Nice to have가 아닌 명확한 Must have 요소이며, 이들의 효과적 통합과 최적화된 운영이 기업의

---

41)   UiPath, 'Siemens Streamlines Procurement with Automation', 2023

지속적 경쟁력과 장기적 생존 가능성을 결정하는 중요한 성공 요인이 된다.

성과 중심의 단계적 구현 전략

Must have와 Nice to have의 구분을 토대로 한 체계적이고 단계적인 구현 전략은 투자 리스크를 최소화하면서도 비즈니스 가치를 극대화하는 현실적이고 효과적인 방법론이다. 성공적인 구현을 위해서는 각 단계별로 명확한 목표 설정과 객관적인 성과 검증, 그리고 다음 단계로의 체계적 전환이 중요하다.

첫 번째 단계인 Must have 요소의 우선 구현 및 안정화는 모든 성공적인 시스템 구현 사례의 공통된 출발점이다. 이 단계에서는 주요 비즈니스 프로세스를 지원하는 기본 기능들부터 체계적으로 구축하여 흔들리지 않는 운영 기반을 확보하는 것이 최우선 과제다. ERP의 모듈인 재무회계와 관리회계, 구매관리와 조달 프로세스, 재고관리와 창고 운영, 생산관리와 품질 통제, 그리고 SCM의 필수 기능인 수요계획과 예측, 공급계획과 조달 전략, 물류관리와 배송 최적화에 집중적으로 투자하고 역량을 집중해야 한다. 동시에 체계적인 사용자 교육과 업무 프로세스 표준화를 통해 시스템 활용도를 지속적으로 높이고, 철저한 데이터 품질 관리 체계를 구축하여 향후 고급 기능 도입을 위한 견고한 토대를 마련해야 한다.

두 번째 단계인 시스템 안정화 및 성과 검증에서는 첫 번째 단계에서 구현한 시스템의 안정적 운영을 확인하고 초기 성과를 객관적으로 측정하는 것이 중요하다. 시스템 오류 발생 빈도와 해결 시간, 사용자 만족도와 활용률, 프로세스 효율성 개선 정도와 비용 절감 효과 등을 정량적으로 평가하여 다음 단계 진행의 타당성과 준비도를 철저히 검증해야 한다. 이 과정에서 발견된 모든 문제점들을 체계적으로 해결하고 사용자들의 현실적인 피드백을 적극적으로 반영하여 시스템을 최적화해야 한다. NetSuite의 2023년 포괄적 조사에 따르면, 전문적인 소프트웨어 컨설턴트의 도움을 받아 체계적으로 접근한 기업들의 ERP 구현 성공률은 85%라는 수준에 달했으며, 이들 성공 기업 중 77%가 확고한 제도적 리더십 지원을 가장 중요한 성공 요인으로 꼽았다는 점은 시사하는 바가 크다.

세 번째 단계인 고가치 Nice to have 요소의 선별적 도입에서는 비즈니스 가치가 명확히 검증된 부가 기능들을 조직의 준비도와 역량에 맞춰 실용적으로 추가하는 것이 중요하다. 고급 분석 기능과 예측 모델링, 지능형 자동화 도구와 프로세스 혁신 솔루션 등을 현재의 비즈니스 니즈와 조직의 수용 역량을 면밀히 고려하여 신중하게 선택하고 도입해야 한다. 각 기능의 도입에 앞서 명확하고 측정 가능한 ROI 목표를 설정하고, 제한된 범위에서의 파일럿 테스트를 통해 실제 효과를 철저히 검증한 후에 전사적으로 확산해야 한다. 이 단계에서는 변화 관리와 체계적인 사용자 교육이 특히 중요하며, 새로운 기능이 기존 업무 흐름을 개선하고 발전시키는 방향으로 자연스럽게 통합되어야 한다.

네 번째 단계인 지속적 개선 및 혁신 기능 확장에서는 조직의 디지털 성숙도가 충분히 높아진 상태에서 최신 기술과 혁신적 기능들을 전략적으로 도입하여 미래 경쟁력을 확보하는 것이 목표다. 인공지능 기반 의사결정 지원 시스템, IoT와 센서 기술의 연동, 블록체인 기술의 실무

적용 등 차세대 기술들을 기업의 장기적 비즈니스 전략과 긴밀히 연계하여 도입하며, 이를 통해 지속적인 경쟁 우위를 확보하고 미래 성장의 견고한 기반을 구축해야 한다.

성공적인 구현을 위해서는 몇 가지 원칙들을 일관되게 준수해야 한다. 각 단계별로 측정 가능한 성과 지표를 사전에 설정하고 정기적으로 모니터링하여 다음 단계 진행 여부를 객관적으로 결정해야 한다. 사용자 중심의 설계 철학과 지속적이고 체계적인 교육을 통해 시스템 활용도와 사용자 만족도를 지속적으로 높여야 한다. 비즈니스 프로세스와 시스템 기능 간의 정렬 상태를 지속적으로 점검하고 개선해야 한다. 검증된 외부 전문가들과의 전략적 협업을 통해 업계 모범 사례를 적극적으로 벤치마킹하고 구현 리스크를 체계적으로 최소화해야 한다.

단계적 접근법의 탁월한 효과는 ROI 달성 시기에서도 명확히 확인된다. 체계적 접근법을 채택한 기업들 중 28%가 1년이라는 단기간 내에 긍정적인 ROI를 달성했고, 58%는 2년 이내에 목표를 성공적으로 달성했다. 특히 모든 기능을 동시에 구현하는 위험한 빅뱅 방식을 채택한 기업은 전체의 21%에 불과했으며, 50% 이상의 현명한 조직들이 단계적 접근법을 통해 리스크를 효과적으로 분산하고 각 단계에서의 귀중한 학습과 경험을 다음 단계에 체계적으로 반영하는 지혜로운 전략을 선택했다는 점은 매우 의미 있는 시사점을 제공한다.

요약

현대 제조업에서 성공적인 SCM 구현은 화려하고 완벽한 기능의 일괄적 구현이 아니라 비즈니스 가치 창출에 직접적으로 연결되는

요소들의 체계적이고 단계적 구축에서 출발한다. Must have와 Nice to have의 명확한 구분과 이를 바탕으로 한 전략적이고 점진적인 접근을 통해 투자 대비 최대의 효과를 달성할 수 있으며, 이는 장기적으로 조직의 디지털 성숙도 향상과 지속적인 시장 경쟁력 강화로 이어지는 선순환 구조를 만들어 낸다.

7-3

핵심 성과 지표,
선택과 집중으로 승부하라

월례 경영회의에서 혹시 30개가 넘는 KPI 보고서를 받아보는 최고경영자가 있다면, 공통적으로 겪는 문제가 있다. 정작 어떤 지표가 가장 중요한지 판단하기 어렵다는 점이다. 각 부서마다 자신들의 성과를 부각시키는 지표들을 제시하지만, 전체적인 그림은 오히려 흐려진다. 이는 조직이 KPI 과잉 증후군에 빠져 있음을 보여 주는 전형적인 증상이다.

많은 기업에서 성과 관리를 명목으로 수십 개의 지표를 추적하지만, 정작 결정적인 성과 개선으로는 이어지지 않는 현상이 반복된다. 데이터 수집과 보고에는 상당한 시간과 자원을 투입하면서도, 실질적인 의사결정이나 행동 변화는 제한적이다. 이는 성과 지표의 양적 확대에만 집중하고, 핵심 성과 지표의 본질을 놓쳤기 때문이다.

성과 관리를 위해 도입하는 핵심 성과 지표는 양날의 검과 같은 특성을 지닌다. 올바르게 설계되고 적절히 운영될 때는 조직의 전략적 목표 달성을 위한 강력한 추진력이 되지만, 과도하게 설정되거나 잘못 운영될 때는 오히려 조직의 운영 효율성을 저해하고 의사결정 혼선을 야기한다.

실제로 많은 기업들이 잘못된 측정 지표를 사용하고 있으며, 그중 상당수가 잘못된 명칭으로 핵심 성과 지표라 불리고 있다. 이러한 개념적 혼란은 단순한 용어의 문제를 넘어 조직의 주의를 잘못된 지표에 집중시키고, 진정으로 성과를 향상시킬 수 있는 핵심 동인들을 간과하게 만든다.

글로벌 고성과 조직들의 사례 연구에 따르면, 전사적 차원에서는 5-8개, 각 사업부나 기능 영역에서는 2-3개 정도의 실제적인 KPI만으로도 효과적인 성과 관리가 가능함이 입증되고 있다[42]. 공급망 관리와 같은 복잡한 영역에서는 지표의 과잉이 신속한 의사결정을 방해하고 운영상의 마찰을 증가시킨다.

성과 측정 체계의 올바른 이해와 분류

조직 성과 측정의 효과를 극대화하기 위해서는 성과 지표의 유형과 그 역할을 구분할 필요가 있다. 성과 측정 체계는 네 가지 상호보완적 지표로 구성된다.

핵심결과 지표(KRIs)는 조직의 전략적 방향성과 중장기적 건전성을 드러내는 고수준 지표로, 과거 활동의 누적된 성과를 보여 주는 '후행 지표'의 성격을 띤다. **결과 지표(RIs)**는 특정 비즈니스 영역에서 달성한 구체적 성과를 수치화하며, **성과 지표(PIs)**는 현재 진행 중인 활동의 효율성과 효과성을 측정한다. 마지막으로 **핵심 성과 지표(KPIs)**는 조직의 주요 성공 요인에 직접적으로 연결된 소수의 결정적 측정치로,

---

42)   Neely, A., 'Performance Measurement System Design', 1995.

즉각적인 행동과 개입을 통해 성과를 극적으로 향상시키기 위한 지침을
제시한다.

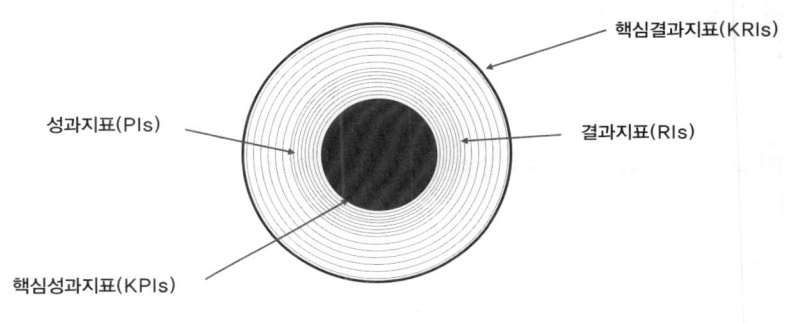

[그림 7-5] 성과측정의 4가지 유형[43]

[그림 7-5]는 성과 측정 지표의 위계구조를 양파 모델로 표현한다.
외부층부터 ① KRIs(핵심결과지표) – 전략적 건전성, ② RIs(결과지
표) – 영역별 성과, ③ PIs(성과지표) – 활동 효율성, ④ KPIs(핵심성
과지표) – 주요 동인으로, 중심으로 갈수록 실행 지향성과 측정 빈도가
높아진다.

핵심결과 지표(KRIs)의 가장 결정적인 특성은 종합성과 후행성이
다. 고객 만족도, 세전 순이익, 재고 회전율과 같은 지표들은 조직 내
다양한 프로세스의 최종 결과물이지만, 성과 개선을 위한 구체적 개입
지점을 식별하지는 못한다. 시간적 관점에서 KPI가 실시간 또는 일일
단위로 측정되어 즉각적 대응을 유도하는 반면, KRI는 월간, 분기별로
평가되어 장기적 추세를 파악하는 데 활용된다.

---

43)   David Parmenter, 'Key Performance Indicators', 2009.

공급망 관리 영역에서 전체 공급망 주기, 총 물류비용 비율, 정시 납품율과 같은 지표들은 본질적으로 KRI의 성격을 갖는다. **오늘날 기업의 심각한 구조적 오류는 이러한 KRI를 KPI로 오인하여 핵심 성과 관리 체계의 중심에 배치**하는 데 있다.

핵심 성과 지표(KPIs)의 본질과 실무 적용

핵심 성과 지표(KPIs)는 조직의 현재적 역량과 미래 성장 가능성을 결정짓는 결정적 성과 동인에 초점을 맞춘 극소수의 전략적 측정 지표를 의미한다. 핵심 성과 지표가 갖추어야 할 본질적 특성은 상호 연결된 일곱 가지 속성으로 정의되며, 이들은 효과적인 성과 관리의 주요 원칙을 구성한다.

무엇보다 KPI는 **비재무적 측정 패러다임**을 기반으로 한다. 달러, 엔, 유로와 같은 화폐 단위로 표현되는 전통적 재무 지표들이 다양한 비즈니스 활동의 최종 귀결점으로서 조직 성과의 '결과'를 보여 준다면, KPI는 이러한 재무적 결과를 견인하는 '선행 동인'에 주목한다. 이는 마치 의학에서 혈압, 체온, 혈당 수치와 같은 바이탈 사인이 화폐적 가치로 측정되지는 않지만 건강 상태를 결정짓는 핵심 지표인 것과 같다.

이러한 비재무적 특성과 밀접하게 연결되는 것이 **시간적 즉시성과 측정 고빈도**이다. 효과적인 KPI는 일일, 주간, 또는 실시간 단위의 고빈도 측정을 통해 조직이 이상 징후를 조기에 감지하고, 문제가 심화되기 전에 신속히 개입할 수 있는 민첩성을 제공한다. 이는 항공기 조종사가 비행 중 계기를 지속적으로 점검하듯, 조직도 핵심 운영 지표를 실시간으로 모니터링함으로써 전략적 목표로부터의 편차를 즉각 파악하고 수정할 수 있게 한다.

경영 리더십의 적극적 개입 유도는 KPI의 전략적 중요성을 명확히 보여 주는 특성이다. KPI는 단순한 정보 제공을 넘어 최고 경영진의 직접적 개입과 행동을 촉발하는 기제로 작용한다. 주요 KPI가 임계치를 벗어나면 CEO나 사업부 책임자가 즉각적인 개입에 나서게 되는데, 이는 해당 지표가 조직의 생존과 성장에 중요한 의미를 갖는다는 증거다. 이처럼 KPI는 제한된 경영진의 시간과 관심을 중요한 영역에 집중시키는 도구 역할을 한다.

행동적 명확성과 실행 지향성은 KPI가 추상적인 전략적 목표를 구체적인 일상의 행동 양식으로 변환하는 기제로 작동함을 의미한다. 강력한 KPI는 조직 구성원에게 '무엇을 해야 하는가'에 대한 명확한 행동 지침을 제공하며, 특정 수치가 목표 범위를 벗어났을 때 취해야 할 구체적 행동 프로토콜이 사전에 명확히 정의되어 있다. 이는 조직 내 의사결정의 분산화를 촉진하고, 문제 해결의 속도와 효율성을 극대화한다.

책임성의 구조화와 명확한 소유권은 이러한 행동적 명확성을 실현하는 전제 조건이다. 각 KPI는 특정 개인이나 팀에 명시적으로 할당되어, "이 지표의 책임자는 누구인가?"라는 질문에 즉각적인 답변이 가능해야 한다. 명확한 책임 구조는 성과 관리의 효율성을 높이고, 소위 '방관자 효과'를 방지하며, 조직 내 권한 위임과 자율성 부여의 토대를 마련한다.

전략적 연계성과 시스템적 영향력은 KPI가 조직의 주요 성공 요인과 직접적으로 연계되어 시스템 전체에 광범위한 영향을 미치는 레버리지로 작용함을 강조한다. KPI는 단일 부서나 기능 영역의 경계를 초월하여 조직 전체의 성과에 결정적 영향을 미치며, 복잡한 조직 시스템 내에서 작은 변화로 큰 효과를 창출할 수 있는 전략적 개입을 의미한다.

마지막으로 **행동 변화의 촉매와 문화적 영향**은 최적화된 KFI가 조직 내 바람직한 행동 패턴과 문화적 변화를 촉진하는 강력한 조직 발전의 도구로 기능함을 나타낸다. 이상적인 KPI는 단기적 성과 개선을 넘어 지속 가능한 경쟁우위를 창출하는 조직 문화와 역량 개발의 기반을 다지는 문화적 변형 도구로 작용한다.

공급망 관리 영역에서 이러한 원칙들의 실무적 구현은 전략적 의도를 일상적 운영 활동으로 변환하는 중요한 메커니즘으로 나타난다. 처리 지연 주문 현황 지표가 오늘 기준으로 처리되지 않은 A급 고객 주문 건수를 실시간 모니터링하고, 품질 이탈 발생률이 지난 24시간 동안 생산된 제품 중 규격 이탈 불량품의 수와 비율을 추적하는 것 등이다. 또한 예기치 않은 설비 중단 지표는 계획되지 않은 생산 라인이나 물류 시스템의 다운타임을 측정하며, 재고 임계점 알림 시스템은 안전 재고 수준 이하로 떨어진 주요 원자재나 부품의 수를 실시간으로 가시화한다.

이러한 공급망 KPI들은 공통적으로 일일 또는 실시간 측정 체계를 기반으로 하여 문제 상황에 대한 즉각적 개입을 가능케 하고, 각 지표에 명확한 책임 소재를 부여하며, 목표치 이탈 시 취해야 할 구체적 행동 프로토콜을 사전에 정의함으로써 즉각적인 대응을 보장한다. 이처럼 효과적인 공급망 KPI는 '무엇이 일어났는지'를 보여 주는 후행 지표가 아니라, '지금 무엇을 해야 하는지'를 알려 주는 선행 지표로서 기능함으로써 공급망의 민첩성과 회복탄력성을 강화하는 데 기여를 한다.

과도한 KPI로 인한 실패 패턴과 예방 전략

그러나 수많은 조직들이 정교한 KPI 시스템을 구축하기 위해 상당한 자원을 투입하지만, 기대했던 성과 개선으로 이어지지 않는 현상이 보편적으로 관찰된다. 더욱 역설적인 것은, 일부 기업에서는 KPI 체계의 도입 이후 오히려 관료적 절차만 증가하고 실질적 성과는 감소하는 '성과 역설'이 발생한다는 점이다[44].

앞서 살펴본 개념적 혼란과 KPI 과잉 증후군을 해결하기 위해서는 무엇보다 현재 조직에서 관리하고 있는 모든 성과 지표의 수량을 정확히 파악하는 것이 첫 번째 과제다. 글로벌 고성과 조직의 벤치마크에 따르면, 전사 차원에서는 5-8개, 각 사업부나 기능 영역에서는 2-3개가 적정 수준이다. **"모든 것을 측정하면, 결국 아무것도 관리할 수 없다"**는 경영의 역설을 방지하기 위해서는 자동차 계기판의 경고등처럼 정말로 중요한 소수의 파라미터에만 집중하는 선택과 집중의 철학이 요구된다.

이와 함께 각 지표의 측정 주기와 전략적 중요도를 이차원 매트릭스로 시각화하여 KPI를 식별해야 한다. 상당수 조직들이 월간 또는 분기별 주기로만 핵심 지표를 검토하는 관행을 유지하는데, 이는 마치 고속도로를 주행하면서 30분마다 한 번씩만 속도계를 확인하는 운전자와 같은 위험한 접근법이다. KPI는 높은 전략적 중요도와 높은 측정 빈도를 특징으로 하며, 낮은 측정 빈도를 갖는 지표들은 대부분 KRI 성격으로 재분류되어야 한다.

효과적인 KPI 체계 구축에서 중요한 것은 명확한 책임 소재와 실행 메커니즘의 확립이다. "모두의 책임은 결국 누구의 책임도 아니다"라는

---

44)   Kennerley, M., 'Measuring Performance in a Changing Business Environment', 2003

고전적 조직 이론의 통찰은 KPI 관리에서 특히 중요하다. 각 KPI에 대해서는 반드시 단일 책임자를 지정하고, 해당 책임자에게 적절한 의사결정 권한과 자원을 부여해야 한다. 많은 기업에서 KPI의 책임 소재가 불분명하거나 여러 부서에 분산되어 있어, 지표가 목표치에 미달하더라도 적극적인 개선 행동이 지연되거나 회피되는 '책임 확산 현상'이 발생한다.

이와 동시에 각 지표가 실제 경영 의사결정과 행동으로 연결되는지를 검증하는 과정도 중요하다. "이 지표가 목표치를 벗어났을 때 누가, 언제, 어떤 구체적 행동을 취할 것인가?"라는 질문에 즉각적인 답변이 가능해야 한다. 많은 조직들이 데이터 수집과 보고서 생성에는 방대한 자원을 투입하면서도, 측정된 결과를 실질적인 개선 활동으로 연결하는 체계적인 메커니즘은 구축하지 못하는 모순적 상황에 빠진다. 효과적인 KPI 시스템은 단순한 '측정-보고' 사이클을 넘어, '측정-분석-행동-검증'으로 이어지는 완전한 PDCA 사이클을 내재화해야 한다.

KPI 시스템 자체도 끊임없는 검토와 진화가 필요한 유기체적 특성을 갖는다. 분기별로 KPI 체계의 적절성과 효과성을 검토하는 정기적 메커니즘을 설계하고, 비즈니스 환경과 전략적 우선순위의 변화에 따라 성과 측정 체계도 이에 맞게 적응하고 발전시켜야 한다. 각 분기마다 "이 지표가 여전히 우리 조직에 가장 중요한 통찰을 제공하는가?"와 같은 질문을 던지며 성과 측정 체계 자체의 지속적 개선을 추구해야 한다.

무엇보다 중요한 것은 KPI 시스템의 도입이 단순한 기술적 변화가 아닌, 조직의 의사결정 방식과 업무 문화의 본질적 변화를 수반하는 심층적 전환이라는 점을 인식하는 것이다. 구성원들은 종종 KPI를 자신들의 업무를 감시하고 비판적으로 평가하기 위한 통제 도구로 인식하여 방어적 태도를 취하게 된다. 성공적인 KPI 체계 구현을 위해서는 기술적 구현 이상으로 모든 이해관계자가 새로운 측정 시스템의 목적과 가치를 충분히 이해할 수 있도록 하는 커뮤니케이션과 참여 프로세스가 필요하다. 이러한 체계적 접근법을 통해 임원진은 조직의 전략적 목표 달성에 실질적으로 기여하는 성과 관리 체계를 구축할 수 있다.

요약

과도한 KPI는 조직에 운영 부담을 가중시키고 의사결정 혼선을 야기한다. KPI는 비재무적이고, 빈번히 측정되며, 명확한 행동 지침과 책임 소재를 제공해야 한다. 효과적인 공급망 관리를 위해서는 KRI, RI, PI, KPI를 명확히 구분하고, 소수의 핵심 지표에 집중하는 선택과 집중의 접근법을 통해 통합적이고 선제적인 관리 체계를 구축해야 한다.

7-4

공급망 디지털화,
지속적 혁신이 차이를 만든다

경영진이라면 다음과 같은 고민을 해 본 적이 있을 것이다. 경쟁사들이 AI와 자동화를 도입하고 있는데 우리도 따라가야 할까? 디지털 전환에 막대한 투자를 했지만 기대만큼 성과가 나오지 않는다면 어떻게 해야 할까? 신기술 도입이 정말 우리 공급망에 필요한 것일까?

이러한 의문은 당연하다. 맥킨지의 연구에 따르면, 공급망의 평균 디지털화 수준은 43%에 불과해 조사된 5개 비즈니스 영역 중 가장 낮은 수준을 보이고 있다. 더 우려스러운 것은 경영진의 단 2%만이 공급망을 디지털 전략의 중요한 영역으로 인식하고 있다는 점이다[45].

디지털화의 파급효과는 공급망의 모든 영역에서 구조적 변화를 촉발하고 있다. 이는 단순한 기술 적용 차원을 넘어, 공급망 참여 조직들의 내부 정보시스템 구조를 재정의하고, 조직 간 수평적 상호작용과 통합의 방식을 본질적으로 변화시키고 있다. 첨단 디지털 플랫폼, 분석 시스템, 그리고 알고리즘 기반의 의사결정 지원 도구들은 공급망 전반의

---

45) McKinsey & Company, 'Digital transformation: Raising supply-chain performance to new levels', 2017.

협업, 정보 교환, 통합 관리, 그리고 리스크 통제 메커니즘을 혁신하고 있다.

산업 생태계와 공급망 네트워크의 디지털 전환은 복잡하고 도전적인 과정이지만, 이러한 변화의 파도에 적응하지 못하는 기업은 시장 경쟁력의 급격한 약화와 궁극적 도태라는 실존적 위기에 직면하게 된다. 따라서 **기업들은 디지털 혁신을 통한 공급망 최적화와 차별화된 경쟁우위 확보를 위한 전략적 투자를 지속적으로 확대해야 한다.**

신기술 도전의 전략적 의미와 지속성

디지털 혁신은 단순한 기술 도입 이상의 포괄적 변혁 과정으로, 기업의 비즈니스 모델과 운영 패러다임을 기본적으로 재구성한다. **"지속 도전"이란 디지털 기술의 빠른 진화 속도에 맞춰 조직이 지속적으로 학습하고 적응하며, 새로운 기술적 기회를 탐색하고 구현하는 전략적 자세를 의미한다.** 이는 일회성 프로젝트나 단발적 투자와는 다른 개념이다.

성공적인 디지털 전환을 위해서는 기술적 요소와 함께 조직 문화의 혁신, 디지털 역량을 갖춘 인재의 육성, 그리고 가치 창출 프로세스의 전면적 재설계가 유기적으로 통합되어야 한다. 특히 공급망 영역에서는 엔드투엔드 가시성의 확보, 예측 분석 역량의 고도화, 의사결정 프로세스의 자동화, 그리고 실시간 대응 체계 구축이 디지털 혁신의 전략적 목표로 설정되어야 한다.

체계적인 디지털 혁신 전략을 성공적으로 구현한 기업들은 운영 비용을 상당 부분 절감하고, 시장 변화에 대한 대응 속도를 향상시키며, 고객 만족도와 시장 점유율에서 유의미한 경쟁우위를 확보했다. 맥킨지의 분석에 따르면 공급망을 적극적으로 디지털화한 기업들은 연간 EBIT 성장률을 3.2%, 연간 매출 성장률을 2.3% 증가시키는 성과를 달성했다.

디지털 공급망 혁신 기술과 적용

공급망의 디지털화는 첨단 디지털 아키텍처와 역량 구축을 통해 공급망 전반의 통합, 계획, 관리, 통제 메커니즘을 재구성하는 전략적 과정이다. 디지털 시대의 도래와 함께 최근 수년간 공급망 혁신에 관한 담론은 급속히 진화해 왔다. 이러한 변혁적 현상을 개념화하기 위해 다양한 용어들이 등장했는데, 스마트 공급망, 디지털 공급망, 공급망 4.0, 자가 사고형(Self-Thinking Supply Chain) 공급망 등이 경영 분야에서 주목받고 있다.

[그림 7-6]은 현대 디지털 공급망의 구조를 보여 준다. 고객 중심의 수요 신호(Demand Signal)로부터 시작되어, AI/빅데이터 분석 엔진을 통해 실시간 처리되며, 공급망 전체에 투명성(Visibility)과 민첩성(Agility)을 제공하는 지능형 네트워크 구조이다.

인더스트리 4.0 패러다임은 제조업 생태계의 재구성을 촉진하고 있다. 본질적으로 인더스트리 4.0은 첨단 로봇공학, AI, IoT, 클라우드 컴퓨팅, 빅데이터 분석, 디지털 제조 기술을 통합적으로 활용하여 글로벌 가치 사슬의 효율성과 유연성을 극대화하는 전략적 프레임워크다. 이러한 기술들의 융합적 적용은 운영비용을 절감하고, 재고를 감소시키며, 손실 매출을 줄이는 것으로 나타났다.

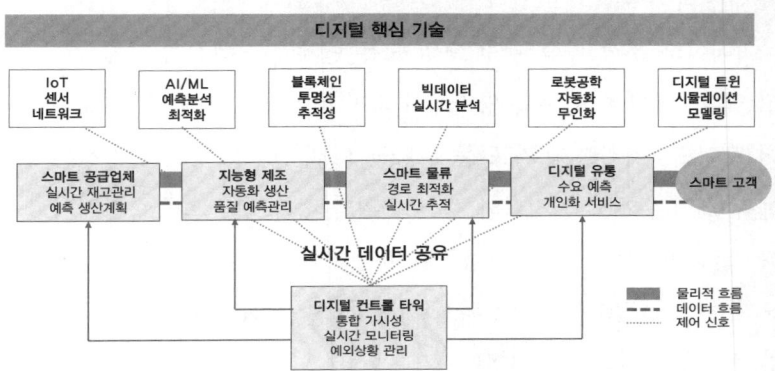

클라우드 컴퓨팅 플랫폼

디지털 핵심 기술

| IoT 센서 네트워크 | AI/ML 예측분석 최적화 | 블록체인 투명성 추적성 | 빅데이터 실시간 분석 | 로봇공학 자동화 무인화 | 디지털 트윈 시뮬레이션 모델링 |

| 스마트 공급업체 실시간 재고관리 예측 생산계획 | 지능형 제조 자동화 생산 품질 예측관리 | 스마트 물류 경로 최적화 실시간 추적 | 디지털 유통 수요 예측 개인화 서비스 | 스마트 고객 |

실시간 데이터 공유

디지털 컨트롤 타워
통합 가시성
실시간 모니터링
예외상황 관리

물리적 흐름
데이터 흐름
제어 신호

[그림 7-6] 디지털 혁신 공급망 모델

스마트 물류와 지능형 창고 운영 분야에서도 혁신적 변화가 가속화되고 있다. 앞서 살펴본 직배송이 중간 단계를 생략하는 방식이라면, 현대의 창고는 단순한 저장 공간을 넘어 다양한 주문을 실시간으로 처리하는 유통 허브로 진화하고 있다. 특히 옴니채널 환경에서는 직배송과 창고 출고가 고객 요구에 따라 유연하게 조합되면서, 창고 운영의 스마트화가 더욱 중요해졌다. 스마트 창고의 발전은 1970년대 자동 저장 및 검색 시스템에서 현대적 창고 관리 시스템(WMS)으로, 그리고 로봇 자동화 및 인공지능 기반 최적화 시스템으로 진화해 왔다.

클라우드 컴퓨팅의 등장은 SCM 환경에 운영 방식의 중요한 변화를 가져왔다. 대규모 초기 투자 없이 필요에 따라 컴퓨팅 자원을 확보할 수 있는 유연성은 기업의 IT 인프라 운영 방식을 본질적으로 변화시켰다. 2024년까지 많은 선진 기업이 SCM을 위한 클라우드 솔루션을 도입한 것으로 나타났으며, 글로벌 위기를 겪으며 원격 업무 환경 지원과 수요 변동에 대한 민첩한 대응 능력이 검증되면서 클라우드 기술의 전략적 가치는 더욱 부각되고 있다.

빅데이터 분석 기술은 SCM의 모든 단계에서 혁신적 가치를 창출하고 있다. 특히 수요 예측 영역에서 과거 데이터와 함께 날씨, 소셜 미디어 트렌드, 거시경제 지표 등 다양한 외부 변수를 통합 분석하는 고급 예측 모델은 재고 최적화와 생산 계획의 정확도를 크게 향상시키고 있다. 글로벌 소비재 선도 기업들은 머신러닝 기반 예측 모델을 통해 예측 오차를 크게 감소시키는 성과를 거두었으며, 이는 재고 비용 절감과 제품 가용성 향상으로 이어졌다.

블록체인 기술은 공급망 투명성과 신뢰성의 새로운 기준을 제시하고 있다. 변조 불가능한 분산 원장 시스템은 제품의 원산지부터 최종 소비자에 이르는 전체 여정의 디지털 추적을 가능케 함으로써, 특히 식품안전, 의약품 품질, 명품 진위 확인과 같은 고부가가치 영역에서 새로운 가치를 창출하고 있다. 글로벌 유통 기업의 블록체인 기반 식품 추적 시스템은 오염원 식별 시간을 크게 단축시키는 성과를 달성했다.

디지털 트윈 기술은 물리적 공급망의 가상 복제를 통해 시뮬레이션 기반 최적화의 새로운 가능성을 제시하고 있다. 기업들은 이를 통해 다양한 시나리오를 위험 부담 없이 테스트하고, 물류 네트워크 재구성, 시설 위치 선정, 재고 배치 전략 등 의사결정을 가상환경에서 검증할 수 있게 되었다. 사물인터넷(IoT)은 공급망의 물리적 자산에 디지털 정보와 연결성을 부여함으로써 네트워크 전반의 가시성을 혁신적으로 향상시키고 있다.

신기술 도입 실패 요인과 성공 전략

디지털 전환의 화려한 성공 사례들이 주목받는 반면, 실패 사례들과 그 원인에 대한 체계적 분석은 상대적으로 부족하다. 맥킨지의 2024년 글로벌 공급망 리더 조사에 따르면, 90%의 공급망 리더가 복원력 문제에 직면했으며, 이들 중 상당수가 디지털 기술 도입에서 예상보다 낮은 성과를 경험했다고 하였다[46].

앞서 Interface 방식의 한계에서 살펴본 바와 같이, 신기술 도입 실패의 주요 원인을 분석하면 다음과 같다. **첫째, 디지털화에 대한 급박함 부족이다.** 많은 조직에서 최고경영진이 디지털 전환의 전략적 중요성을 충분히 인식하지 못하고 있다. 맥킨지 조사 결과, 경영진의 30%만이 공급망 리스크에 대한 포괄적 이해를 가지고 있으며, 대부분의 기업이 위기 발생 후에야 반응적으로 대응하고 있다.

둘째, 적절한 혁신 전략의 부재다. 많은 기업들이 명확한 비즈니스 목표 없이 기술 도입을 시도하고 있다. 실제로 응답자의 1/3이 고급 계획 및 스케줄링(APS) 시스템에 대한 정량화된 비즈니스 케이스를 갖고 있지 않다고 응답했으며, 15%는 구현이 비즈니스 목표를 달성하지 못했다고 답했다.

셋째, 디지털 전환을 이끌 적절한 리더십의 부족이다. 많은 공급망 리더가 디지털화 목표 달성을 위한 충분한 인재가 부족하다고 응답했으며, 이러한 경향성은 현재까지 의미 있는 변화 없이 지속되고 있다. 디지털 역량 부족은 AI를 활용한 패턴 인식, 수요 예측, 시나리오 분석 등 주요 활동의 효과적 수행을 제약하고 있다.

---

46) McKinsey Global Supply Chain Leader Survey, 2024

넷째, 사일로화된 운영과 레거시 시스템 통합의 어려움이다. 기존 시스템과 신기술 간의 충돌은 원활한 디지털 전환을 방해하는 주요 요인이다. 오래된 시스템들은 종종 경직되어 있어 현대 디지털 솔루션의 요구사항에 적응하기 어렵다.

이러한 실패 요인들을 극복하기 위해서는 무엇보다 최고경영진의 강력한 의지와 지원이 필수적이다. 디지털 전환은 기술 부서만의 과제가 아닌 전사적 변화 관리 프로젝트로 접근해야 하며, 성공한 기업들은 기술 투자 예산의 많은 부분을 인재 개발과 조직 변화 관리에 할당함으로써 디지털 전환 프로그램의 성공률을 높이고 있다. 또한 단계적이고 점진적인 접근법을 통해 위험도가 낮은 데이터 기반 사용 사례부터 시작하여 점차 프로그램을 확장하는 것이 바람직하다. MIT 교통물류센터의 연구에 따르면, 이러한 공급망 디지털 전환은 프로세스 비용을 50% 절감하고 매출을 20% 증가시킬 수 있다.

이러한 성공 전략을 실행하기 위해서는 체계적인 의사결정 프레임워크가 필요하다. 우선 디지털 전환의 목표를 명확히 정의하고 비즈니스 전략과 연계하는 것에서 출발해야 하며, 임원진은 이를 전사적 우선순위로 설정하여 충분한 자원과 권한을 부여해야 한다. 이후 조직의 현재 디지털 성숙도를 객관적으로 평가하고 역량 격차를 식별하는 과정을 통해 기술 인프라, 데이터 품질, 인적 역량 등에 대한 다차원적 평가를 실시하고 투자 우선순위의 기준을 마련한다. 평가 결과를 바탕으로 단기(1년), 중기(3년), 장기(5년) 투자 포트폴리오를 구성하되, 운영 효율성에서 예측 분석, 최종적으로 AI와 자율 시스템으로 단계적 접근이 필요하다. 실행 단계에서는 애자일 방법론으로 리스크를 관리하면서도 빠른 가치 창출을 추구하고, 전통적 ROI를 넘어 포괄적 성과 지표로 지속적 모니터링과 조정을 실시해야 한다.

블록체인 공급망 플랫폼의 도전과 교훈: TradeLens 사례[47)

글로벌 해운물류 기업 머스크는 2018년 IBM과 협력하여 TradeLens
라는 블록체인 기반 공급망 플랫폼을 출시했다. 이 프로젝트는 종이 기
반 문서 처리, 관련 기관 간 정보 교환 지연, 화물 추적의 불투명성 등
국제 무역의 복잡성과 비효율성 해결을 목표로 했다.

TradeLens는 초기에 주목할 만한 성과를 보였다. 플랫폼은 참여 기
업들의 문서화 비용을 20% 줄이고 운송 처리 시간을 40% 단축하는 효
과를 달성했다. 또한 플랫폼은 최대 60%의 글로벌 컨테이너 운송을 커
버하게 되었고, CMA CGM, MSC 등 주요 해운사를 포함해 150개
공급망 회사가 참여하는 규모로 성장했다.

그러나 이러한 초기 성과에도 불구하고 TradeLens는 결국 실패
의 길을 걸었다. 2022년 11월 29일 머스크의 로템 허쉬코(Rotem
Hershko) 비즈니스 플랫폼 책임자는 "TradeLens는 개방적이고 중
립적인 산업 플랫폼으로서 글로벌 공급망 디지털화를 도약시키고자 하
는 담대한 비전을 바탕으로 설립되었지만, 업계 전반의 완전한 글로벌
협력이 달성되지 않았다"며 2023년 1분기 플랫폼 종료를 발표했다.

TradeLens의 실패는 여러 구조적 요인에서 비롯되었다. 아시아와
중국의 주요 해운 회사들이 참여하지 않았고, 일부 유럽 해운사들은
경쟁 플랫폼인 GSBN에 합류했다. 또한 머스크가 플랫폼을 주도하는

---

47) A.P. Moller - Maersk, 'TradeLens 플랫폼 운영 및 종료', 2018-2022

거버넌스 구조는 다른 경쟁사들의 참여를 저해했으며, 충분한 참여자 확보 실패로 네트워크 효과를 얻지 못해 상업적 생존력을 확보하지 못했다.

그러나 TradeLens의 실패가 신기술 투자 중단을 의미하지는 않는다. 이 사례는 오히려 지속적인 혁신 노력의 중요성을 강조한다. 비록 상업적으로는 실패했지만, TradeLens는 블록체인 기술의 공급망 적용 가능성을 실증했고, 업계 전반에 디지털 전환에 대한 인식을 높였다. 머스크 역시 "우리는 TradeLens의 작업을 발판으로 삼아 디지털화 의제를 더욱 추진할 것"이라고 밝혔듯이, 실패한 프로젝트에서도 얻은 경험과 기술을 바탕으로 새로운 도전을 계속하고 있다.

실제로 TradeLens 종료 이후에도 다른 기업들은 블록체인 기반 물류 솔루션 개발을 멈추지 않고 있으며, 이는 혁신의 본질적 특성을 보여 준다. 모든 신기술 도입 시도가 성공할 수는 없지만, 각각의 시도는 다음 세대 혁신을 위한 중요한 학습 기회가 된다. 따라서 기업들은 TradeLens와 같은 실패 사례에서 교훈을 얻되, 신기술 투자와 실험을 중단해서는 안 된다.

요약

디지털화, 자동화, 인공지능은 공급망 혁신의 핵심 동력이다. 이들 기술은 가시성과 효율성을 크게 향상시킬 수 있다. 민첩성과 탄력성도 동시에 개선할 수 있다. TradeLens 사례에서 보듯이 모든 혁신 시도가 성공하는 것은 아니지만, 실패에서 얻는 교훈이야말로 다음 단계 혁신의 밑거름이 된다. 디지털 전환이 성공하려면 몇 가지가 필요하다. 명확한 목표, 체계적 접근, 조직 역량 개발이 그것이다. 업계 협력과 중립적 거버넌스도 중요하다. 하지만 이런 어려움 때문에 신기술 투자를 멈춰서는 안 된다. 결국 실패를 두려워하지 않고 신기술 영역에 지속적으로 도전하며 혁신을 추구하는 기업만이 급변하는 글로벌 비즈니스 환경에서 살아남을 수 있을 것이다.

8

공급망 인재가
기업 운명을 좌우한다

   2021년 스웨즈 운하 선박 좌초 사건 당시, 많은 기업 경영진들이 통합적 위기 대응 체계의 중요성을 인식하게 되었다. Ever Given호는 14척의 예인선, 준설팀, 굴삭기 운영팀 등 다양한 전문 조직이 협업하여 6일 만에 구조되면서 글로벌 공급망이 정상화되었다. 하지단 문제는 그 6일 동안 대부분 기업의 공급망 조직이 적절한 대응이 어려웠다는 점이다. 위기 상황에서 신속한 대안을 제시하거나 선제적 대응을 할 수 있는 다기능 전문팀과 협업 체계가 부족했던 것이다.

   많은 경영자들이 "우리는 ERP와 최신 WMS를 도입했으니 공급망은 자동으로 돌아간다"고 생각한다. 이는 공급망관리의 본질에 대한 잘못된 인식이다. 아무리 뛰어난 시스템과 완벽한 프로세스가 있어도, 이를 운영하고 최적화하며 위기 상황에서 창의적 해법을 찾아내는 것은 결국 사람이다.

   공급망관리의 성패를 좌우하는 3대 축은 프로세스(Process), 시스템(System), 사람(People)이다. 그런데 이 중에서 사람이 가장 중요한 이유는 무엇일까? 프로세스는 사람이 설계하고 개선해야 하며, 시스템은 사람이 운영하고 활용해야 하기 때문이다. 더 중요한 것은 공급망관리가 조직 경계를 넘나드는 협업 중심의 업무라는 점이다.

   타겟 코퍼레이션의 캐나다 진출 실패와 나이키의 수요예측 시스템 실패 사례는 아무리 정교한 시스템도 이를 운영하는 인재의 역량이 부족할 경우 전체 공급망이 붕괴될 수 있음을 보여 준다. 오늘날 공급망 전문가에게는 기반 역량(공급망 기획·계획, 운영 전문 기술, 디지털 기술), 차별화 역량(데이터 분석, 지속가능성, 이해관계자 관계 관리), 전략적 역량(리더십 및 의사결정)이 체계적으로 요구된다.

조직역량이란 기업이 전략적 목표를 달성하기 위해 보유하고 있는 프로세스, 인력, 기술, 조직문화가 통합된 실행 역량을 의미한다. 하지만 맥킨지 연구에 따르면 70%의 조직 변화 이니셔티브가 의도한 성과를 달성하지 못하고 있다. 공급망 조직설계에서 가장 중요한 의사결정은 중앙집중화와 분산화 간의 최적 균형점을 찾는 것이다. 현대 기업들은 선택적 중앙집중화 전략을 통해 전략적 기능은 중앙집중화하되 운영 실행은 지역별 자율성을 보장하는 하이브리드 거버넌스 모델을 채택하고 있다.

고성과 조직의 핵심은 비즈니스 프로세스 소유자, 가치흐름 관리자, 종단 간 계획자라는 세 가지 역할을 통해 조직 사일로를 극복하는 것이다. P&G의 Supply Chain 3.0 전략은 조직구조의 재설계를 통해 연간 15억 달러의 생산성 향상을 달성한 대표적 성공사례다.

공급망관리가 전략적 파트너로 인정받기 위해서는 공급망관리 전문가들이 최고경영진까지 성장할 수 있다는 명확한 비전이 필요하다. Chief Supply Chain Officer(CSCO)의 등장은 공급망관리가 기업의 전략적 우선순위로 부상하고 있음을 보여 주는 중요한 지표다. 공급망 전문가가 CEO로 성장하기 위해서는 T자형 인재로서 특정 영역의 깊은 전문성과 함께 다양한 분야에 대한 폭넓은 이해와 협업 역량을 갖추어야 한다.

실제로 애플, GM 등 글로벌 기업에서 공급망 출신 CEO들이 탁월한 성과를 보이고 있으며, 이는 공급망 전문가가 최고경영진으로 성장할 수 있는 명확한 가능성을 시사한다. 이를 위해서는 T자형 인재로서 전문성과 협업 역량을 균형 있게 갖추는 것이 중요하다.

"우리 공급망 조직에는 전략적 사고를 할 수 있는 인재가 있는가?" "공급망 전문가들이 단순한 실행자가 아닌 가치 창출자로 성장할 수 있는 환경을 제공하고 있는가?" "공급망 부서 출신이 우리 회사의 미래 CEO 후보군에 포함되어 있는가?" 이 질문들에 명확한 답을 가진 기업만이 실제적인 공급망 경쟁력을 확보할 수 있을 것이다.

이 장에서는 다음과 같은 내용을 다룬다:

- **공급망관리 3대축 중 사람이 가장 중요한 이유와 핵심 역량 체계:** 프로세스와 시스템을 실제로 운영하고 최적화하는 것은 결국 사람이며, 기반·차별화·전략적 역량의 체계적 개발이 공급망 성과를 좌우한다.
- **조직역량과 전략적 목표에 부합하는 공급망 조직 설계 원칙:** 중앙집중화와 분산화의 최적 균형을 통해 전략적 일관성과 운영 민첩성을 동시에 확보하는 하이브리드 거버넌스 모델 구축 방안을 알아본다.
- **공급망 전문가가 CEO로 성장할 수 있는 경력 개발 로드맵과 비전 제시:** 팀 쿡과 메리 바라 사례를 통해 공급망 전문성을 바탕으로 최고경영자로 성장하는 구체적 경로와 성공 요인을 분석한다.
- **T자형 인재 육성을 통한 공급망 리더십의 전략적 가치 창출 방안:** 특정 영역의 깊은 전문성과 다양한 분야의 폭넓은 이해를 겸비한 인재가 어떻게 전사적 가치 창출을 주도할 수 있는지 탐구한다.

8-1

사람이 빠진 공급망 혁신은
재앙이다

최신 공급망관리 시스템을 도입했음에도 기대했던 효과가 나타나지 않는 기업들이 늘고 있다. 시스템 자체는 완벽하지만 이를 운영하는 직원들의 역량이 따라가지 못하고, 공급망 중단 상황에서 신속한 대안을 제시할 전문 인력이 부족한 현실이다. 공급망 관련 의사결정이 대부분 임시방편적으로 이루어지고, 다른 부서와의 협업에서도 공급망 부서가 주도권을 잡지 못하는 경우가 빈번하다.

이러한 현상들이 복합적으로 나타나는 기업은 공급망 인재 위기에 직면해 있다고 봐야 한다. 아무리 정교한 시스템을 구축해도 이를 운영하고 최적화할 전문 인력이 없다면 투자 효과는 기대할 수 없다. 더 심각한 것은 위기 상황에서 창의적 해법을 찾아낼 수 있는 인재의 부재다.

"우리는 ERP와 최신 WMS를 도입했으니 공급망은 자동으로 돌아간다"는 생각은 공급망관리의 본질을 완전히 오해한 것이다. **공급망관리의 성패를 좌우하는 3대 축은 프로세스, 시스템, 사람이다. 그런데 이 중에서 사람이 가장 중요한 이유는 명확하다.** 프로세스는 사람이 설계하고 개선해야 하며, 시스템은 사람이 운영하고 활용해야 하기 때문이다.

공급망 실패의 교훈: 인적 요소의 중요한 역할

공급망 실패 사례들을 분석해 보면, 아무리 정교한 프로세스와 첨단 시스템이 있어도 이를 운영하는 인재의 역량이 부족할 경우 전체 공급망이 붕괴될 수 있음을 확인할 수 있다. 타겟 코퍼레이션(Target Corporation)의 캐나다 진출 실패는 이를 잘 보여 주는 대표적 사례다. 타겟은 2011년 18억 달러를 투자하여 젤러스(Zellers) 백화점 체인의 임대권을 인수하고, 2013년까지 124개 매장을 개설하려는 야심찬 계획을 세웠으나, 불과 2년 만에 전면 철수하며 21억 달러의 손실을 기록했다.

타겟 캐나다 실패의 근본 원인을 살펴보면, 시스템 자체의 결함보다는 인적 요소의 문제가 더욱 심각했음을 알 수 있다. 공급망 데이터 내에 존재했던 수많은 오류들(제품 치수가 인치와 센티미터로 혼재되거나, 잘못된 통화 단위 사용, 모호한 제품 설명, 누락된 정보 등)은 모두 인적 실수에서 비롯된 것이었다. 더욱 심각한 문제는 신입 직원들이 최소한의 교육만 받고 업무에 투입되었고, 자동 재고 보충 시스템이 비활성화되어 직원들이 수동으로 매장을 돌아다니며 선반을 확인해야 하는 상황이 발생했다는 점이다. 이로 인해 매장 선반은 비어 있는 반면 유통센터는 재고로 넘쳐나는 비효율적인 상황이 발생했다[48].

타겟의 캐나다 진출 실패는 글로벌 확장에서 인적 요소를 간과했을 때 발생할 수 있는 문제를 보여 주는 대표적 사례다.

가장 본질적인 문제는 시스템과 사람 사이의 격차였다. 미국에서 검

---

48)   Henrico Dolfing, 'Case Study: The $2.5 Billion Cross-Border Expansion Mistake by Target', 2019

증된 시스템을 그대로 이식했지만, 캐나다 현지 직원들의 역량과 경험 부족으로 시스템 활용도가 현저히 떨어졌다. 특히 재고관리 시스템의 복잡성을 이해하지 못한 현장 직원들이 임의로 설정을 변경하여 전체 공급망에 혼란을 야기했다.

문화적 적응 역시 치명적 약점이 되었다. 미국 본사의 공급망 프로세스를 캐나다에 적용하면서 현지 고객들이 기대했던 미국 타겟과 동일한 제품 구성과 가격을 제공하지 못했고, 온라인 쇼핑 사이트도 제대로 구축하지 못해 고객 기대치를 충족하지 못했다. 공급망 전문가들이 현지 시장에 대한 깊이 있는 통찰력을 갖추지 못했던 결과였다.

더욱 심각했던 것은 커뮤니케이션 체계의 붕괴였다. 본사와 현지 법인, 그리고 공급업체 간의 효과적인 소통 체계가 구축되지 않아 문제 발생 시 신속한 대응이 불가능했다. 이는 공급망관리에서 인적 네트워크와 관계 관리가 얼마나 중요한지를 보여 준다.

이러한 실패 사례들은 공급망관리에서 인적 요소가 갖는 독특한 특성을 부각시킨다. 프로세스는 업무의 논리적 흐름을 규정하고, 시스템은 이를 효과적으로 실행할 수 있는 기술적 인프라를 제공하지만, 이 두 요소가 제대로 작동하려면 이를 이해하고 운영하며 상황에 맞게 조정할 수 있는 숙련된 인재가 필수적이다. 특히 VUCA(변동성, 불확실성, 복잡성, 모호성) 환경이 심화되는 현 시대에는 정교한 시스템도 정확한 데이터 입력, 충분한 직원 교육, 그리고 체계적인 프로세스 관리 없이는 효과적으로 작동할 수 없음을 보여 준다.

공급망 전문가 역량의 체계적 접근

경영학에서 인적자원의 가치는 '역량'이라는 개념을 통해 체계화되었으며, 이는 학술적으로 'Capability'와 'Competency'라는 이원적 구조로 구분된다. 'Capability'는 조직이 보유한 총체적 수행 역량을 의미하며, 기술적 자원, 지식 자산, 시스템 인프라, 조직 구조 등 유형·무형의 모든 자원이 결합된 종합적 역량을 지칭한다. 이는 **조직 차원의 전략적 역량**을 논할 때 핵심적인 개념 틀로 활용된다.

반면 'Competency'는 개별 구성원이 특정 업무 상황에서 발휘하는 실제적 성과 창출 역량으로 정의되며, 지식(Knowledge), 기술(Skill), 태도(Attitude)의 통합적 발현을 통해 구현된다. 이는 **개인 차원의 행동 기반 역량**에 초점을 두는 개념이다.

현대 공급망 환경의 복잡성과 불확실성이 심화됨에 따라, 공급망 전문가에게 요구되는 역량은 단순한 기능적 전문성을 넘어 통합적이고 전략적인 차원으로 진화하고 있다. 다음의 핵심 역량 체계를 3단계 구조로 재구성하여, 역량 간 상호관계와 우선순위를 명확히 하였다.

기반 역량(Foundation Competencies)

공급망 전문가의 모든 활동을 뒷받침하는 필수적 토대 역량으로, 이 영역의 부족은 상위 역량 개발을 저해한다.

공급망 기획과 계획 역량은 예측적 공급망 거버넌스의 중요한 축으로서, 조직의 전략적 민첩성을 결정하는 중추적 역량이다. 오늘날 공급망 전문가는 반응적 운영 패러다임에서 선제적 전략 패러다임으로의 사고 전환을 달성해야 한다. 이는 수요 예측, 생산 최적화, 유통 네트워크 설계를 아우르는 통합적 계획 체계를 통해 공급업체-제조-유통-고객으로 이어지는 가치사슬 전반의 자원 배분과 용량 최적화를 구현하는 것을 의미한다.

공급망 운영 전문 기술은 기능적 전문성과 통합적 운영 역량의 융합체로 정의된다. 공급망 전문가는 기능적 사일로를 탈피하여 종단 간 통합 관점을 확립해야 한다. 이는 소싱 전략에서 최종 고객 가치 전달까지의 전체 가치 흐름을 횡단적으로 이해하고 최적화할 수 있는 교차기능 역량을 요구한다.

디지털 공급망 기술 역량은 공급망 전문가의 차별화 요소로 부상하고 있다. 로봇 기술, 프로세스 자동화, 블록체인, 인공지능, 기계학습 등으로 구현되는 4차 산업혁명 생태계에 대한 깊이 있는 이해와 비즈니스 적용 역량이 요구된다.

차별화 역량(Differentiation Competencies)

경쟁사와의 차별화를 만들어 내는 중간 수준의 역량으로, 기반 역량 위에 구축되어 조직의 독특한 가치 제안을 가능하게 한다.

데이터 분석 및 전략적 의사결정 역량은 공급망관리가 데이터 기반 의사결정을 기반으로 하는 과학적 접근법으로 진화하고 있음을 반영한다. 공급망 전문가는 예측 분석을 통한 수요 예측, 처방적 분석을 통한 최적화, 성과 분석을 통한 성과 평가에서 전문성을 발휘해야 한다. 빅데이터 생태계와 고급 분석 플랫폼이 공급망 의사결정의 중심축으로 자리 잡음에 따라, 데이터로부터 전략적 통찰을 추출하고 이를 실행 가능한 행동 계획으로 전환하는 역량은 미래 공급망 리더의 차별화 요소가 되고 있다.

지속가능한 공급망관리 역량은 ESG 경영이 강조되는 현 시대에서 공급망의 지속가능성이 단순한 환경적 책임을 넘어 기업의 사회적 책임과 윤리적 의사결정까지 포함하는 포괄적 개념으로 발전하고 있음을 보여준다. 업계 연구에 따르면 소비재 기업의 경우 공급망에서 발생하는 온실가스 배출량과 환경영향이 전체 기업 활동의 대부분을 차지하는 것으로 알려져 있다.

이해관계자 관계 관리 및 협업 역량은 공급망 관리자가 물류를 관리하는 것뿐만 아니라 관계 관리 역할을 수행할 수 있는 기술과 지식을 갖추어야 함을 강조한다. 교차 기능 협업은 일반적으로 비구조적이고 비공식적인 커뮤니케이션을 포함하며, 이는 서로 신뢰하고 의미 있는 관계를 구축할 수 있는 사람들의 역량에 의존한다.

전략적 역량(Strategic Competencies)

최고 수준의 역량으로, 조직의 장기적 경쟁우위와 지속가능성을 좌우하는 동력이다.

리더십 및 의사결정 역량에서 현대의 공급망 리더는 전통적인 리더십 역량에 더해 위기 상황에서의 회복탄력성을 발휘하고, 불확실성 속에서도 명확한 방향성을 제시할 수 있는 역량이 요구된다. 특히 다양한 이해

관계자들의 요구를 균형 있게 조율하면서 혁신을 추진할 수 있는 변혁적 리더십이 중요시되고 있다.

공급망 역량 관리 체계

역량 모델은 조직의 특정 요구와 전략적 목표에 맞게 맞추는 경우가 많다. 이러한 맞춤화는 단순히 어떤 역량을 포함시킬지 결정하는 것 이상의 의미를 가진다. 역량이 정의되고 설명되는 방식, 역량의 중요도 및 우선순위 설정, 역량 평가 기준과 방법까지 모두 조직의 고유한 특성을 반영해야 한다.

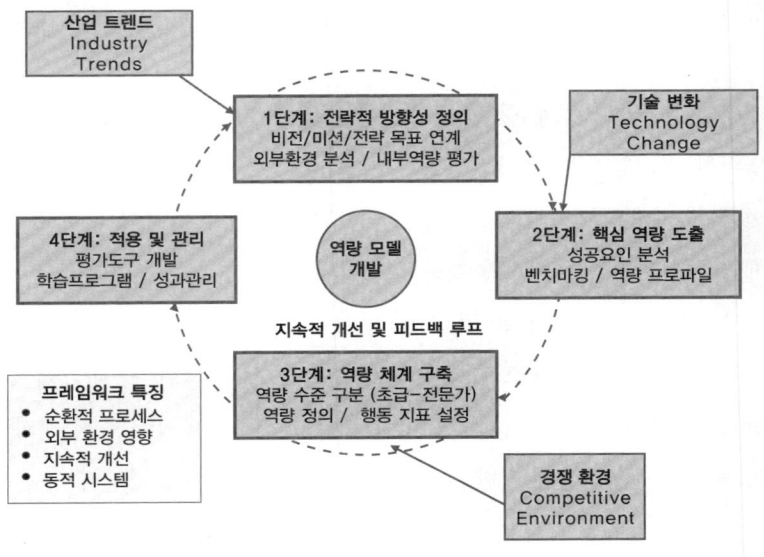

[그림 8-1] 역량 모델 개발 프레임워크

[그림 8-1]은 공급망관리 역량 구축을 위한 체계적인 접근법을 보여준다. 이 프레임워크는 4단계의 순차적 프로세스로 구성되어 있으며, 지속적 개선의 순환 고리로 연결되어 있다. 역량 모델이 한 번 구축되면 완성되는 정적인 산출물이 아니라, 환경 변화에 맞춰 계속 진화해야 하는 동적인 시스템임을 강조한다.

첫 번째 '전략적 방향성 정의' 단계에서는 조직의 비전, 미션, 전략적 목표와 역량 모델을 연계시키는 작업이 이루어진다. 공급망 맥락에서는 경쟁 전략과 공급망 전략이 어떻게 인적 역량 요구사항으로 해석되는지를 분석한다.

두 번째 '핵심 역량 도출' 단계에서는 전략 실행에 필요한 구체적인 역량을 식별한다. 이 과정에는 성공 요인 분석, 벤치마킹, 그리고 역량 프로파일 개발이 포함된다. 성공 요인 분석은 탁월한 성과를 내는 공급망 전문가와 팀의 특성을 연구하여 그들의 차별화 요소를 파악하는 것이다.

세 번째 '역량 체계 구축' 단계에서는 앞서 도출된 핵심 역량에 대한 명확한 정의와 행동 지표, 역량 수준을 설정한다. 역량 정의는 각 역량이 무엇인지 명확하게 서술하고, 행동 지표는 해당 역량이 실제로 어떻게 발현되는지를 구체적인 행동으로 설명한다.

마지막 '역량 모델 적용 및 관리' 단계에서는 개발된 역량 모델을 실제 인적자원 관리 프로세스에 통합하고 지속적으로 관리한다. 여기에는 역량 평가 도구 개발, 역량 기반 학습 프로그램 설계, 역량 중심 성과 관리 체계 구축, 역량에 기반한 인재 확보 및 배치 등이 포함된다.

[그림 8-2]는 다양한 역량들을 체계적으로 평가하기 위한 잘 설계된

프레임워크를 예시로 제시한다. 공급망 역량 평가는 일회성 이벤트가 아닌 지속적인 프로세스로 접근해야 한다. 먼저, 기업의 공급망 전략과 비즈니스 목표에 부합하는 역량 모델을 정의하는 것이 중요하다.

▶ 평가인증 철자

▶ 인증 Level 및 주체

수준 기준		인증주체	평가위원
Level 5	세계 최고 수준	전사 SCM	역량 평가위원
Level 4	국내최고 (또는 동종업계 최고/ 사내최고)		
Level 3	본부/지역 최고수준	본부/지역	본부별 인증 위원회
Level 2	사업부/법인 최고수준		
Level 1	팀 최고수준		

[그림 8-2] 평가체계 예시

역량 평가 결과를 바탕으로, 기업은 체계적인 공급망 교육 프로그램을 설계하고 실행해야 한다. 효과적인 공급망 교육체계는 명확한 학습 목표, 체계적인 커리큘럼, 다양한 학습 방법, 그리고 학습 효과 측정 메커니즘을 갖추어야 한다. 교육 로드맵은 직무별, 수준별로 세분화되어 개인의 현재 역량 수준과 경력 목표에 맞는 맞춤형 학습 경로를 제시해야 한다.

이러한 평가와 개발의 연계 프로세스에서 중요한 것은 개별 역량의 격차 분석을 통한 우선순위 설정이다. 모든 역량을 동시에 개발하려 하기보다는, 조직의 전략적 목표와 개인의 경력 단계에 따라 필수적인 역량부터 순차적으로 개발하는 것이 효과적이다. 또한 역량 개발의 성과를 정기적으로 측정하고 피드백하여 지속적인 개선이 이루어지도록 해야 한다.

핵심 역량과 조직 경쟁력의 전략적 연계는 공급망 전략 실행의 성공 요인이다. 조직의 전략적 성공은 시장 변화에 대한 선제적 적응 역량과 경쟁자보다 우월한 핵심 역량의 체계적 개발에 의존한다. 동적 역량 이론에 따르면, 지속가능한 경쟁우위는 새로운 전략적 자산을 경쟁자보다 더 신속하고 비용효율적으로 구축할 수 있는 상위 역량에서 창출된다.

역량 개발 전략이 조직의 전체적인 경쟁 전략과 일치하지 않으면, 아무리 우수한 개별 역량을 보유해도 시너지 효과를 창출하기 어렵다. 따라서 공급망 역량 개발은 기업의 비전과 미션, 그리고 장기적인 사업 전략과 긴밀하게 연계되어 추진되어야 한다. 이를 통해 조직 전체의 역량이 하나의 방향으로 집중되고, 개별 구성원의 성장이 곧 조직의 경쟁력 강화로 이어지는 선순환 구조를 만들어 낼 수 있다.

특히 디지털 시대와 ESG 경영이 강조되는 환경에서는 동적 역량의 개발이 더욱 중요해지고 있다. 기존의 정적인 역량 모델로는 급변하는 비즈니스 환경에 대응하기 어렵기 때문이다. 조직은 새로운 기술과 시장 변화에 신속하게 적응할 수 있는 학습 역량과 변화 관리 역량을 지속적으로 강화해야 한다.

요약

공급망관리의 3대 축인 프로세스, 시스템, 사람 중에서 사람이 가장 중요한 요소이며, 체계적인 역량 개발이 기업의 지속가능한 경쟁우위를 위한 핵심 전략이다. 이는 단순한 인사관리 활동이 아닌 최고경영진의 전략적 투자와 지속적 관심이 필요한 영역이다. 성공하는 기업은 공급망 인재의 가치를 인식하고 이들이 지속적으로 성장할 수 있는 환경을 조성하는 기업이다.

8-2

조직역량에 맞는
공급망관리 조직을 설계하라

"우리 회사는 M&A로 성장했는데, 각 사업부별로 다른 공급망 시스템을 쓰고 있어요. 통합해야 할까요?" "중앙집중화하면 효율성은 좋아지는데 현장 대응이 늦어져요. 어떻게 해야 하죠?" "조직 자편을 했는데 오히려 성과가 떨어졌습니다. 뭐가 문제일까요?"

이런 질문들은 경영진이 공급망 조직 설계에서 자주 고민하는 내용들이다. 최적의 조직설계에 대한 정답은 없지만, 한 가지 분명한 것은 조직의 현재 역량과 사업 특성을 무시한 설계는 성공하지 못한다는 점이다.

기업의 사업구조에 적합한 조직구조를 설계하고 실행하는 프로세스는 매우 복합적이고 도전적인 과제다. 전략적 방향성, 기존 인력구조의 특성, 현실적 제약조건들을 종합적으로 고려한 설계가 필요하며, 이 프로세스에서 최고경영자의 확고한 의지와 지원이 성공의 전제조건이 된다. 특히 공급망관리 기능이 조직 내에서 충분히 성숙하지 못한 상황에서는 조직의 방향성 설정, 역할 정의, 보고체계 구축 프로세스에서 상당한 갈등과 논쟁이 발생하기 마련이다.

조직역량 진단 없는 설계는 실패한다

조직설계에서 중요한 것은 개별 역량이 아닌 프로세스, 인력, 기술, 조직문화의 통합적 정렬이다. 이는 단순히 개별 요소들의 합이 아니라, 이들 간의 역동적 상호작용을 통해 창출되는 차별화된 경쟁력의 원천이다.

실제로 M&A 후 통합이나 대규모 조직 개편 사례를 보면 시스템 구성요소 간 부조화로 인한 실패가 빈번하다. 이러한 높은 실패율의 주요 원인은 명확한 목표 설정의 부재, 구성원 참여 부족, 그리고 리더십의 지속적 관심 부족에 있다.

물동관리 업무의 소속 부서 결정 프로세스에서 나타나는 문제가 이를 잘 보여 준다. 영업 부서 산하에 배치될 경우 매출 극대화를 우선시하는 의사결정 패턴을 보이게 되고, 생산 부서 산하에 위치할 경우 운영 안정성과 효율성을 더 중시하는 경향이 나타나 조직 간 불협화음이 발생할 수 있다. 더욱이 물동관리를 실행 조직이 아닌 지원 기능으로 위치시킬 경우, 실질적인 총괄 관리 역할 수행에 구조적 한계가 발생한다.

공급망관리 조직설계는 물리적 자산, 정보기술 인프라, 운영 프로세스, 그리고 인적자원이 유기적으로 결합되어 전략적 목표를 달성하는 통합 시스템이다. 이러한 시스템 구성요소 간의 정렬 부족은 조직 전체의 실행력을 저해하며, 단일 요소의 부조화만으로도 전체 시스템의 성과를 급격히 악화시킬 수 있다.

한 글로벌 소비재 제조기업의 조직개편 실패 사례가 이를 보여 준다. 이 기업은 M&A를 통해 성장하면서 각 사업부별로 독립적인 공급망 조직을 운영하는 분권형 구조를 유지해 왔으며, 통합 계획이나 배송 최적화 없이도 개별 사업부 차원에서 해당 시장의 서비스 수준을 충족하며 업계 평균 이상의 수익성을 달성하고 있었다.

　그러나 경영진은 업계의 중앙집중화 트렌드와 규모의 경제 실현을 목표로 사업부 간 공급망 기능 통합을 추진하기로 결정했다. 이는 표면적으로는 합리적인 전략적 선택으로 보였으나, 조직변화의 핵심인 시스템 구성요소 간 동기화가 완전히 간과되었다. 사업부별로 상이하게 발전해 온 업무 프로세스는 표준화되지 않은 상태였으며, 정보시스템 또한 각기 다른 플랫폼과 데이터 구조를 가지고 있어 통합 운영의 기술적 기반이 부재했다. 더욱 중요한 것은 기존 조직문화가 신속한 의사결정과 고객 대응을 중시하는 실행 중심의 가치체계를 기반으로 형성되어 있었는데, 새로운 중앙집중식 계획 프로세스는 과도한 절차와 승인 단계를 요구하여 구성원들의 강한 반발을 초래했다는 점이다.

　이러한 시스템 구성요소 간 부조화는 바람직하지 않은 결과를 초래했다. 고객 서비스 수준이 급격히 저하되고 운영비용이 증가하면서 전체적인 사업 성과가 악화되었다. 결국 경영진은 조직변화 프로그램을 전면 중단하고 재검토에 착수해야 했으며, 이 프로세스에서 사업부의 운영 자율성을 보장하되 주요 기능의 점진적 통합을 통해 시스템 전체의 조화를 달성하는 새로운 접근방식을 개발하게 되었다.

중앙집중화와 분산화의 전략적 균형

　공급망 조직설계에서 가장 복잡하면서도 중요한 의사결정 중 하나는 중앙집중화와 분산화 간의 최적 균형점을 찾는 것이다. 이 딜레마는 선진 기업들이 다국적 운영을 확대하면서 본격적으로 대두되었으며, 디지털 기술의 발전과 공급망 복잡성 증가로 더욱 심화되었다.

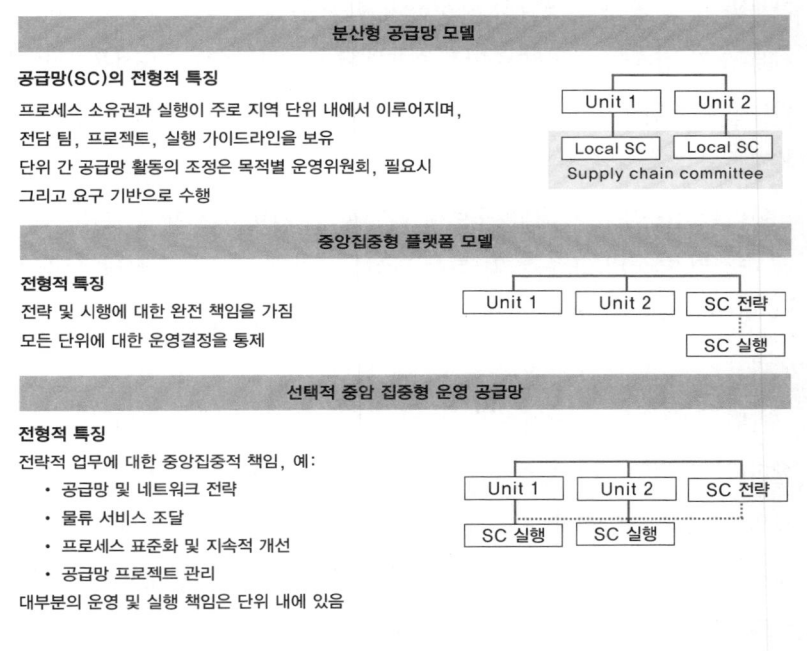

[그림 8-3] 중앙집중 및 분권형의 조직[49]

[그림 8-3]은 조직 구조의 딜레마를 보여 준다. 중앙집중형 구조에서는 본사 차원의 통합된 의사결정 체계를 통해 전략적 일관성과 규모의 경제를 추구하지만, 지역별 시장 특성에 대한 신속한 대응에는 구조적 한계가 존재한다. 반대로 분권형 구조는 각 지역이나 사업부의 자율적 의사결정을 통해 높은 시장 적응성을 확보하지만, 전사 차원의 시너

---

49)   McKinsey & Company, 'How great supply-chain organizations work', 2020

지 창출과 자원 최적화에서는 어려움을 겪게 된다.

오늘날 기업들이 채택하고 있는 선택적 중앙집중화 전략은 기능의 성격과 전략적 중요도에 따라 차별적 접근을 취한다. 구체적으로 전략적 기능과 운영 기능을 명확히 구분하여 접근한다. 전략적 공급망 기능의 경우 조직 경계를 초월한 중앙집중화를 통해 일관성과 효율성을 확보하되, 실행 단위에서는 지역적 특성과 시장 요구에 대한 신속한 대응이 가능하도록 운영 자율성을 보장하는 것이다.

이러한 접근법은 공급망 프로세스 설계 및 거버넌스 체계 구축, 조직간 마스터 데이터 표준화 및 통합 관리, 그리고 종단간 공급망 성과 분석 및 최적화 프로젝트 등의 영역에서 특히 효과적인 것으로 입증되고 있다.

반면 운영 실행 영역에서의 중앙집중화는 상당한 제약과 위험을 내포한다. 일상적인 운영 활동은 지역별 시장 특성, 고객 요구사항, 규제 환경의 차이에 민감하게 반응해야 하므로, 과도한 중앙집중화는 오히려 대응성을 저하시킬 수 있기 때문이다. 이러한 운영 실행의 한계를 극복하면서도 효율성을 확보하기 위한 대안으로 많은 기업들이 공유 서비스 센터 모델을 도입하고 있다. 이 모델은 마스터 데이터 관리, 글로벌 물류 운영, 무역 업무 처리, 재고 분석 및 최적화 등과 같이 표준화가 가능하면서도 전문성이 요구되는 기능들을 중앙화하여 전문 인력 풀의 효율적 활용과 규모의 경제를 동시에 달성한다.

하지만 공유 서비스 모델의 성공은 사업 특성에 대한 깊이 있는 이해와 현지 운영 조직과의 긴밀한 협업을 전제로 한다. 중앙집중화된 기능이 각 사업부의 고유한 요구사항과 시장 특성을 충분히 반영하지 못할 경우, 효율성 추구가 오히려 전체 시스템의 효과성을 저해하는 역설적 결과를 초래할 수 있다.

고성과 조직의 핵심 설계 원칙

공급망 조직의 효과성은 사업부문과 기능 영역을 초월한 종단 간 가치 사슬 조정 역량에 의해 결정된다. 전통적인 보고체계만으로는 조직 사일로와 상충되는 인센티브 구조로 인한 조정 실패를 해결할 수 없다. 선도 기업들은 이러한 한계를 극복하기 위해 세 가지 중요한 역할을 도입하고 있다.

첫째, **비즈니스 프로세스 소유자**는 글로벌 차원에서 프로세스 표준화와 성과 관리를 담당한다. 둘째, **가치흐름 관리자**는 교차기능 팀을 운영하며 재고회전율, 리드타임, 서비스 수준 등 종단 간 KPI에 대한 책임을 진다. 셋째, **종단 간 계획자**는 특정 공급망 세그먼트에서 영업부문과 공급부문 간 단일 접점 역할을 수행하며, 프로세스 자동화를 통해 운영 효율성을 극대화한다.

[그림 8-4]는 고성과 공급망 조직이 지향하는 핵심 설계 원칙들의 상호 연관성을 체계적으로 제시한다. 명확한 역할 정의와 책임 할당을 기반으로, 프로세스의 표준화와 통합이 이루어지며, 이를 통해 일관된 성과 측정과 지속적 개선이 가능해진다. 특히 종단간 가치사슬 관점에서의 조정 메커니즘이 조직 전체의 실행력을 결정적으로 좌우함을 보여준다.

대부분 기업에서 의사결정 권한과 프로세스 책임이 명문화되지 않아 임시방편적 운영이 일상화되어 있다. 특히 신제품 출시와 주문이행 같은 교차기능적 프로세스에서 부서별 상이한 실행방식은 혼란과 지연을 야기한다.

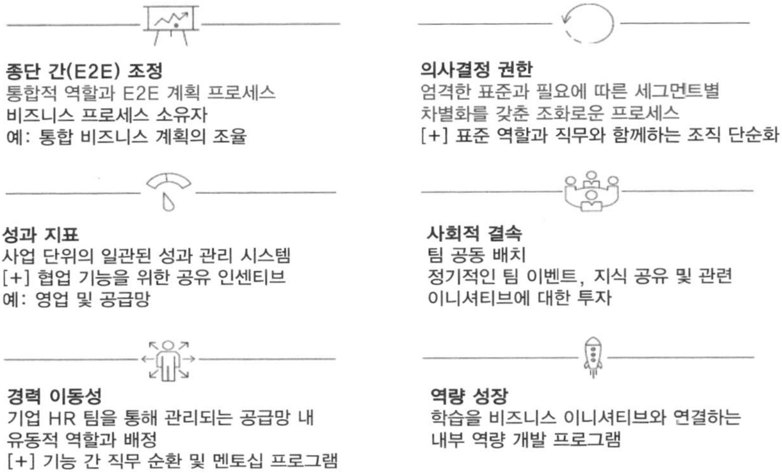

종단 간(E2E) 조정
통합적 역할과 E2E 계획 프로세스
비즈니스 프로세스 소유자
예: 통합 비즈니스 계획의 조율

의사결정 권한
엄격한 표준과 필요에 따른 세그먼트별
차별화를 갖춘 조화로운 프로세스
[+] 표준 역할과 직무와 함께하는 조직 단순화

성과 지표
사업 단위의 일관된 성과 관리 시스템
[+] 협업 기능을 위한 공유 인센티브
예: 영업 및 공급망

사회적 결속
팀 공동 배치
정기적인 팀 이벤트, 지식 공유 및 관련
이니셔티브에 대한 투자

경력 이동성
기업 HR 팀을 통해 관리되는 공급망 내
유동적 역할과 배정
[+] 기능 간 직무 순환 및 멘토십 프로그램

역량 성장
학습을 비즈니스 이니셔티브와 연결하는
내부 역량 개발 프로그램

[그림 8-4] 고성과 조직의 시사점[50]

  프로세스 조화(Process Harmonization)를 통해 역할과 책임을 명확히 정의하고, 표준화가 가능한 영역에서는 엄격한 규칙을 적용하되 사업 특성상 차별화가 필요한 부분에서는 유연성을 허용하는 것이 중요하다. 이러한 프로세스맵을 IT 워크플로에 구현할 경우 협업 메커니즘이 일상 업무에 자연스럽게 내재화되며, 디지털 기술을 통한 프로세스 가속화도 동시에 달성할 수 있다.

  조직구조와 프로세스 소유권이 분산된 환경에서는 성과 관리 방식도 단위별로 상이하게 발전하여 사일로 현상을 강화하는 경우가 많다. 한

---

50) 상동

글로벌 소비재 기업의 경우 영업부서의 매출 중심 지표와 공급망 부서의 비용 절감 지표 간 상충으로 재고 부족과 매출 손실이 반복되었으나, 예측 정확성과 정시완전납품 등 공유 KPI 도입을 통해 기능 간 협업을 유도하고 전체 성과를 개선할 수 있었다.

조직 결속력 측면에서는 물리적 근접성뿐만 아니라 경력 이동성(Career Mobility) 확보가 중요하다. 공급망 전문가의 타 기능 순환 배치와 멘토링 프로그램을 통해 조직 내 공급망 기능에 대한 이해도를 높이고, 동시에 공급망 리더의 비즈니스 역량을 강화하는 것이다.

조직 전환 프로그램의 실패율이 높은 주요 원인 중 하나는 구성원들의 역량 부족이다. 맥킨지 연구에 따르면 2055년까지 현재 업무의 50% 이상이 자동화될 것으로 예상되어 지속적인 재교육과 기술 향상이 필수적이다.

현재 대부분 기업이 역량개발 아카데미를 운영하고 있으나, 실제 전략적 목표 달성에 효과적인 프로그램은 소수에 불과한 것으로 평가되고 있다. 효과적인 역량개발은 기능적 전문성, 디지털 기술, 리더십 스킬을 통합적으로 다루며, 네트워크 최적화, 고급 분석, 데이터 기반 의사결정 등 미래 공급망의 핵심 역량에 집중해야 한다.

공급망 조직설계는 기업 규모에 따른 자원 제약, 전문화 수준, 시장 대응성 요구사항의 차이를 반영해야 한다. 소규모 기업은 자원 효율성을 위해 통합형 조직구조를 채택하여 단일 관리자가 다중 기능을 담당하는 형태가 일반적이다. 이는 의사결정 속도와 시장 대응성을 높이지만 전문성 심화와 확장성 측면에서 한계를 갖는다.

대규모 기업은 기능별 전문화를 통해 규모의 경제와 심층적 역량을 확보하지만, 부서 간 사일로 현상과 조정 복잡성이 증가한다. 이를 해결하기 위해 통합 사업 계획 프로세스나 중앙 조정 기능을 도입하는 것이 중요하다. 중견기업은 전략적 중요 기능에서는 전문화를 추구하되 운영 민첩성을 유지하는 하이브리드 모델을 통해 두 접근법의 장점을 결합한다.

프록터앤겜블(P&G)의 공급망 조직 혁신[51]

P&G는 2010년대 중반 급격한 시장 변화와 디지털 전환 압력에 직면하여 전통적인 공급망 운영 방식에서 데이터와 분석 기반의 통합 공급망으로 전환한 대표적인 사례다. 150여 년의 역사를 가진 거대 기업이 조직의 변화를 통해 새로운 경쟁력을 확보한 과정은 많은 기업에게 시사점을 제공한다.

P&G는 이커머스의 급성장과 소비자 요구의 다변화로 인해 더욱 민첩하고 효율적인 공급망의 필요성을 인식하게 되었다. 특히 대형 유통업체들의 복잡한 요구사항과 빠른 시장 변화에 대응하기 위해서는 기존의 공급망 운영 방식으로는 한계가 있었다. 또한 글로벌 공급망의 복잡성 증가와 효율성 개선에 대한 지속적인 압박도 주요 동인이었다.

P&G는 최근 몇 년간 "Supply Chain 3.0" 전략을 도입하여 공급망을 근본적으로 재설계했다. 이 전략의 핵심은 엔드투엔드 동기화된, 지속가능하고 탄력적인 공급망을 구축하되, 이를 데이터와 분석으로 증폭시키는 것이다. 첫째, 공급업체부터 소매 선반까지 전체 밸류체인의

---

51) P&G, 'Four Focus Areas', 2023; P&G, 'Fueled by Productivity', 2024; Supply Chain Management Review, 'P&G Performs. EY Transforms.', 2023

실시간 가시성을 확보했다. 둘째, AI와 머신러닝을 활용한 예측 분석과 자동화된 의사결정 시스템을 구축했다. 셋째, 소매업체와의 데이터 동기화를 통해 협업적 공급망 생태계를 구축했다.

조직 혁신 후 P&G는 Supply Chain 3.0 전략을 통해 연간 최대 15억 달러(세전 기준)의 총 생산성 절약 목표를 설정하고 이를 달성하기 위한 체계적 접근을 추진했다. 창고 운영 부문에서는 중앙 조정 체계를 통해 50개 유통센터의 활동을 트럭 진입부터 출고까지 통합 관리함으로써 간접 관리 업무의 생산성을 50% 향상시켰다. 인도 시장에서는 AI와 머신러닝 기반의 주문 시스템 도입으로 2019년부터 2024년까지 4억 달러의 매출 증가를 달성했으며, 유통업체와의 접촉점을 60% 줄이면서도 효율성을 크게 개선했다. 또한 소매업체와의 데이터 동기화를 통해 배송 확인 프로세스에서 과거 2명이 2.5일 걸리던 작업을 10분 내로 단축하여 99% 이상의 효율성 개선을 달성했다.

P&G의 변화는 단순한 시스템 도입을 넘어 조직 문화의 본질적인 전환을 포함했다. 회사는 지속적 개선 문화를 구축하여 현장 직원들이 일상적으로 개선 방안을 찾도록 독려했다. P&G 공급망 담당 임원은 "매일 우리가 놓치고 있는 것이 있는지 의문을 제기한다. 수십 년 전부터 고성과 업무 시스템을 개발해 왔고, 이를 통해 통합 업무 시스템을 만들었다. 최근에는 Supply Chain 3.0를 개발하여 공급망의 모든 노드를 다음 단계의 성과로 끌어올리는 방법을 모색하고 있다"고 설명했다.

이 사례는 디지털 전환 시대에 공급망 조직이 기술 도입과 함께 조직 문화와 운영 방식을 어떻게 통합적으로 혁신해야 하는지를 보여 준다.

요약

공급망 조직설계는 단순한 보고체계 구축을 넘어 전략, 프로세스, 기술, 인력이 통합된 시스템적 접근이 필요하다. 임원진은 무엇보다 조직의 현재 역량 수준을 객관적으로 진단하고, 사업 전략과 일치하는 목표 상태를 명확히 정의해야 한다. 조직 규모와 사업구조의 특성을 반영한 맞춤형 설계와 함께 종단 간 조정체계, 명확한 의사결정 권한, 일관된 성과측정이 핵심 성공요인이다. 특히 급변하는 시장환경에서는 혁신과 관리의 균형을 통해 단기 효율성과 장기 경쟁력을 동시에 확보하는 조직역량이 기업의 지속가능한 성장을 결정하게 될 것이다.

8-3

비전 있는 공급망 전문가가
기업을 이끈다

"우리 공급망 부서 직원들은 왜 이렇게 소극적일까요?" "공급망 담당자가 전략 회의에서 발언을 거의 안 해요" "공급망 부서장이 임원진 승진 대상에서 늘 제외되는 이유가 뭐죠?" "좋은 공급망 전문가들이 자꾸 다른 회사로 떠나는데 어떻게 막을 수 있을까요?"

이런 고민을 하는 경영진이라면 한 가지 핵심 질문을 던져 보길 바란다. "우리 회사에서 공급망 전문가가 최고경영진까지 성장할 수 있다는 명확한 비전과 경로가 있는가?" 만약 이 질문에 확신 있게 답할 수 없다면, 당신의 회사 공급망 조직은 근본적인 한계에 직면해 있다.

공급망관리 조직은 기업 내에서 상대적으로 새로운 영역이다. 마케팅이나 재무와 달리 공급망관리는 개념 형성 자체가 늦었고, 조직 도입 시에도 상당한 저항에 직면했다. 이러한 저항의 근본 원인은 공급망관리가 기존 부서 간 경계를 허물고 통합적 접근을 추구한다는 점에 있다.

글로벌 공급망의 복잡성이 급격히 증가하면서 전통적인 사일로 조직 구조의 한계가 더욱 명확해지고 있다. 특히 디지털 전환과 고객 기대치 상승이 맞물리면서 공급망의 통합적 관리 필요성이 그 어느 때보다 높아졌다. 실제로 최근 글로벌 기업 CEO 대상 연구에서 대다수의 경영진이 자사 공급망의 회복력 문제를 인식하고 있으며, 거의 모든 응답자가 공급망 이슈에 대한 관심과 투자 시간이 증가했다고 응답했다.

이러한 도전을 극복하고 공급망관리가 전략적 파트너로 인정받기 위해서는 공급망 전문가들이 최고경영진까지 성장할 수 있다는 명확한 비전과 체계적인 육성 체계가 구축되어야 한다. 공급망관리 조직이 단순한 운영 지원 부서에서 벗어나 기업의 핵심 가치 창출 동력으로 발전하려면, 무엇보다 공급망 출신 리더들이 CEO가 될 수 있다는 구체적이고 실현 가능한 비전이 조직 내에 확산되어야 한다.

전략적 리더십의 필요성과 CSCO의 역할

CSCO(Chief Supply Chain Officer)는 공급망에 대한 책임을 지닌 최고경영자이다. 이 직책은 대기업에서 일반적으로 발견되며, 중소기업에서는 드물다. CSCO는 전략적 사고를 할 수 있으며 자신감과 빠른 실행력을 갖추고, 회사의 최고경영진과 상호작용할 수 있는 역량을 가져야 한다.

하지만 실제로는 공급망관리가 무엇을 포함하는지에 대한 명확한 합의가 부족한 상황이다. 많은 조직에서 공급망관리 비전은 여전히 모호한 상태로 남아 있으며, 대부분의 구성원들이 자신의 업무와 관련하여 공급망관리가 무엇을 의미하는지 명확하게 인식하지 못하고 있는 것이 현실이다. 이러한 개념적 모호성은 공급망관리 조직의 위상과 역할에 대한 혼란을 가중시키는 요인으로 작용하고 있다.

CSCO 역할의 등장과 진화는 공급망관리가 기업의 전략적 우선순위로 부상하고 있음을 보여 주는 중요한 지표이다. 전통적으로 운영 영역에서 주로 다루어졌던 공급망관리가 이제는 경영진 수준의 의사결정에서 중요한 위치를 차지하게 된 것이다. 특히 애플, P&G, 유니레버, 아마존과 같은 글로벌 기업들은 CSCO 역할을 통해 공급망 전략을 기업의 중요한 경쟁력으로 발전시키고 있다.

기업의 전략적 의사결정은 개별 최고경영자의 독단적 판단보다는 최고경영진 전체의 집합적 지혜와 경험에 의해 좌우되는 경우가 많다. 특히 최고경영진 내에 공급망관리 전문성을 보유한 인재가 포함되어 있을 때, 공급망 관련 프로젝트와 투자에 대한 이해도가 높아지고 전략적 중요성에 대한 인식이 제고된다. 이는 궁극적으로 공급망 혁신 프로젝트의 성공 확률을 높이는 주요 요인으로 작용한다.

CEO의 전문적 배경은 기업의 전략적 방향 설정에 특히 강력한 영향을 미친다. 재무 출신 CEO가 이끄는 기업들이 인수합병을 통한 포트폴리오 다각화에 더 적극적인 성향을 보이는 것처럼, 공급망관리 경험을 보유한 CEO가 있는 기업은 공급망을 단순한 비용 센터가 아닌 경쟁 우위 창출의 전략적 자산으로 인식하는 경향이 강하다. 이러한 인식의 차이는 공급망 투자 규모, 혁신 프로젝트의 우선순위, 그리고 조직 내 공급망 부서의 위상에 직접적인 영향을 미친다.

T자형 인재가 수평적 조직을 이끈다

환경 변화에 따라 공급망관리에 대한 조직 차원의 인식 전환이 중요하다. 기존 운영 방식이 개별 기능의 부분 최적화에 치중했다면, 공급망 관리는 전사적 관점에서의 전체 최적화를 추구한다. 전체 최적화는 시장 대응력 향상을 위해 각 기능 간 협업을 통해 도출된 결과가 고객 니즈에 부합되도록 하는 것이다. 이러한 결과물은 특정 기능의 개별 최적점을 일부 희생할 수 있기 때문에, 이를 조정하고 합의를 이끌어내는 공급망관리의 역할이 더욱 중요해진다.

시간이 경과할수록 공급망관리 성공에서 사람, 지식, 그리고 인재의 중요성에 대한 인식이 확산되고 있다. 다수의 전문가들은 공급망관리 분야의 인재 부족이 향후 주요 이슈가 될 것으로 전망하고 있다. 그동안 프로세스 혁신과 정교한 기술 솔루션에도 불구하고 민첩하고 적응력 있는 공급망 구현은 여전히 달성하기 어려운 목표로 남아 있는데, 이는 결국 인재의 문제로 귀결된다.

공급망관리 분야의 연구들에 따르면, 고위급 물류 관리자는 비즈니스 기술, 공급망 기술, 관리 기술이라는 세 가지 기술 범주에 능숙해야 한다고 제시되고 있다. 경영진 서치펌, 물류 실무자, 물류 교육자들을 대상으로 한 조사에서 관리 기술이 가장 중요한 것으로 평가되었으며, 그 다음으로 물류 기술, 마지막으로 비즈니스 기술 순으로 나타났다.

선진 기업들의 경영자 개발 프로그램에서는 공급망관리 기술 영역을 대인관리 기본 기술, 정량기술적 기술, 그리고 공급망관리 기술의 세 가지 요소로 구분하고 있다. 특히 오늘날 물류 담당자에게는 상하위 커뮤니케이션뿐만 아니라 기능과 조직 간 소통을 통해 공급망관리를 조정할 수 있는 뛰어난 커뮤니케이션 기술이 중요하다고 강조되고 있다.

공급망 관리자들에 대한 광범위한 연구에서 나타나는 공통된 특징은 이들이 자신을 '먼저 관리자로, 다음으로는 물류 전문가로' 인식한다는 점이다. 즉, 일반 관리 기술 및 역량과 특정 물류공급망 기술 및 역량을 균형 있게 갖추어야 한다는 것이 업계의 일반적 견해이다.

이러한 요구사항들이 가리키는 것이 바로 'T자형' 기술 프로파일을 갖춘 인재의 필요성이다. T자형 인재가 CEO 역량으로 발전하는 과정은 단계적으로 이루어진다. 첫 번째 단계에서는 공급망 내 특정 영역에서 깊은 전문성을 축적한다. 두 번째 단계에서는 공급망 전 영역에 대한 폭넓은 이해를 바탕으로 통합적 관점을 개발한다. 세 번째 단계에서는 재무, 마케팅, 전략기획 등 타 기능 영역과의 협업을 통해 전사적 시각을 확보한다. 마지막 단계에서는 이러한 경험을 토대로 기업 전체의 가치 창출과 전략적 의사결정을 주도할 수 있는 CEO 역량을 완성한다.

공급망관리는 '수직적'이 아닌 '수평적' 조직 지향을 추구한다. 전통적 기업들은 강한 계층구조를 바탕으로 기능별로 조직되는데, 이러한 유형의 기업에서 일하는 관리자들은 일반적으로 마케팅, 생산관리, 회계 등 매우 구체적인 분야에서 교육받거나 경험을 쌓는다. 그들은 해당 기능 영역에서 역량이 입증되면 계층구조를 따라 상위로 이동한다.

반면 '수평적' 조직에서는 관리자들이 공통된 프로세스에 중점을 두고 다른 기능적 기술을 결합한 팀의 일원으로서 기능 간 협업에 방점을 둔다. 비즈니스 프로세스는 모든 비즈니스에서 고객 가치를 창출하는 수단이므로, 프로세스 관리가 기능 관리보다 조직설계의 기초가 되어야 한다.

따라서 기능 간 경계를 넘어선 '크로스 트레이닝'의 필요성이 커지며, 이를 통해 전체가 부분의 합보다 더 커지도록 보장해야 한다. 이러한 경험을 통해 공급망 리더들은 CEO가 되기 위한 핵심 역량인 '통합적 사고'와 '전사적 관점'을 자연스럽게 체득하게 된다.

실증 사례와 성공 요인 분석

애플의 팀 쿡은 공급망 전문가에서 CEO로 성공적으로 전환한 대표적인 사례다. 1990년대 말 애플이 비효율적인 공급망으로 인해 높은 재고 비용과 긴 제품 출시 기간에 직면했을 때, 쿡은 1998년 입사 후 공급망 전면 재설계를 주도했다.

쿡이 이룬 공급망 혁신의 성과는 혁신적이었다. 제조 아웃소싱, 핵심 부품 선점 구매, 공급업체 파트너십 구축, 수요 예측 고도화, 글로벌 물류 최적화를 통해 재고 회전율을 대폭 개선하고 제품 출시 속도를 현저히 단축하는 성과를 달성했다. 이는 단순한 운영 효율성 향상을 넘어 애플의 혁신 속도를 가속화하는 전략적 경쟁우위로 발전했다.

쿡의 CEO 역량 개발 과정을 살펴보면, 공급망 전문성을 바탕으로 한 단계적 역량 확장이 주효하였다. 공급망 내에서 깊은 전문성을 축적한 후 점진적으로 영역을 확장했으며, 제품 개발팀과의 긴밀한 협업을 통해 기술과 시장에 대한 이해를 높였다. 글로벌 운영을 통해 지정학적 리스크와 문화적 다양성에 대한 감각을 기울 수 있었고, 스티브 잡스와의 파트너십을 통해 전략적 사고와 리더십 스타일을 학습할 수 있었다.

2011년 CEO 취임 후 쿡이 이룬 성과는 그의 공급망 경험이 얼마나 가치 있는 자산이었는지를 보여 준다. 애플은 시가총액 기준 세계 최대 기업 중 하나로 성장했으며, 쿡은 공급망관리 경험을 바탕으로 애플 워치, 에어팟 등 신제품 카테고리를 성공적으로 출시했다. 서비스 사업 확장을 통한 수익 다각화도 달성했으며, 특히 ESG 경영에서도 선도적 역할을 하며 공급망의 지속가능성을 경쟁우위로 전환시켰다.

실제로 공급망 전문가에서 CEO로 성공적으로 전환한 사례들을 분석해 보면 공급망 리더십이 CEO 역량으로 발전할 수 있다는 구체적 증거를 확인할 수 있다. 이러한 성공 사례들은 단순히 개별적인 성취를 넘어, 공급망 전문가들이 어떤 경로를 통해 최고경영자로 성장할 수 있는지에 대한 실질적인 로드맵을 제시한다.

GM의 메리 바라 역시 주목할 만한 사례다[52]. 1980년 GM 입사 후 34년간 제조 엔지니어, 공장 관리자, 글로벌 인사 부사장을 거쳐 2013년 글로벌 제품 개발, 구매 및 공급망 담당 부사장으로 승진했다. 2014년 CEO 취임 후 GM은 2015년 사상 최고 매출과 순이익을 기록했으며, 전기차와 자율주행 기술 분야 선도 기업으로 전환했다.

하지만 모든 공급망 리더가 CEO로 성공하지는 못한다. 주요 실패 요인으로는 과도한 운영 중심 사고, 전략적 관점 부족, 타 기능에 대한 이해 부족, 위기 상황 의사소통 역량 한계 등이 있다. 특히 효율성과 품질에만 집중하다 시장 변화에 둔감해지는 경우가 빈번하다.

이러한 한계를 극복하기 위해서는 초기 경력부터 다양한 기능과의 협업 경험을 축적하고 비즈니스 전략 감각을 지속 개발해야 한다. 공급망 조직이 전략적 파트너로 인정받으려면 실질적 의사결정 권한 부여와 함께 혁신 창출, 전략적 사고, 비즈니스 임팩트를 측정하는 다차원적 평가 체계 구축이 필요하다.

미래 역량과 실행 방안

공급망 전문가들이 CEO로 성장하기 위해서는 전통적인 운영 역량을

---

52) GM, 'Leadership Mary Barra', 2024; Fortune, 'GM CEO Mary Barra got a huge pay raise in 2015', 2016

넘어 미래 지향적 역량을 갖추어야 한다. 디지털 전환 시대에는 빅데이터, 인공지능, 블록체인 등 신기술을 비즈니스 가치 창출의 드구로 활용할 수 있는 전략적 사고 역량이 중요하다. 기술 자체보다는 기술 전문가들과의 효과적 소통, 기술 투자의 비즈니스 케이스 평가, 디지털 변화 과정에서의 조직 관리 역량이 중요하다.

ESG 경영이 글로벌 표준으로 자리 잡으면서 공급망 리더의 역할도 확장되고 있다. 기업 탄소 배출량 대부분이 공급망에서 발생하고 공급망 내 인권 관행이 브랜드 가치에 직접 영향을 미치는 현실에서, 공급망 리더는 지속가능성을 경쟁 우위 원천으로 전환시킬 수 있는 창조적 리더십을 발휘해야 한다. 또한 글로벌 공급망의 복잡성 증대와 보호무역주의 확산 속에서 문화적 다양성과 지정학적 리스크에 대한 깊은 이해가 필수 역량이 되었다.

체계적인 육성을 위해서는 공급망 리더들에게 전략 수립과 투자 의사결정의 실질적 권한을 부여하고, 혁신 창출과 전략적 기여도를 포함한 다차원적 평가 체계를 구축해야 한다. 조직 문화 차원에서는 공급망을 '뒷단 지원 기능'에서 '전략적 가치 창출 엔진'으로 인식 전환하고, 공급망 전문가들이 P&L 책임을 지는 포지션에서 경험을 쌓을 수 있는 의도적 인사 정책이 필요하다.

이러한 글로벌 트렌드에 발맞춰 한국 기업들도 공급망 리더십 육성에 적극 투자해야 할 시점이다. 공급망 리더 육성의 핵심은 다양성과 경험의 폭이다. 공급망 내 주요 영역 로테이션과 인접 기능 협업을 통한 T자형 역량 개발, 특히 신제품 개발, 시장 진출, M&A 등 전략적 의사결정 과정 참여가 공급망 관점의 전략적 통찰력과 전사적 사고 역량을 배양하는 토대가 된다.

공급망관리는 단순한 운영 기능을 넘어 기업의 핵심 전략 영역으로 진화하고 있으며, 공급망 리더들이 CEO로 성장할 수 있는 명확한 경로가 구축되고 있다. T자형 역량을 갖춘 공급망 전문가들이 전사적 관점에서 가치를 창출하고, 디지털 전환과 지속가능성을 동시에 추구할 수 있는 전략적 리더십을 발휘할 때, 기업은 경쟁 우위를 확보할 수 있을 것이다. 이제는 공급망 전문가들이 CEO로 성장할 수 있다는 비전을 조직 내에 확산시키고, 이를 뒷받침하는 체계적인 육성 프로그램을 구축해야 할 때이다.

SCM·경영

공급망 관리로 경영의 숫자를 바꿔라

ⓒ 이영수, 2025

초판 1쇄 발행 2025년 12월 25일

지은이   이영수
펴낸이   이기봉
편집   좋은땅 편집팀
펴낸곳   도서출판 좋은땅
주소   서울특별시 마포구 양화로12길 26 지월드빌딩 (서교동 395-7)
전화   02)374-8616~7
팩스   02)374-8614
이메일   gworldbook@naver.com
홈페이지   www.g-world.co.kr

ISBN   979-11-388-5132-9 (03320)